生态文明战略下的新动能　新路径　新范式

EOD 创新模式

驱动区域绿色高质量发展的探索与实践

杨天举　陈　明　莫瑞琪　刘桂珍　丁艳霞　著

中国环境出版集团・北京

图书在版编目（CIP）数据

EOD 创新模式驱动区域绿色高质量发展的探索与实践/杨天举等著. —北京：中国环境出版集团，2022.8（2023.7 重印）

ISBN 978-7-5111-5203-9

Ⅰ. ①E… Ⅱ. ①杨… Ⅲ. ①城市化—发展—研究—中国 Ⅳ. ①F299.21

中国版本图书馆 CIP 数据核字（2022）第 121507 号

出 版 人 武德凯
责任编辑 张 颖
封面设计 彭 杉

出版发行 中国环境出版集团
（100062 北京市东城区广渠门内大街 16 号）
网 址：http://www.cesp.com.cn
电子邮箱：bjgl@cesp.com.cn
联系电话：010-67112765（编辑管理部）
发行热线：010-67125803，010-67113405（传真）
印 刷 玖龙（天津）印刷有限公司
经 销 各地新华书店
版 次 2022 年 8 月第 1 版
印 次 2023 年 7 月第 2 次印刷
开 本 787×960 1/16
印 张 18.25
字 数 294 千字
定 价 92.00 元

本书编委会

主　编：杨天举

副主编：陈　明　莫瑞琪　刘桂珍　丁艳霞

编　委：雷超兵　崔进波　张　峰　李　凌

颜二茧　刘云南　吕　玄　许光眉

白首跃　洪　虹　辛　颖　李晓军

编撰组：陈　明　莫瑞琪　刘桂珍　丁艳霞

杨晓韬　宋卫恭　白鸿宇　张　涵

序 一

党的十八大以来，我国生态环境保护工作坚持以习近平生态文明思想为指导，坚持“绿水青山就是金山银山”的理念，开展了一系列根本性、开创性、长远性的工作，美丽中国建设迈出重要一步。当前，生态文明建设进入了以降碳为重点战略方向、推动减污降碳协同增效、促进经济社会发展全面绿色转型、实现生态环境质量改善由量变到质变的关键时期。在探索生态产品价值实现的过程中，以生态环境导向的开发（EOD）模式为代表的新业态、新模式不断涌现，成为协同推进经济高质量发展和生态环境高水平保护的重要实践。

生态环保产业是一个具有正外部性特征的产业，单纯靠市场机制很难进行有效地资源配置。长期以来，由于缺乏完善的投资回报机制与生态产品价值转化机制，导致了生态环保产业缺乏自我造血能力，在财政资金投入不足的背景下，生态环境治理面临越来越大的资金缺口。EOD模式将生态环境治理项目与资源、产业开发项目有机联动，推动生态环境资源化、产业经济绿色化，实现环境效益、社会效益向经济收益转化，以多元可持续的投融资模式为生态环保产业良性可持续发展探索出一条新路子。

《EOD创新模式驱动区域绿色高质量发展的探索与实践》一书站在生态文明建设和区域经济高质量发展双重视角，横向对比分析了生态文明导向下片区开发的不同模式，纵向深度阐述了 EOD 的内涵与路径、EOD 模式的理念探索与创新，并结合企业多年的躬身实践，从生态和产业两大板块，论述了 EOD 模式下生态治理和修复的价值实现路径，以及生态产业化和产业生态化的有机融合，创新提出了以“产业育城”模式重塑发展动能，为地方绿色高质量发展开启了一扇新的大门。

推动生态环保产业信息化智能化融合创新、转型发展，是生态环保产业高质量发展的重要途径。本书站在数字经济的视角，层层解析了如何打造绿色化智能化的“城经济”、生态化数字化的“市经济”；站在金融创新的视角，指明了 EOD 模式下投融资创新优化的方向，提出了 EOD 模式与绿色金融深度融合的路径；从全过程运营视角，解码了“EOD+产业育城+全要素智慧生态产业示范区”泛华创新开发模式。全书以“生态+产业+数字+金融+运营”的生态思维、融合思维、数字思维贯穿始终，这种理念创新、模式创新和路径创新，对于推动生态环保产业转型升级具有借鉴意义。

“君子之学必日新，日新者日进也”，希望正在实践 EOD 模式、寻求全生命周期解决方案的读者，从中获得启发，共同为打好污染防治攻坚战、做好碳达峰碳中和工作、建设生态文明和美丽中国作出更大贡献。

中国环境保护产业协会党委书记、会长

序 二

我认真看了几遍书稿，感慨良多。我对书中提出的 EOD 模式不仅是生态治理和关联产业融合的项目开发组织模式，更是一种生态导向的区域发展方法论；即通过生态环境保护和生态系统构建形成一个区域的生态资产，以及生态资源产品化，生态功能产业化，产业发展生态化等变“绿水青山”为“金山银山”的价值转化过程的观点深以为然。

以习近平同志为核心的党中央直面我国经济发展的深层次矛盾和问题，在党的十八届五中全会第二次全体会议上提出创新、协调、绿色、开放、共享的新发展理念，成为新时代新阶段发展必须贯彻的新发展理念，也已全面融入生态文明建设。目前，“绿水青山就是金山银山”的理念已成为全党全社会的共识。2013 年 9 月，国家主席习近平在哈萨克斯坦纳扎尔巴耶夫大学发表重要演讲，进一步指出，我们既要绿水青山，也要金山银山；宁要绿水青山，不要金山银山，而且绿水青山就是金山银山。“绿水青山就是金山银山”理论，从不同角度诠释了经济发展与环境保护之间的辩证统一关系，回答了什么是生态文明，怎样建设生态文明等重大理论和实践问题。

路漫漫其修远兮。生态文明建设不是一朝一夕之事，“绿水青山”也不会自然变成“金山银山”。这就需要我们不断构建生态文明建设的制度框架，形成“绿水青山”转化为“金山银山”的有效路径。

近些年来，我们逐步建立了自然资源资产产权制度、国土空间开发保护制度、空间规划体系、资源总量管理和全面节约制度、资源有偿使用和生态补偿制度、环境治理体系、环境治理和生态保护市场体系、生态文明绩效评价考核和责任追究制度等生态文明建设的“四梁八柱”。在统筹经济发展与环境保护协调推进方面，出台了一系列资源节约、环境保护、循环经济、新能源开发、低碳转型、绿色产业和绿色金融等方面的政策，打造了一批试点示范项目，大大加快了生态文明建设的步伐。

大量实践表明，生态环境治理仅靠政府补贴是难以长期持续的，最根本的出路是依靠市场机制，将生态环境治理与产业发展有机地结合起来，将生态价值有效转化为经济价值。EOD 模式就是适应这一发展要求的有效形式之一。作为一种生态环境导向的区域开发模式，EOD 模式通过推动生态环境治理与经济效益较好的产业发展项目有效融合，既解决了生态修复的资金问题，又促进了地方产业和经济的发展，可极大地激发地方政府进行生态修复和环境治理的积极性。已经实施的两批 EOD 模式试点项目在这些方面取得了较好的效果。

目前，EOD 模式还在试行阶段，需要在实践中不断完善。本书提出，运用战略思维、系统思维和项目思维看待 EOD 模式，实现生态文明引领下的区域绿色发展，同时积极拥抱数字技术，实现数字化和 EOD 模式发展深度融合，构建起区域绿色转型、智慧化升级的长效机制，这完全符合生态文明建设和绿色发展的理念，必将对推动 EOD 模式创新和发展起到重要的引领作用。

在 2020 年 9 月第七十五届联合国大会一般性辩论上，国家主席习近平郑重向全世界宣布，中国二氧化碳排放力争于 2030 年前达到峰值，努力争取 2060 年前实现碳中和。下一步，EOD 模式的实施要与实现“双碳”目标有机结合起来。我非常期待泛华集团不断创新 EOD 模式，为推进生态文明建设、绿色发展和实现“双碳”目标不断做出新的更大的贡献。

任树本

曾任中国城市经济学会副会长

国家发展和改革委员会重大项目稽察特派员办公室（稽察办）主任

国家投资项目评审中心主任

国家发展和改革委员会资源节约和环境保护司司长

序 三

产业兴旺和生态宜居是乡村振兴战略的重要内容。从"绿水青山就是金山银山"的"两山"理念到"产业生态化、生态产业化"的"两化"路径，生态文明不断丰富和发展，引领着我们对生态建设与经济发展辩证关系的认识不断深入。

碧水青山，蓝天沃土，这是广大乡村应有的自然景观，也是人们对新时代幸福生活的一种向往。把乡村建设得更像乡村，一方面要充分发挥好乡村作为生态屏障和生态环境"守护神"的功能，另一方面要增强乡村产业"含绿量"，要在生态产业化和产业生态化上下功夫。因此，推动乡村振兴，要走好EOD模式下的生态与产业融合发展之路。

良好生态环境是最普惠的民生福祉。父老乡亲是好空气、好环境的所有者，也必然应当在"两化"过程中成为最大的收益者、受益者，生态与产业融合发展，要把功夫下在让乡亲们更好地分享"生态红利"的机制探索上。通过EOD模式，推动现代乡村产业绿色低碳发展，支持农业经营主体增加绿色食品、有机农产品和地理标志农产品供给，延伸农业产业链和价值链，实现"绿水青山"从资源到资产的转化，形成农村利用生态优势实现致富的良好发展态势，牢牢握住这支指挥棒，就能让老百姓过上好生态中的"好日子"。

协同推动生态保护与产业高质量发展，还要把功夫下在探索生态产业化多样实现路径上。以 EOD 模式为抓手，进一步推动生态文明体制改革，探索通过货币与资本市场实现“生态资本深化”的方式，发展碳汇经济、生态金融等新型生态产业业态，这将成为激活乡村生态资本、实现乡村厚积薄发的重要一步。

与此同时，EOD 模式下的乡村振兴也是绿色驱动、改革牵引形成的“无差别城乡”区域经济新形态。打造“无差别城乡”不是搞大开发、大建设，而是抓大融合、大发展。绿色成为普遍形态，“绿水青山就是金山银山”，加快多维转化，在碳达峰、碳中和促进下，使生态产业形态不断丰富，优质山水、人文资源更有价值，转化通道更加开阔。城乡要素大循环成为新格局，市场在资源配置中起决定性作用，推动科技、资金、人才、数据等资源要素“上山下乡”，乡村富余的土地指标、生态产品“进城入市”，实现双向高效对流、一体发展。

反复阅读了由杨天举先生等倾心所著的《EOD 创新模式驱动区域绿色高质量发展的探索与实践》，本书理论体系完整、实践案例新颖，拥有许多原创思维、原创模式，对广大 EOD 模式以及乡村产业的实践者与理论研究者有重要的指导意义，值得推荐研读。

正如本书所论述的，EOD 模式的核心内涵是把生态理念融入区域规划、建设、产业发展和运营的全过程，它不仅是一种生态治理和关联产业融合的项目开发组织模式，更是一种生态导向的区域发展方法论。应该站在战略思维、系统思维和项目思维看待 EOD 模式，通过生态环境保护、生态系统构建区域的生态资产，通过生态资源产品化、生态功能产业化、产业发展生态化等变“绿水青山”为“金山银山”的价值转化方式，创新生态与产业融合发展模式，从而推动乡村全面振兴。

本书提到的陕西省略阳县“绿色健康产业融合发展”EOD 试点实践案例，使我感触颇深。略阳县“三水交汇、五山环抱”，是南水北调中线工程重要水源涵养区，矿山修复治理、绿色循环发展任重道远。在 EOD 模式引领下，本人看到略阳县从过去的卖矿产资源向现在的卖绿色食药转变，不禁感慨万千、不能自已，遂吟此词，以为抒怀。

满江红 略阳

嘉陵穿云，
做梦游，
汉江光影，
似能收。
康养乐居，
秦岭后花，
三江交汇滴风冷，
五山围合静水流。
闲散绿，
一怀诗句由，
浅深愁。

开放活，
绿色转，
许情夜，
山那头。

看舒展渐收，

山河一眸。

雨燕叮咛泥屋草，

野花白了少年头。

听幽谧，

万物还读我，

今古游。

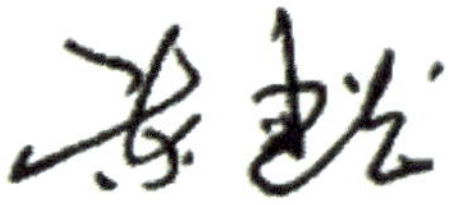

农业农村部乡村产业发展司二级巡视员

序 四

我国中医药大健康产业产值已接近两万亿元的规模，中医药发展潜力巨大，国家已列入战略发展，面临前所未有的机遇。中药材主体栽培区域几乎都是生态保护任务重、经济欠发达的地区，统筹好生态环境修复治理与中医药产业发展，已经成为很多地区实现绿色发展、乡村振兴的重要手段之一。

泛华集团董事长杨天举先生曾提出略阳“以 EOD 模式引领乡村振兴与高质量发展”的建议，如今已迈出了重要一步。在此，对略阳成功入选国家第二批 EOD 模式试点项目以及泛华集团即将出版《EOD 创新模式驱动区域绿色高质量发展的探索与实践》表示祝贺！

中医药作为中华民族的瑰宝，是重要的生态资源，包含众多极具中国特色的生态产品。如何挖掘资源优势，实现中医药生态产品价值转化，促进“绿水青山”变成“金山银山”，一直是地方关心的发展问题，也是从事中医药领域研究的我们需要思考的问题。如本书所述，EOD 模式将生态环境治理与产业发展有机结合，是促进生态资源转化为绿色经济的关键动力。特别是在略阳 EOD 模式案例中，提到运用科技创新、数字经济、品牌溯源等手段，建设“绿色健康产业融合发展示范区”，促进中草药生态产品价值实现，带动一二三产业高度融合发展。中国中医科学院中药研究所与略阳县有着很深的“天麻情结”，本人也有幸参与略阳中医药技术研究，对这一点深有体会。

我们的研究团队在略阳开展天麻、猪苓、黄精无公害栽培和“略麻1号”新品种认定，选定经土壤修复治理且生态环境良好的区域建设中药材无公害种植示范基地，倡导中药材绿色种植，充分利用中药材无公害种植技术，构建无公害种植标准体系。通过将现代科技融入中医药产业链的方式，以科创平台为支点，提高优质中药材生态产品的供给能力，将道地药材生态种植模式发展成为一种独具中医药特色的生态产品价值转化模式。

中医药资源的生态产品价值转化，还要以市场为导向，积极培育生态产品消费市场，形成总部经济、平台经济、结算经济。要着力打造中医药品牌，提高市场对道地药材生态产品的认可度。通过建立道地药材生态产品生产、流通、消费与保护的全过程价值实现机制，最终将道地药材生态产品的价值附着于农产品、工业产品、服务产品上，将生态优势切实转化为经济优势。

EOD模式为略阳的生态文明建设和绿色循环发展开启了新阶段，探索了中医药生态产品价值实现、资源型城市绿色转型发展以及县域经济高质量发展的新路径。本书凝聚了泛华集团30年新型城镇化发展的创新理念与实践成果，希望泛华集团的EOD创新模式能在全国更多地方实践应用，更好地助力地方绿色高质量发展。

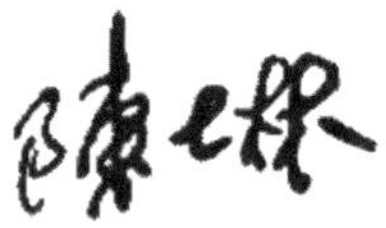

中国中医科学院中药研究所 首席研究员

国际欧亚科学院 院士

序 五

生态文明和乡村振兴是两大国家战略，生态文明既是乡村振兴的重要表现，更是乡村振兴的必要前提，没有生态文明建设就不可能实现真正的乡村振兴。习近平总书记在陕考察时指出，要牢固树立“绿水青山就是金山银山”的理念，推进绿色发展。新时期，推进县域经济高质量发展，要坚定地走生态优先、保护优先之路，坚定地走绿色循环、转型发展之路，推动乡村产业、人才、文化、生态、组织等全面振兴。

略阳地处秦岭腹地，地跨汉江、嘉陵江两大流域，全境位于秦岭生态保护区，是国家重点生态功能区、南水北调中线工程重要水源涵养区，保护好略阳的“绿水青山”责任重大。略阳作为典型的资源型城市，诞生了陕西第一炉钢水，以及陕南唯一的火电厂等一批奠基全省工业的企业，钢铁、电力曾一度是略阳的支柱产业。随着国家产业政策调整和“双碳”目标的推进落实，略阳的转型发展面临前所未有的压力与挑战，亟须走出一条生态建设与产业发展有机融合的绿色循环发展之路。

近年来，略阳开始了转型发展的积极探索，制定全县“一立四振兴”发展战略，着力彻底改变对粗放式传统产业和原有路径的依赖，重新构建经济结构、产业结构和产品结构，加快实现新旧动能转换。积极推进以科技赋能产业转型升级，实施节能减排、绿色制造、环保技改，建设绿色矿山、绿色企业，发展循环经济和数字经济。依托大秦岭生态环境优势和略阳中药材资源优势，把绿色食药作为首位产业来打造，大力发展生态经济、美丽经济，推进绿色产业“四生融合”。

EOD 模式更加坚定了略阳绿色转型发展的方向和路径，并为其找到了切实抓手。在 EOD 模式下，突出生态优先，将生态环境治理与产业发展有机融合，推进生态资源优势转化为经济发展优势，并通过一体化实施，构建生态环境治理与产业发展的反哺机制和长效运营机制。略阳开展 EOD 试点具有重要意义，它是保护大秦岭生态环境的政治需要，是保障一江清水永续北上的需要，是资源型城市探索绿色转型发展的示范，进一步拓宽了略阳绿色循环转型发展的创新路径，推动县域经济与乡村振兴高质量发展。

略阳要抓住国家 EOD 模式试点的发展机遇，切实推进试点项目实施，总结经验、做好示范。要坚持以“绿水青山就是金山银山”理论为引领，坚定不移地实施“环境立县”战略，持续做好流域治理、矿山修复、环境提升，让略阳美景永驻、青山常在、绿水长流；要以数字经济和科技创新为关键驱动力，大力发展生态经济、循环经济、美丽经济、数字经济，把生态环境优势和资源优势转化为经济发展优势；要关注产业培育和项目落地，构建区域绿色运营的可持续发展长效机制，真正推动绿色循环转型发展、新旧动能转化，努力实现“百姓富、生态美”的有机统一。

感谢泛华集团在略阳申请国家第二批 EOD 模式试点项目过程中给予的支持，并在《EOD 创新模式驱动区域绿色高质量发展的探索与实践》一书中将略阳 EOD 模式作为案例分析。希望泛华集团继续关注略阳的绿色转型发展，继续将泛华集团好的理念、好的模式、好的路径运用到略阳的生态建设、产业发展和城市运营中。相信，略阳在 EOD 模式的引领下，将进一步加快实现产业生态化、生态产业化，开创略阳绿色循环、转型发展的新局面，谱写略阳新时代高质量发展新篇章！

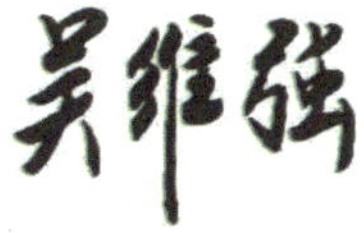

陕西省汉中市副市长
略阳县委书记

前言

波澜壮阔的改革开放历经的40余年，是中国经济高歌而行、蓬勃增长的40余年，也是环境质量波浪式变动的40余年。我国走了一条“跨越环境高山”之路，生态环境经历了从良好、恶化到总体好转的过程。发达国家上百年的城镇化、工业化、全球化进程，我国在短短的40年里基本完成。到2021年年末，我国常住人口城镇化率已经达到64.72%，高速的城镇化进程，导致环境问题在短期内集中爆发，呈复合型、压缩性、累积性特点。我国环境保护正式进入压力叠加、负重前行的关键期，也是有条件、有能力解决突出环境问题的窗口期。党的十八大以来，生态文明建设经历了从主体维度、过程维度到对象维度的制度变迁，随着新型城镇化进程进入下半场，绿色发展、高质量发展成为时代最强音、主旋律。2020年，生态环境部、国家发展改革委、国家开发银行联合发布关于“生态环境导向的开发（EOD）模式”，将生态文明建设带入区域经济发展、城市建设的底层逻辑维度，从本质出发，探索生态、生产、生活、生命相融的共生之路。

从农业文明、工业文明到当前的生态文明，人类社会的演进、区域经济的发展呈现出截然不同的方式。工业文明下，城市发展模式单一、同质化竞争严重。环境不断恶化、交通拥堵、区域发展动力难以持续，人口、空间、环境等矛盾日益突出，投融资渠道拓展遭遇瓶颈，这些问题给区域经济发展和城市建设带来严峻的挑战。生态文明牵引的 EOD 模式是生态治理和关联产业融合的区域开发组织模式，是生态资源产品化、生态功能产业化、产业发展生态化等变“绿水青山”为“金山银山”的价值转化过程，有效构建起区域绿色转型、智慧化升级的长效机制。

泛华集团作为“92 系”企业，创建伊始就带着时代的深深烙印，投身到改革浪潮中，以创新为使命担当，为城市创造价值、为客户提升品牌。30 年的砥砺前行，泛华集团经历了从“本体论”到“系统论”再到“生态论”的迭代和提升，成长为为客户提供“智库+投资运营+产业运营+数字运营+绿色运营+建设服务”的数字投资建设集团。泛华集团作为国家建设行业试点企业，紧跟国家战略、行业发展脉络，追求卓越、与时俱进，调适企业发展战略、产品体系，努力做时代的企业。泛华集团创新提出“中国新型城镇化发展创新模式”“城市数字化转型创新模式”；荣获住房和城乡建设部、科学技术部的“国家智慧城市产业要素聚集专项试点企业”称号，工业和信息化部的“国家中小企业公共服务示范平台”称号；创新并实践“海绵城市”、智慧生态城建设、数字新基建、区域能源管理、绿色建筑等生态工程，积累了丰富的实践经验，建立了强大的技术体系。

围绕 EOD 模式，泛华集团以战略思维、系统思维、创新思维及项目思维，统筹思考 EOD 申报、建设、实施与落地运营的项目全生命周期，创新提出“生态为基、产业为魂、金融助力、数字赋能、运营为王”五大发展思路。重构生态，实现生态产品价值转化；重塑产业，激发新经济“造血”机能；金融为器，为区域经济插上翅膀；数字赋能，为区域智慧化发展按下“快进键”。而真正能够依托EOD模式构建区域高质量发展内生动力、形成可持续发展长效机制的是产业生态的导入及项目的落地运营。

泛华集团以理论创新导入路径创新，以产业互联网思维贯穿项目全生命周期，以运营为王赋能区域高质量发展，率先提出“价值构建、要素导入、空间承载、绿色运营、全民聚力”五大EOD模式创新路径，总体形成以乡村振兴为点、生态文明建设为线、生态产业化构面、产业生态化筑体，点、线、面、体四维融合的创新发展模式，即“EOD+产业育城+全要素智慧生态产业示范区”，为区域经济发展提供数字化、可操作、可持续、伴随式、强运营的系统落地解决方案。

通过导入泛华集团荣获的工业和信息化部首批国家中小企业公共服务示范平台，站在数字运营、能碳运营与产业运营角度，打造“数字孪生”城市治理中枢，构建“城市大脑”，形成产业服务、园区管理、生活服务、能碳管理运营等应用场景下“四网合一”的数字运营平台，推动区域实现全要素节能减排、全产业绿色转型，全方位提升城市运行效能。依托育城中心引导创新要素、资源有效配置，形成支撑科技创新和新兴产业发展的、线上线下融合互动的“跨边界虚拟产业集群+产业数字化空间载体”，构建“产品卖全球、结算在当地”的平台经济、总部经济、结算经济模式。依托数字平台，发展时空经济，促进创新要素、订单、流量、人才、产品的跨时空链接、跨区域流通、跨行业联动，形成共同参与、供需互促、产销并进、畅通高效的国内大循环体系，发挥规模效应和集聚效应，形成区域创新的“热土效应”，助力区域产业发展融入全国统一大市场发展格局，形成小空间承载国家大战略的空间载体。

以生态为基建设城市，是对过去的补偿、未来的保障；以产业为魂、金融为器、数字赋能发展城市，是策略的迭代、技术的革新；而以运营为王的理念经营城市，通过数字化、伴随式运营管理，可从根本上解决 EOD 模式项目实施难、资金少、效率低、落地慢，产品投产难、销路窄、价值低、收益小的关键措施，是认知的升维、内生动力源的构建。泛华集团通过 EOD 创新模式，发挥系统创新、产业链整合、技术集成、特许权经营、品牌力塑造、生态资源构建、数字平台赋能等优势，推动全要素跨时空流通、一二三产融合发展、数字赋能科技创新，绘就城乡一体、产城融合的新画卷，助力区域进入生态振兴、产业重塑、新型城镇化、城市更新、乡村振兴高质量发展新阶段，为进一步助推“双碳”目标实现、生态文明建设不断奋进。

泛华集团必将以信心凝聚力量，以雄心续写华章，为城市创造价值，为客户提升品牌，努力谱写 EOD 模式导向下中国新型城镇化事业的新篇章！

泛华集团董事长

目　录

第一章

生态文明建设是区域经济高质量发展的内驱动力

自工业革命以来，以功利主义为价值取向、以无节制消耗资源和破坏环境为代价的工业文明发展范式，在换取经济增长的同时，也导致了生态系统的日益失衡。工业文明下竭泽而渔的增长模式加剧了人与自然的矛盾，损害了人类社会可持续发展的基础。人类逐渐意识到，要实现经济社会的可持续发展，必须对工业文明时代所形成的价值观进行彻底改造与重塑。

生态文明是人类文明发展的一个新的阶段，是继工业文明之后的另一种文明形态。生态文明理念旨在把良好的生态环境作为生产要素和生产力，目标是提升社会福祉（不断满足人民群众对美好生活的需要）和可持续发展，强调以可再生能源作为经济发展的动力支撑，要求绿色低碳循环发展，倡导绿色消费。与工业文明相比，生态文明更加重视人与自然的客观发展规律，始终坚持人与自然和谐共生，注重长远利益和整体利益，致力于实现人类社会可持续发展，在发展理念上具有明显的优越性。

生态文明贯穿于经济建设、政治建设、文化建设、社会建设全过程和各方面，是区域经济高质量发展的内驱动力，生态文明建设赋予新型城镇化新的内涵。通过生态文明建设，优化空间格局、调整产业结构、转变消费方式，促进城镇化健康发展；通过推进城镇化，把生态文明理念和原则融入城镇化全过程，走集约、智能、绿色、低碳的新型城镇化道路。

第一节　生态文明战略重要部署

一、生态文明建设上升到国家战略，推动经济社会绿色低碳可持续发展

党的十八大把生态文明建设纳入中国特色社会主义事业总体布局，正式形成经济建设、政治建设、文化建设、社会建设、生态文明建设“五位一体”总体布局，全方位推动经济社会向绿色低碳可持续发展方向转型。

2005 年 8 月 15 日，时任浙江省委书记的习近平在浙江省安吉县考察时，明确提出了“绿水青山就是金山银山”的理念。党的十九大把“增强绿水青山就是金山银山的意识”写进《中国共产党章程》，“绿水青山就是金山银山”理论作为习近平生态文明思想的核心要义在全国落地生根，成为全党全社会的思想共识和行动遵循。党的十九大报告和全国生态环境保护大会描绘了我国生态文明建设的时间表：到 2035 年，基本建成美丽中国；到 21 世纪中叶，全面建成美丽中国。

2018 年 3 月 11 日，第十三届全国人民代表大会第一次会议在人民大会堂举行第三次全体会议，会议通过的《中华人民共和国宪法修正案》将生态文明写入宪法，明确规定：“推动物质文明、政治文明、精神文明、社会文明、生态文明协调发展，把我国建设成为富强民主文明和谐美丽的社会主义现代化强国，实现中华民族伟大复兴。”

2018 年 5 月 18 日，在全国生态环境保护大会上，习近平总书记指出，要加快建立健全“以产业生态化和生态产业化为主体的生态经济体系”。在构建这一生态经济体系的过程中，应特别注意处理好以下几个关系，重在做到“四个结合”：生态经济体系构建重在生态与产业结合，产业结构转向重在绿色牵引与创新驱动结合，产业发展选择重在发挥优势与彰显特色结合，体制机制创新重在“有形的手”与“无形的手”结合。

二、生态文明制度建设不断完善，新机制、新途径探索持续加强

2021 年以来，生态文明建设对我国经济体系建设的各项要求进一步清晰。

2021 年 3 月 5 日，习近平总书记在参加他所在的十三届全国人大四次会议内蒙古代表团审议时指出，要坚持绿水青山就是金山银山的理念，坚定不移走生态优先、绿色发展之路。

2021 年 2 月 22 日，国务院发布了《国务院关于加快建立健全绿色低碳循环发展经济体系的指导意见》（国发〔2021〕4 号），立足系统观念，对生产体系、流通体系、消费体系、基础设施、绿色技术创新体系、法律法规政策体系 6 个方面的绿色低碳循环发展提出了任务要求，为构建绿色低碳循环发展的经济体系提供了顶层设计。

在产业结构调整方面，2021 年 5 月 31 日，生态环境部办公厅印发了《关于加强高耗能、高排放建设项目生态环境源头防控的指导意见》（环环评〔2021〕45 号），对高耗能、高排放（以下简称“两高”）项目提出了严格环评审批、依法从严查处不合规“两高”项目等一系列要求。

在推动增量绿色发展方面，2021 年 5 月 25 日发布了《住房和城乡建设部等 15 部门关于加强县城绿色低碳建设的意见》（建村〔2021〕45 号），要求控制县城建设密度和强度，既要防止盲目进行高密度高强度开发，又要防止“摊大饼”式无序蔓延。

在提供绿色金融支撑方面，2022 年 4 月，中国人民银行、国家发展改革委、中国证券监督管理委员会联合印发了《绿色债券支持项目目录（2021 年版）》，为金融机构和企业发行绿色债券支持绿色项目提供了更明确的依据。

此外，生态文明建设新途径的探索持续加强。我国首个国家绿色技术交易中心于 2021 年 6 月 9 日成立。该中心以国家电网浙江省电力有限公司双创中心为依托，主要开展绿色技术发布、咨询、洽谈和交易等工作。国家绿色技术交易中心的成立，对推动绿色技术“产学研金介”深度融合和加速成果转化具有重要的示范意义。

三、生态文明建设目标升格，开启以降碳为重点战略方向的新阶段

2020 年 9 月 22 日，习近平总书记在第七十五届联合国大会一般性辩论上宣布，中国将提高国家自主贡献力度，采取更加有力的政策和措施，二氧化碳排放力争于 2030 年前达到峰值，努力争取在 2060 年前实现碳中和。

2021 年 3 月 15 日，习近平总书记主持召开中央财经委员会第九次会议，指出实现碳达峰、碳中和是一场广泛而深刻的经济社会系统性变革，要把碳达峰、碳中和纳入生态文明建设整体布局。

2021 年 4 月 30 日，习近平总书记在中共中央政治局第二十九次集体学习时指出，“十四五”时期，我国生态文明建设进入了以降碳为重点战略方向、推动减污降碳协同增效、促进经济社会发展全面绿色转型、实现生态环境质量改善由量变到质变的关键时期。以降碳为重点战略方向，意味着我国生态文明建设开启了从 1.0 版向 2.0 版升级的过程，这意味着治理模式从过去以末端治理为主的阶段，开始转向源头管控、过程优化、末端治理、废物循环四个环节协同发力，产业结构、能源结构、交通运输结构、用地结构四类格局加快调整的新阶段。这一新阶段，要求我国以转变经济发展方式为目标，加快建立健全绿色低碳循环发展经济体系，促进经济社会发展全面绿色转型，把现代化国家的蓝图，确定为人与自然和谐共生的现代化国家。

党的十八大以来，我国关于生态文明建设的思想不断丰富、政策体系不断完善、机制创新持续探索。随着我国生态文明建设进入以降碳为重点战略方向的新阶段，生态文明建设开始向纵深发展，为推进其发展就迫切需要探索有效的项目抓手和创新路径，切实推进生态文明战略落地实施。

第二节　生态文明战略驱动区域经济高质量发展

一、生态文明战略牵引“双碳”目标的实现

工业文明在不到人类历史万分之一的时间创造了比过去一切时代的总和还要多的物质财富和精神文明成果，但是作为一种轻视人与自然关系的文明形态，高度依赖高碳资源、依赖“资源—产品—污染物”单向流动的线性经济，导致我国许多区域环境污染、气候变暖、生物多样性减少，严重威胁人类生态安全。

党的十八大以后，我国把生态文明建设作为一项重要任务，是顺应国际绿色低碳循环发展潮流、实现“双碳”目标作出的必然选择。良好的生态文明建设能够为经济发展提供良好的环境支持，促进产业优化升级，驱动经济蓬勃发展。深入推进生态文明建设，必须全面推动绿色发展，从源头抓起，采取扎实举措，形成内生动力机制。要重点调整经济结构和能源结构，积极推进绿色发展、低碳发展、循环发展，加快形成资源节约和环境保护的空间格局、产业结构、生产方式、生活方式，是减污降碳的关键措施。同时积极开展技术革新、新能源应用、生态环境治理与绿色产业发展，实施系列节能减排工程，从源头扭转生态环境恶化趋势。全面推进生态文明建设，是构建资源节约型社会的必由之路，也是有效实现“双碳”目标的关键路径。

二、生态文明建设是改善生态环境的迫切需要

自改革开放以来，我国在经济、政治、文化、社会等各个领域的建设都取得了举世瞩目的辉煌成就。在生态环境方面，各级政府都在积极推进污染防治、节能减排和生态保护等工作，但生态环境总体恶化的趋势并没有从根本上得到扭转，形势依然严峻，压力持续增大。自然灾害频发、荒漠化蔓延、能源紧缺、空气污染、水体污染、噪声污染等生态问题已严重威胁国家生态安全和人民身心健康，

改善生态环境已经成为全人类的共识。目前，生态文明建设已处于压力叠加、负重前行的关键期，进入提供更多优质生态产品以满足人民日益增长的优美生态环境需要的攻坚期，到了有条件有能力解决生态环境突出问题的窗口期。举全社会之力，全面推进生态文明建设，是生态环境可持续发展的迫切需要。

新时代，生态文明建设上升到国家战略，为生态环境改善带来了一剂“强心针”，要深刻把握“绿水青山就是金山银山”理念，坚定不移地用最严格制度、最严密法治保护生态环境，把解决突出生态环境问题作为民生优先领域，要构建以政府为主导、以企业为主体、社会组织和公众共同参与的环境治理体系，充分运用市场化手段，完善资源环境价格机制，采取多种方式支持政府和社会资本合作（PPP）项目，加大重大项目科技攻关，对重大生态环境问题进行对策研究。把生态环境风险防范纳入常态化管理，构建全过程、多层级生态环境风险防范体系。以解决突出生态环境问题为重点，深入打好蓝天保卫战，深入实施《水污染防治行动计划》，全面落实《土壤污染防治行动计划》，持续开展农村人居环境整治行动，打造美丽乡村，推动形成人与自然和谐发展的现代化建设新格局。

三、生态文明建设是引领绿色现代产业体系构建的有效路径

以生态文明为牵引，全力构建特色明显、经济效益好、资源消耗低、环境污染少的可持续发展的特色产业体系，是推动经济建设与环境保护双赢的有效路径。在生态文明建设目标下，坚决实施以碳强度控制、绿色转型为主的产业发展策略，积极调整区域、流域产业布局，培育壮大节能环保产业、清洁生产产业、清洁能源产业，促进经济产业结构调整，引导资本、技术、人才等生产要素投入绿色低碳产业。推进重点行业和重要领域绿色低碳化改造，解决钢铁、煤炭等传统行业产能过剩问题，推动传统“高碳”“低效”产业加快智慧化转型升级，建立绿色低碳的产业体系、倡导形成绿色节约的生活方式，实现资源全面节约和循环利用，实现生产系统和生活系统循环链接。

依托数字经济及数字技术的高速发展，加快打造新一代信息技术、新能源汽车、绿色低碳等战略性新兴产业集群，加快产业从低附加值向高附加值，从粗放式向集约化、绿色化、数智化全面转型，持续提升产业链现代化水平，探索出一

条适应新发展阶段、契合生态文明新发展理念的可持续发展之路。通过全面实现绿色现代产业体系构建，推动我国经济发展焕发新活力。

第三节　生态文明建设面临的问题与挑战

党的十八大以来，生态文明建设取得5个“前所未有”，即思想认识程度之深前所未有、污染治理力度之大前所未有、制度出台频度之密前所未有、监管执法尺度之严前所未有、环境质量改善速度之快前所未有，我国生态文明建设与可持续发展成绩有目共睹。

尽管如此，我国生态文明建设仍处于压力叠加、负重前行的关键期，生态环境保护结构性、根源性、趋势性压力尚未根本缓解。与此同时，我国向世界作出力争在2030年前实现碳达峰、2060年前实现碳中和的庄严承诺。在工业化、新型城镇化仍需进一步推进、能源消耗量还将刚性增长的情况下，持续深化生态文明建设，实现碳达峰、碳中和面临转型任务重、时间窗口紧等诸多困难与挑战。

一、绿色转型进程中，环境治理形势严峻

“十三五”期间，全国生态环境质量总体改善，污染防治阶段性目标顺利实现。统计数据显示，“十三五”期间，截至2019年年底，我国单位国内生产总值（GDP）二氧化碳排放量累计下降了18.2%，全国煤炭机组实现超低排放改造达到8.9亿kW，占煤电总装机容量的86%。我国已建成世界上最大规模的超低排放清洁煤电供应系统，光伏技术、风能装机容量、发电量均居世界首位，全国清洁能源占能源消费总量的比重达到23.4%，京津冀地区煤炭集疏港实现了“公转铁”，全国铁路货运量比“十二五”期间增长了7.2%。

然而，与“既要金山银山，也要绿水青山”的绿色发展理念相悖，目前一些地方在快速推进工业化和城镇化的过程中，重经济发展、轻生态保护，片面追求经济增长速度和城市规模扩张，环境污染和生态环境保护的严峻形势没有根本改变，生态空间被大量挤占、自然生态系统质量偏低和生态持续退化等问题依然存

在。例如，我国生态环境治理已经进入攻坚克难的阶段，现在留下的都是“难啃的骨头”，大量黑臭水体的存在、农村环境污染、地下水污染、挥发性有机物（VOCs）治理等问题还很突出。再如，受工矿建设、资源开发、城镇和农田扩张等的影响，我国生态空间被大量挤占、自然岸线和滨海湿地持续减少、局部区域生态退化等问题严重，全国生态环境脆弱，保护与发展矛盾依然突出。

同时，与发达国家基本解决环境污染问题后再转入强化碳排放控制、应对气候变化的发展历程不同，当前阶段我国生态文明建设同时面临实现生态环境根本好转和实现碳达峰、碳中和两大战略任务，因此面临更大的压力和挑战。

二、“双碳”目标下，产业发展亟待转型升级

目前，我国以重化工为主的产业结构还没有根本改变，我国生态环境问题在根本上还是高碳能源结构和高耗能、高碳产业结构问题。在“双碳”目标的指导下，降碳行动是大势所趋，经济结构转型将不断加快。在低碳经济和高质量发展双重长期目标的倒逼下，产业变革势在必行，产业发展亟待转型升级。发展绿色产业，既是推进生态文明建设、实现高质量发展的主要内容之一，也是实现碳达峰、碳中和目标的重要支撑和推动力。

在碳中和愿景下，绿色低碳循环发展是我国经济转型升级的重要方向。“双碳”目标为产业发展设定了清晰明确的方向，即必须有效降低碳排放强度、减少化石能源使用、提高能源效率。此举将强化清洁能源的开发应用，促进重点领域低碳转型以及生态环境产业发展，形成绿色经济增长新动力，推动产业低碳化、绿色化发展。

“双碳”目标下的绿色产业发展，首先，需要构建清洁、高效、低碳能源体系。开发清洁能源，控制化石能源消费总量，着力提高利用效能，采取可再生能源替代行动。扩大风电、光伏发电规模，提高终端用能的电气化比重和电源的非化石能源比重。提高电网系统的灵活性，加大可再生能源电力的消纳份额。构建能源互联网，改进特高压输电技术，搭建电力输送“桥梁”。加快研发和应用包括储能技术、氢能等替代能源技术在内的重大战略技术。

其次，深入推进工业、建筑、交通等行业低碳转型。发挥科学技术在重点行

业和领域低碳发展中的核心支撑作用。提高节能环保的装备制造和产业活动水平。推广生产全过程的清洁改造，深入推进二氧化碳和污染物协同减排，不断构建园区与园区之间、园区与企业之间、企业与企业之间的循环经济链条，实现废物处理减量化、资源化和无害化。

最后，应进一步强化生态保护与修复产业。加大我国生态系统的保护与修复力度，着重加大生态农业、生态保护、生态修复等产业的扶持力度，积极实施森林、草原、湿地等生态系统的保护与修复工程，加强“蓝色海湾”整治和海洋生态系统保护，优化生态安全屏障体系，提升生态系统质量和固碳能力。开展生态系统长期动态监测工作，建立健全碳排放监测、报告、核算体系。

三、数字经济新时代，城市更新迫在眉睫

在过去的几十年间，我国城镇化建设高速推进，用二三十年的时间创造了西方二三百年的成就，但也存在一系列系统性的问题：城市蔓延式发展，“摊大饼”式扩张，导致城市土地等资源利用率不高、空间组织不合理，城市治理水平、社区运营水平不高；许多城市宜居性、包容性不足，人居环境质量不高；城镇化建设早期的一批小区现已普遍存在房屋陈旧、环境恶化、布局混乱、配套设施老化等问题。

特别是随着生态文明建设的推进以及数字经济时代的到来，围绕实现城市绿色发展，借助数字经济手段促进城市基础设施数字化升级、城市运营管理效率提升、城市产业数字化转型，逐渐成为城市更新过程中的关键紧迫问题。例如，如何瞄准绿色发展方向，在城市更新过程中重新对城市进行生态修复，重构生态系统和生态基底；如何在完善、有承载力的基础设施系统上，科学合理地规划建设交通、给水排水、信息基础设施等，同时把握数字基建与传统基建融合的趋势，打造绿色、智能的“新基建”（新型基础设施建设）体系；如何运用数字化手段助力城市高效运营，建设“城市大脑”，形成城市从大脑到神经末梢的整体智慧系统，在智慧流通、智慧消费、智慧医疗、社会安全、智慧管理等领域实现智能化；如何结合城市自身的区位条件、资源禀赋和产业基础，谋划城市新定位，并借助数字经济赋能城市发展和产业活力持续更新，促进新旧动能转换。

四、生态治理任务重，融资模式亟待创新

我国生态环境保护资金投入压力持续加大。自 2015 年以来，我国生态环境治理投入占 GDP 的比例为 1.15%～1.28%，与美国、德国、日本等国家 2.5%以上的水平相比仍有较大差距。各地普遍存在生态环境保护形势严峻、历史欠账较多、治理任务较重、可用财力有限以及生态环境保护投入需求矛盾突出等问题。例如，中央财政 2019 年在自然资源领域生态保护与修复两个专项中安排 142 亿元资金，与相关部门测算的每年 589 亿元资金需求相比，存在较大差距；云南通过多种方式支持滇池治理，但因资金筹措困难，目前投资仅完成“十三五”规划目标的 31.4%；内蒙古仅“一湖两海”治理项目资金缺口就达 29 亿元。地方政府，特别是中西部地区的地方政府普遍存在生态治理任务与资金投入力度不匹配的问题。

我国生态修复治理与环境保护资金筹集存在诸多障碍。首先，当前地方财政生态保护修复投入比重偏小。一方面，跨区域的生态保护与修复事权界定不够清晰，缺乏条例解释，导致事权与支出责任不完全匹配；另一方面，生态保护修复任务重的地区，大多经济较为落后，且大量保护修复区域在生态保护红线范围内，修复后难以发展相关产业，不具备循环发展基础。其次，缺乏有效机制吸引社会资本投入生态修复治理与环境保护。由于生态资源是公共产品，修复后土地资源的运营收益因产权归属会优先纳入地方政府财政收入，一旦早期合作协议签署不明晰或地方政府迫于财政压力不予兑现承诺，将给预期回报带来很大的不确定性。最后，生态修复治理和环境保护项目投资大、周期长、见效慢，社会资本与金融机构参与意愿普遍不强。

目前我国生态修复治理与环境保护领域的投资主要依赖政府，融资渠道较单一，融资规模有限，生态治理修复与环境保护仍存在较大的资金缺口，需要探索生态修复治理效益转化为投资收益的有效途径，建立健全投资回报机制，加快找到推进融资模式创新为多元的社会资本进入生态修复治理与环境保护领域的可行路径。

五、体制机制层面，市场化机制亟待建立

我国在推进生态文明建设的过程中面临着市场机制不完善的困境。政府在我国生态文明建设中一直是处于主导地位，但政府主导有时存在着“失灵”的现象，因此仅依靠政府进行生态文明建设显然是不够的，必须发挥市场机制的作用。在过去很长一段时间里，市场机制受政府主导的影响，发展很不完善，主要表现在：

一是自然资源产权不清晰。自然资源的使用状况和利用效率是由自然资源的产权制度决定的，这种产权制度进而决定市场机制对生态文明建设的效果。当前我国的自然资源虽然在所有权上是全民的，但是实际的经营权利、使用权利比较混乱，归属界限模糊。自然资源在具体的使用过程中更是存在被极少数人占有的现象，使自然资源产权虚置和弱化，进而导致了自然资源在使用的过程中可能存在浪费和污染的问题。

二是自然资源市场交易制度不完善。自然资源不同于一般的普通商品，有些自然资源虽然存在市场价格，但是其价格并不能真正地反映其价值，如我国的排污权交易制度正处于开始时期，排污税费征收标准还不完善，因此，还需要在实践中进行不断的探索。

三是生态环境信息公开不到位。及时准确的生态环境信息是市场机制发挥作用的重要条件之一，然而当前有些地方政府为了维护自身的形象或当地的经济发展状况，虚假报告当地生态环境状况。错误的生态环境信息数据对市场机制产生了负面影响，对生态文明建设造成了阻碍。

第四节　生态文明导向下片区开发模式比较分析

在推进新型城镇化建设中，市场上诞生了 TOD（交通导向的开发）、AOD（规划导向的开发）、SOD（社会服务设施导向的开发）、EOD（生态环境导向的开发）等在内的多种城市开发模式，这些模式可统称为“XOD 模式”。各个 XOD 模式具有其特殊的时代背景和功能使命，对城市发展也具有不同维度和程度的助力作用。

一、TOD 模式

TOD（Transit-Oriented Development）模式是以公共交通为导向的城市空间开发模式，以火车站、机场建设，以及地铁、轻轨等轨道交通及公交车干线建设为主，并以公交站点为中心、以 400～800 m（5～10 min 步行路程）为半径建立中心广场或城市中心，其特点在于具有集工作、商业、文化、教育、居住等功能为一体的“混合用途”，使民众在不排斥小汽车的同时能方便地选用搭乘公交车、骑自行车、步行等多种出行方式。城市重建地块、填充地块和新开发土地均可以 TOD 模式的理念来开发，TOD 模式的主要方式是通过土地使用和交通政策来协调在城市发展过程中产生的交通拥堵和用地不足的矛盾。

TOD 模式已成为国际上极具代表性的城市商业开发模式之一，是国内外城市发展及商业地产的一个新增长点。例如，截至 2020 年年末，香港特别行政区总人口 747.42 万人，是世界上人口密度最大的地区之一。从 20 世纪 80 年代开始，公共交通一直负担着香港 80%以上的客流量，仅有大约 6%的居民出行使用私人交通工具。香港如今的格局在很大程度上归功于 TOD 社区的土地利用形态，香港约有 45%的人口居住在距离地铁站仅 500 m 范围内的地方，九龙和香港岛更是高达 65%。在中环地区内，以公共交通枢纽为起点的步行系统四通八达，凡与步行系统相连的建筑，本身就是步行系统的组成部分，其通道层及邻接的楼层通常具有零售商业和娱乐用途，为行人提供了极大的方便。

TOD 模式主要有以下优点：

①促进土地高效利用。与传统的城市“摊大饼”式的低密度发展模式相比，TOD 模式更注重土地的高效利用和混合开发。

②提高绿色出行比例。城市的无序蔓延与房地产的城外开发导致城市居民外迁，但是居民的工作、娱乐休闲、社会活动仍集中在老城区，这就引发这些外迁居民倾向于采用私人交通工具（私家车）出行，容易引起交通拥堵，尤其是上下班高峰期的“钟摆式”出行往往造成城市交通的瘫痪。而 TOD 模式是以公共交通为导向的土地开发，居民可以在较短的步行距离范围内搭乘公交车，有利于提高低碳出行比例。

③降低基础设施投资成本。采用 TOD 模式可带来城市土地紧凑的高效利用，进而可大量节省道路、给水、排水、供电、公共建筑等基础设施的建设和维修费用。

④提供和谐的生存环境。TOD 模式按就近原则将居住、商业、休闲场所合理紧凑地布置在公交站点周边地区，城市居民就业岗位大多集中在公交沿线。因此 TOD 模式可以降低居民的通行费用，提高道路使用效率，解决“钟摆式”通勤问题。TOD 模式不仅为中长距离出行的居民提供便捷的公交出行服务，也为短距离出行的居民提供高质量的步行环境，为居民提供相互接触的机会，增强居民的社区认同感，构建和谐的生存环境。

二、AOD 模式

AOD（Anticipation-Oriented Development）模式即以规划理性预期为引导的开发模式，内含城市规划和城市经营整合的概念，是一种城市经营的新手段。如果说 TOD 是政府利用垄断规划信息优势而采取的城市经营手段，AOD 模式则是政府充分利用发布规划信息的诱导作用而采取的城市经营手段。政府通过预先发布某些地区的规划消息、公开相关信息，来激发、引导市场力量进行先期的相关投入，从而尽快形成与规划目标相一致的外围环境和所需氛围，便于政府在最适合的时机，以较小的投入实现原先的规划建设意图。

例如，在“杭州城市发展概念规划”中，针对未来远期要形成的中央商务区（CBD），提出导入 AOD 模式的概念：在钱江新城南岸（未来 CBD 核心区）以低廉的土地价格预征土地，并向社会明确发布政府未来的规划意图信息，以形成强大的社会心理预期，引导开发商在周边地区进行相应的开发，促使 CBD 所需的配套环境和氛围尽快形成。后续待建设时机与项目储备成熟，政府再进行 CBD 核心区的开发就水到渠成了，这样也可获得更高额的土地资金回报。

三、SOD 模式

SOD（Service-Oriented Development）模式是近年来我国城市规划与建设中产

生的一种新方式。SOD 是以社会服务设施建设为引导的开发模式，即当地政府利用行政优势，通过规划将行政或其他城市功能进行空间迁移，从而使新开发地区的市政设施和社会设施同步形成，进一步加大生地、熟地地价差额，同时获得空间要素功能调整和所需资金保障。一个成功的经典案例是青岛在新区开发过程中，市政府出让了老城区用地，率先进入新区，实现了城市功能转移、空间调整与优化、政府财政状况改善等多重目标。

此外还需要指出的是，SOD 模式，尤其是以政府为核心的行政中心转移的方式，给社会带来的巨大示范效应和心理预期效应是无法衡量的。

例如，福州市在新一轮的城市规划中，提出了“东扩南移、西进北改”的发展战略，并提出将福州市行政中心迁往仓山区城门镇（属于东部新城）。这一规划信息的发布，直接掀起了东部新城的建设狂潮，大型基础设施如火车南站的进驻，福峡路市政基础设施的完善，无疑不给城门镇带来前所未有的发展机遇。然而新一届政府上任后，似乎预见了东部新城建设要被“冷落”的结局，而台西科技园成为了福州的第二个 CBD，福州的世茂 108 大厦成为福州的新地标。可以说，这便是 SOD 发展模式的缺点所在。政府在发布权威城市规划信息的背后，夹杂了较多主观因素，使得城市的发展面临危机。

四、EOD 模式

EOD（Ecology-Oriented Development）模式的核心内涵是以生态文明为引领，以可持续发展为目标，以生态保护和环境治理为基础，以特色产业运营为支撑，以区域综合开发为载体，采取产业链延伸、联合经营、组合开发等方式，推动公益性较强、收益较差的生态环境治理项目与收益较好的关联产业项目有效融合、统筹推进、一体化实施，将生态环境治理带来的经济价值内部化，是一种创新性强的项目组织实施方式。该模式重点将生态建设作为发展的首要任务，以生态来吸引产业与人口聚集，以 PPP 模式作为重要的投资实施路径，提升生态环境品质、公共服务水平、产业发展和运营能力，实现生态建设与经济发展共同促进，提升人民群众的获得感和满意度。

例如，江苏徐州潘安湖国家湿地公园，自 2010 年起，当地通过“挖深填浅、分层剥离、交错回填”等技术改造塌陷区，恢复土地的生态调节功能，建成湿地公园，同时规划建设了污水处理厂、道路、幼儿园、医院等配套设施，打造集康养、休闲旅游、电子商务、高端住宅于一体的现代生态新城，对改善和修复当地生态环境、有效拓展徐州生态空间、促进城市转型、提升贾汪区生态环境品质有着重要的意义，使采煤塌陷地变“废”为“宝”，变“包袱”为“资源”，实现了从“一城煤灰半城土”到“一城青山半城湖”的转变。

EOD 模式主要有以下优点：

①重构生态网络。通过环境治理、生态系统修复、生态网络构建，为城市发展创造良好的生态基底，带动土地升值。

②整体提升城市环境品质。通过公共设施完善、城市布局优化、城市特色塑造等措施提升城市整体环境质量，为后续产业运营提供优质条件。

③产业导入及人才引进。通过人才流入及产业发展激活区域经济，从而增加居民收入、企业利润和政府税收，最终完善区域自我强化的正反馈回报机制。

④构建生态治理长效机制。通过强化市场机制、采取多维绿色金融产品的方式，有效减少政府生态治理的投资支出，解决公益性项目长期以来的缺钱困境；同时，构建的反哺机制为生态治理提供了长期、有效的现金流，实现内部良性循环。

五、城市开发模式对比总结

从发展要素角度分析。比较 EOD 模式和其他“XOD 模式”，不难发现其他“XOD 模式”往往基于城市发展某个局部因素，如交通、公园、基础设施等。EOD 模式更强调生态的优先性、系统集成的全局性和可持续发展的问题，涵盖了生态、经济、社会、人文、自然、政治等方面，追求的是生态城市建设目标。EOD 模式是城市开发中生态环境治理、保护与土地开发、产业开发的组合方式，强调生态环境的优先作用和基础作用，以及区域生态资源和土地资源、产业资源的融合及协同作用，是符合新时代背景下生态文明建设国家战略、“双碳”目标要求的开发模式。

从辐射区域角度分析。TOD 模式基于交通站点，辐射范围为 1 000 m 半径内的区域，AOD 模式强调城市某地块、某区域的开发，而 SOD 模式则更侧重于新城区的开发。EOD 模式的建设关注区域的生态治理与开发、流域的综合整治甚至全域的生态整治与绿色转型，在范围上更大更广，更具备示范带动作用。

从产生效益角度分析。TOD、AOD 及 SOD 模式都能给项目所在区域的发展带来经济效益，但在开发、运营过程中，对环境造成影响，在生态文明建设、“双碳”目标实现方面的带动性相对较弱。在 EOD 模式中，项目实施可改善环境，整体美化城市面貌，实现降碳等环境效益。依托优良的生态基底吸引产业和人口，将环境效应带来的社会效益增值进行提前锁定，实现区域整体经济效益提升，并以此实现对环保产业的反哺，解决环保项目财政投入不足的突出问题，为后续产业发展、运营提供优质条件。同时，生态环境改善可促进生态产业化和产业生态化，切实推动资源变资产，促进绿色发展，从而实现社会可持续发展。

在生态文明建设的总牵引下，EOD 模式的诞生和快速推广，受市场内在作用推动的影响，其往往是区域在经历了快速城镇化发展而面临严重的“城市病”时，市场反推出的一种“自救”方式。随着国家对 EOD 模式政策支持逐渐明确和强化、生态产品价值实现机制的逐步落实，在全面高质量发展、重视生态保护和生态优美、全力达成“双碳”目标的背景下，EOD 模式逐渐成为地方政府、城投公司、金融机构、建筑企业重视的能够推动区域经济绿色发展、新型城镇化建设、乡村振兴的重要乃至主流模式。

第二章

EOD 模式的内涵与实施路径

第一节　EOD 模式政策分析

自 2017 年以来，随着“绿水青山就是金山银山”“加快构建生态文明体系”“碳达峰、碳中和”等理念、目标相继提出，循序渐进地推动生态文明建设。但是实现生态文明建设的关键路径、有效措施在 EOD 模式提出之前，仍处于探索阶段。EOD 模式的诞生基础是生态文明制度的建立，诞生背景是各级政府在公益性项目上的持续性压力。

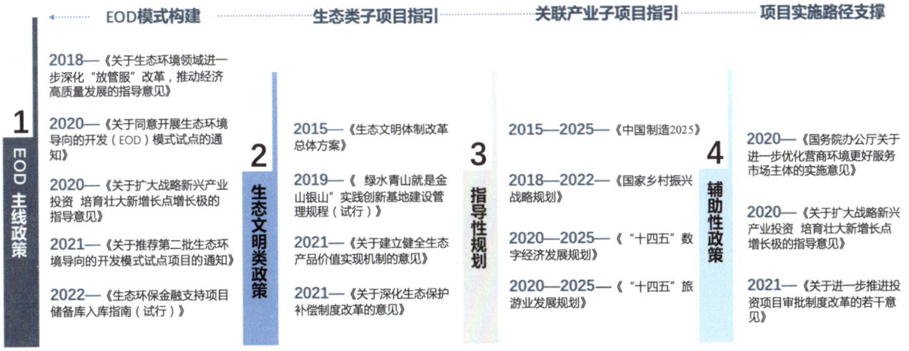

图 2-1　EOD 系列关联政策示意

一、概念提出与确立

经过生态环境部、国家发展改革委联合多部委共同研究与探讨，结合我国国情和生态文明建设任务的迫切需求，逐步确立了 EOD 的概念与基本模式。

2018 年印发《关于生态环境领域进一步深化“放管服”改革，推动经济高质量发展的指导意见》。文件明确提出了要探索开展 EOD 模式，推进生态环境治理和产业经济融合发展。我们要想办法把生态环境资源化、生态资源经济化，需要将生态环境治理和旅游开发、城镇开发结合起来。

2020 年 3 月，中共中央办公厅、国务院办公厅印发了《关于构建现代环境治理体系的指导意见》（以下简称《意见》）。《意见》明确指出构建党委领导、政府主导、企业主体、社会组织和公众共同参与的现代环境治理体系；并对环境治理的领导责任体系、企业责任体系、全民行动体系、监管体系、市场体系、信用体系、法律法规政策体系等的构建提出指引与要求，《意见》的出台为 EOD 模式试点的建立打下了必要的基础。

二、试点建立与优化

经过为期两年的模式探索与研究，2020 年，生态环境部联合国家发展改革委、国家开发银行等发布了试点申请的通知，EOD 模式试点正式作为国家支持政策，在全国开展申报与创建，实现了 EOD 模式由概念到确立再到实践、实施的飞跃式发展。

2020 年 9 月，国家发展改革委、科技部、工业和信息化部及财政部联合印发了《关于扩大战略性新兴产业投资　培育壮大新增长点增长极的指导意见》（发改高技〔2020〕1409 号），明确提出探索开展环境综合治理托管、生态环境导向的开发（EOD）模式等环境治理模式创新，提升环境治理服务水平，推动环保产业持续发展。

2020 年 9 月，生态环境部办公厅、国家发展改革委办公厅、国家开发银行办公室联合发布了《关于推荐生态环境导向的开发模式试点项目的通知》（环办科财函〔2020〕489 号），文件的出台正式将 EOD 模式推向实施层面，同时对 EOD 模式进行了完整定义，并提出具体目标以及试点要求等。

2021 年，随着第一批 EOD 试点的推进，国家针对 EOD 制定的相关政策也更具针对性与目的性，不断完善 EOD 模式的政策引导，着力扩大 EOD 模式在市场上的影响与应用范围。

在模式构建方面。2021 年 4 月，中共中央办公厅、国务院办公厅印发《关于建立健全生态产品价值实现机制的意见》，为公益性生态产品的价值实现提供了转换路径，拓展生态产品价值实现模式，鼓励将生态环境保护修复与生态产品经营开发权益挂钩。

2021 年 9 月，中共中央办公厅、国务院办公厅发布《关于深化生态保护补偿制度改革的意见》，提出探索多样的补偿方式，完善了生态补偿参与方的权责，进一步推进 EOD 模式项目试点。

2021 年 11 月发布的《国务院办公厅关于鼓励和支持社会资本参与生态保护修复的意见》（国办发〔2021〕40 号），明确提出社会资本可采取“生态保护修复+产业导入”的方式，利用获得的自然资源资产使用权或特许经营权发展适宜产业。

在一体化实施方面。2021 年 10 月印发的《关于推荐第二批生态环境导向的开发模式试点项目的通知》（环办科财函〔2021〕468 号），对 EOD 模式试点项目进行了第二批次征集，同时也明确了 EOD 项目成立的核心条件，即生态治理与产业开发一体化实施和项目内自平衡等。

在资金支持方面。2021 年 10 月，财政部发布了修订的《重点生态保护修复治理资金管理办法》，该办法提出，提供最高项目奖补资金为投资额的 60%，且不超过 20 亿元。

2021 年 12 月 15 日，国家发改委发布了《国家发展改革委关于进一步推进投资项目审批制度改革的若干意见》（发改投资〔2021〕1813 号），提出深化投资项目审批制度改革，充分激发社会投资活力和动力。

2021 年 12 月 16 日，财政部提前下达 2022 年新增专项债券限额 1.46 万亿元。专项债券的重点支持方向包括交通基础设施、农林水利、生态环境保护，以及市政和产业园区基础设施等九大方向。新增专项债券一方面体现了政府在生态环境保护领域的决心，另一方面为后续市场项目的启动提供了基本保证。

在生态工程方面。2021 年 12 月，国家发展改革委等部门印发了《生态保护和修复支撑体系重大工程建设规划（2021—2035 年）》，强调了要做好生态保护与修复领域的科技支撑工作，保障八大重大生态保护与修复工程的实施。

EOD 模式项目系列政策情况见图 2-2。

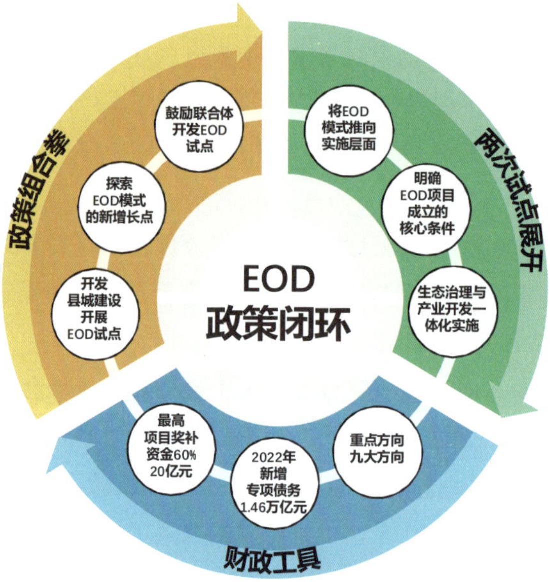

图 2-2 EOD 项目系列政策闭环

三、项目入库与推广

为进一步改善生态环境质量、解决突出生态环境问题、推动减污降碳协同增效，促进经济社会发展全面绿色转型。同时，为引导金融资金投入，加强金融对深入打好污染防治攻坚战的精准支撑，2022 年 3 月，生态环境部办公厅印发了《生态环保金融支持项目储备库入库指南（试行）》（以下简称《指南》），预示着 EOD 模式建设正式进入常态化入库新阶段。相较于第二批试点的申报要求，《指南》主要对项目类型、申报数量、申报方式等方面进行了调整，具体情况如图 2-3 所示。

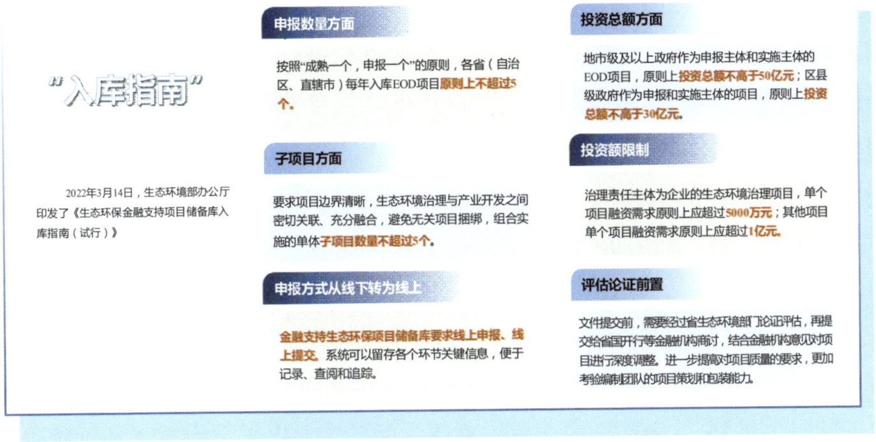

图 2-3 EOD 项目入库政策分析

项目类型。《指南》明确提出了生态项目的入库范围，具体包括大气污染防治、水生态环境保护、重点海域综合治理、土壤污染防治、农业农村污染治理、固体废物处理处置及资源综合利用、生态保护修复、其他环境治理八大领域。

申报数量。按照“成熟一个，申报一个”的原则，各省（自治区、直辖市）每年入库 EOD 项目原则上不超过 5 个。

投资总额。地市级及以上政府作为申报主体和实施主体的 EOD 项目，原则上投资总额不高于 50 亿元；区县级政府作为申报和实施主体的项目，原则上投资总额不高于 30 亿元。

申报与管理。①入库的申报方式从线下转为线上。以往的 EOD 模式试点项目评审采用的都是电子或纸质文件审阅，文件不进入专门系统。生态环保金融支持项目储备库要求线上申报、线上提交，其项目管理系统可以留存各个环节的关键信息，便于记录、查阅和追踪。②评估论证前置。申报文件提交前，需要经过省级生态环境部门论证评估，再送交金融机构。各省级生态环境部门在评审项目前大概率会与国家开发银行省级分行等金融机构商讨，结合金融机构意见对项目进行深度、反复地调整与修改，整体将金融机构意见前置，进一步提高了对项目质量的要求，更加考验项目编制团队的顶层设计、项目策划和包装能力。

子项目。①数量限制：《指南》要求项目边界清晰，生态环境治理与产业开发之间密切关联、充分融合，避免无关项目捆绑，组合实施的单体子项目数量不超过5个。②投资额限制：治理责任主体为企业的生态环境治理项目，单个项目融资需求原则上应超过5 000万元；其他项目单个项目融资需求原则上应超过1亿元。

除以上变化外，《指南》进一步明确了入库红线。例如，《指南》明确指出，除规范的PPP项目外，不涉及运营期间政府付费，不以土地出让收益、税收、预期新增财政收入等返还补助作为项目收益；加强重大项目谋划，优化项目建设内容，力争在不依靠政府投入的情况下实现项目整体收益与成本平衡。总体来看，相对于试点申报制，《指南》在管理标准化、项目常态化等方面有了长足进步，同时也保持了相对谨慎的作风。

第二节　EOD模式内容创新

从2018年强调在构建生态经济体系过程中做到“四个结合”，即生态与产业发展相结合、绿色发展与创新驱动相结合、发挥优势与彰显特色相结合及机制体制的制定与创新相结合。到2020年在EOD模式试点建设中突出“四个创新”，突出在发展理念、产业融合、实施路径和投融资模式上的创新发展过程，切实解决了区域EOD模式遇到的关键问题，具体分析见图2-4。

图 2-4 从“四个结合”到 EOD 模式下的“四个创新”对比

一、发展理念创新

构建生态优先的长效机制。在EOD项目谋划和实施过程中，严格遵守生态优先原则，践行绿色发展理念，将生态文明建设的理念贯彻始终，全面构建生态产业化、产业生态化的生态经济体系，将生态环境优势转化为发展优势。以生态优先为原则进行项目实施，有利于生态环境保护与可持续发展，有利于生态产品价值实现以及自然资源的利用与增值，更有利于地方经济增长、就业带动、发展质量提升。社会资本能够通过经营性项目获取足额回报，而地方政府也能在减轻财政压力的同时带动地方经济可持续发展，采用EOD模式是实现生态逐渐向好、产业逐步转型、政企多方共赢的有效措施。

二、开发模式创新

构建生态产业互补机制。EOD模式区别于传统的区域开发模式，鼓励采用“环境修复+开发建设”模式，实现区域开发在修复中转型，在转型中发展，形成良性循环。围绕生态环境治理需求，科学确定项目建设内容，着力推进生态环境领域重大工程建设，释放环保产业有效需求，推动生态环境治理市场化与产业化进程。同时，将生态环境治理项目搭配资源、产业开发项目一体化实施，因地制宜地发展生态环境关联度高、经济发展带动力强的产业项目，探索建立产业收益补贴生态环境治理投入的良性机制，实现生态环境治理与产业经济发展的充分融合，推动一二三产业①融合发展，实现生态环境资源化、产业经济绿色化。

三、实施路径创新

明确一体化实施模式。EOD模式充分发挥市场配置资源的决定性作用，运用市场化、商业化的方式，打破行业、企业所有制界限，积极引入综合实力强、专

① 第一产业泛指农业，包括种植业、林业、畜牧业、水产养殖业等；第二产业主要指加工制造产业；第三产业是指现代服务业或商业。

业化水平高的市场主体参与试点工作。并采取产业开发和生态环境保护一体化实施，即由一个市场主体统筹推进项目整体的投资建设与运营维护。实现产业高质量发展、收入反哺生态环境保护、资金筹措和融资平衡等都由一个市场主体完成，项目主体明确、边界清晰、统筹运作，有效缓解财政投入不足、缺乏投资回报机制等生态环境保护投融资问题，充分调动市场主体的能动性，为市场化融资创造了条件，实现生态产品价值高效转化，鼓励拓展产业链，提高开发效率，保障生态环境持续改善，提高了区域绿色发展的效率。

四、投融资模式创新

建立多元投融资机制。EOD 模式强调公益性较强、收益差的生态环境治理项目与收益较好的关联产业一体化实施，“肥瘦搭配”组合开发，实现关联产业收益补贴生态环境治理投入，本身就是创新生态环境治理投融资渠道的一种探索。同时，国家开发银行对符合条件的试点项目，按照精准施策、市场化运作和风险可控的原则，发挥开发性金融大额中长期资金优势，统筹考虑经济效益和环境效益，在资源配置上予以倾斜，加大支持力度。试点导入国家开发银行的信贷支持，是探索运用开发金融进行融资的模式创新。随着试点的深入推进，将持续探索政府债券、政府投资基金、PPP、组建投资运营公司、开发性金融、环保贷等多种投融资模式，推动建立多元化生态环境治理投融资机制。

第三节　EOD 模式对于落实习近平生态文明思想、“双碳”目标的价值意义

一、EOD 模式是有效构建“绿水青山”向“金山银山”转化的重要抓手

在习近平生态文明思想的指导下，我国生态环境保护发生了历史性、转折性、

全局性变化。“绿水青山就是金山银山”理念揭示了发展与保护的本质关系，指明了实现发展与保护内在统一、相互促进、协调共生的方法论。EOD 模式通过统筹生态环境治理与产业发展、区域开发与持续运营、投融资与项目实施等，建立经济发展与生态环境保护之间的平衡点，把环境资源转化为发展资源，把生态优势转化为经济优势，是“绿水青山就是金山银山”理念在项目运作与实际操作层面的具体应用。通过 EOD 模式开发建设，积极探索符合地方特色的生产发展模式，夯实“绿水青山”本底、释放绿色发展动能、探索“绿水青山”和“金山银山”的转化机制，不断发展壮大生态经济，推动实现生态产业化发展，积极培育高质量发展的绿色增长点，全面提高应对气候变化、能源危机的能力，促进绿色产业技术革新、经济绿色化发展，进一步助力生态文明建设和“双碳”目标的实现。

二、EOD 模式有效减少政府生态治理的投资支出，解决公益性项目资金困难

生态文明建设、生态环境治理是一场长期的、持久的绿色战役，生态环境治理费用主要来源于各级政府财政预算、地方政府债券、社会资本等，且生态环境治理资金投入大、项目收益少、投资周期长，造成政府财政刚性支出大于财政收入，使政府债务风险增加。生态文明建设、“双碳”目标的实现，依赖于生态环境问题的逐步解决，而 EOD 模式通过推进公益性生态环境治理与关联产业开发项目的有效融合，实现产业发展与生态建设同步，在项目边界范围内力争实现项目整体收益与成本平衡，以维持项目包内部子项目平衡的形式，减少政府资金投入。同时，强化市场机制，鼓励社会资本和金融机构参与到生态环境保护领域中来，通过环境改造，推动区域土地价值的提升，带动产业发展，再以收益反哺生态治理的持续投入，有效破解生态环境治理与产业发展“瓶颈”，实现生态产业化、产业生态化的可持续发展。依托良好的环境效益和资金流，形成良性循环，建立生态治理可持续发展长效机制，破解公益性项目的资金困局，实现双赢。图 2-5 为 EOD 模式带动效益示意。

图 2-5　EOD 模式带动效益示意

三、EOD 模式是促进生态资源转化进程的关键动力

生态文明建设倡导经济绿色发展，必须尽快实现经济、社会和生态的全面转型，建立低消耗、低排放、高效率、和谐有序的新型科学发展模式，走集约、创新、融合、和谐、绿色发展之路。EOD 模式不以牺牲环境为代价，而是新型城镇化发展模式的创新。一方面采取生态规划先行。加强生态资源保护，强化“两线”管控，控制城市“有限发展”，使项目投资按照一定边界布局，不触碰生态保护红线，筑牢环境质量底线，将生态环境保护作为规划的基本原则之一，坚持保护优先。另一方面促进生态资源转化。生态资源转化涉及生态资源保护、城市开发、产业协同和政策法规制定等方面，传统的生态资源转化途径是对生态资源进行利用和开发。城市在发展过程中，离不开土地的开发利用，土地的开发利用又促进了城市的发展。从城镇开发的角度分析，需要处理好区域土地开发和生态环境治理和保护的关系。

四、EOD 模式是放大绿色产业经济支撑作用的有效模式

产业发展是 EOD 模式的基础，没有产业发展，EOD 模式犹如无源之水一样无法持续。EOD 模式的优势是可以通过区域开发策划，设定一定的条件和范围，将待开发区域的产业性收入、经营性收入、资源权益收入与城市生态建设和保护关联，吸引社会资本参与，以缓解地方政府区域开发的财政压力，既能实现区域生态环境的保护和建设，又能实现区域经济协调发展。只有生态资源保护与产业发展相结合，才能发挥生态资源的最大价值。产业发展带动人口流动，带动区域价值和土地资源价值提升，有利于地方政府增加财政收入，形成源源不断的资金流和人口流动，创建良性的区域经济发展系统。在产业选择方面，要积极构建绿色发展体系，围绕区域市场，拥抱数字经济，积极发展“无中生有”的新型产业，做大做强“有中生优”的基础产业，逐步依托环境效益的不断叠加、释放，鼓励发展文化、旅游、康养、娱乐类产业，以及无污染、低耗能、高增长的新材料、智能制造、新能源产业，逐步构建起绿色产业体系，逐步培育成长为支柱产业。

第四节　EOD 模式推进情况

EOD 模式的核心要义是将生态环境治理作为开发项目的投入要素，将生态环境保护产生的收益提前锁定，转化为对生态环境治理项目投入的反哺，减少公益性生态环境治理项目的政府投入，使外部经济内部化，将生态价值、经济价值和社会价值融为一体。

一、申报主体与申报要求

一是入库项目申报主体应为已建立现代企业制度、经营状况和信用状况良好的市场化企业，或县级（含）以上政府及其有关部门等。

二是生态环境治理与关联产业一体化实施，依托项目承担单位仅为一个市场主体。项目融资主体应为市场化企业，且其环境保护信用评价不是最低等级。

三是强化公益性较强、收益差的生态环境治理项目与收益较好的关联产业一体化实施，以系统解决区域生态保护修复和环境治理突出问题为基础，试点依托项目之间的相互关联、有效融合，项目须边界清晰，且须在项目层面实现关联产业收益补贴生态环境治理投入。

四是依托项目均须完成项目可研批复或备案等立项工作，并提交立项证明材料。采用 PPP 模式的项目需纳入财政部或国家发展改革委 PPP 项目库。依托项目已完工的，其工作侧重于 EOD 模式经验总结。

五是 EOD 项目中生态环境治理内容需要符合入库范围要求，且要有明确的生态环境改善目标。产业开发要符合国家和地方产业政策、空间管控等各项要求，项目实施过程中要严格落实招投标、政府采购、投融资、土地使用、资源开发、政府债务风险管控、资产处置等各项法规政策要求，依法依规推进项目规范化实施，不以任何形式增加地方政府隐性债务。

六是支持实施基础好、投资规模适中、项目边界清晰、反哺特征明显、环境效益显著的入库项目。

二、申报关键要素、核心步骤

（一）因地制宜，深耕本底

EOD是国家引导生态环境保护修复、产业发展、新型城镇化有机互促的新模式。以解决区域生态环境突出问题为导向，通过统筹生态环境治理与产业发展、区域开发与持续运营、投融资与项目实施等，建立经济发展与生态环境保护之间的平衡点，把生态环境资源转化为发展资源，把生态优势转化为经济优势。

EOD项目的挖掘要明确生态环境治理目标。EOD模式试点是为解决当前生态环境治理难题的创新性探索。并非所有项目均可采用EOD模式实施，科学开展项目前期谋划是推进EOD项目实施的充分条件。结合区域生态环境治理需求，围绕《指南》提出的八大方向，主要针对实施紧迫性强、生态环境效益高、对关联产业具有较高价值溢出的项目，合理确定项目实施边界和目标要求，开展项目谋划和顶层设计，明确项目建设内容、技术路线、投资估算等。生态环境治理项目策划应紧密围绕当地生态环境治理的重点任务，以改善区域生态环境质量为目标，以带动关联产业价值提升为导向，合理确定生态环境治理项目的建设内容、建设规模。

（二）识别项目，整体谋划

EOD项目的内部平衡，产业发展是核心使命担当。EOD项目包括两条主线，即生态项目和产业项目。在完成生态项目的构建并且使EOD项目产业生态化迈进后，发展什么产业，产业项目是否对生态环境治理项目形成良性反哺，是关乎EOD项目包内部是否自平衡、资金包金额大小的关键问题。

产业的遴选要率先把相关产业发展对良好生态的依赖度、对生态环境的影响这两个因素作为前提条件。一方面，应优先考虑那些对良好生态有较高依赖度的产业。另一方面，应优先考虑那些能够将生态环境影响降低到可控范围内的高附加值产业，这类产业对低成本要素投入的依赖性相对不强，其从业者普遍收入水平较高，对生态环境等配套条件有比较高的要求。同时，要尊重本地实际，因地制宜地发展最有基础、最有特色、最具潜力的主导产业，建议在可能的情况下优先发展文化、康养、旅游、数字信息、智能制造等产业；也要考虑产业关联性、技术创新、环境影响等因素，着重结合当地生态资源优势及社会资本方的产业优势，形成具有地方特色的产业集群。

在 EOD 项目包内，需要将生态环境治理项目和产业开发项目作为一个整体项目，由一个市场主体采用“投资—建设—运营”一体化方式统筹推进，整体做好项目成本和收益的综合测算，避免两类项目的割裂。确保产业开发项目对生态环境治理项目的反哺，促使实施主体合理制订项目实施计划，实现短期投入与长期运营有机统一，确保达成项目目标。

（三）综合测算，优化边界

生态项目的建设和生态环境的改善可以带来整个片区的土地升值，为产业发展和人口导入打下良好的生态基底。项目的开发回报包括项目的经营性收入、片区内的资源权益交易收入等。通过整体测算项目成本和收益，明确社会资本的合理回报机制，将生态环境治理产生的溢价反哺到项目的建设中。除项目的经营性收入外，还需要确定交易架构等核心条件，明确各方、各阶段的责任划分，作为项目的开发回报，实现项目资金自平衡。

（四）项目立项，推进落地

根据申报要求，EOD 项目包内的所有子项目均需要提供立项批复文件。根据项目具体情况，可进行子项目分别立项、整体实施或整体立项。属于政府投资项目的按照《政府投资条例》有关要求做好项目立项；属于企业投资项目的按照《企业投资项目核准和备案管理条例》等要求做好项目立项工作。对采用 PPP 模式推进的项目，按照 PPP 规范要求做好入库和实施。

三、EOD 模式试点经验总结

2021 年 4 月，生态环境部办公厅、国家发展改革委办公厅与国家开发银行办公室联合发布《关于同意开展生态环境导向的开发（EOD）模式试点的通知》。该通知明确提出，同意天津市静海区生态修复治理与健康产业城市主动健康综合体项目等 36 个项目开展 EOD 试点工作。36 个试点总投资约 1 398 亿元，拟申请贷款金额约 706 亿元，期限为 2021—2023 年。按照第一批项目公示的信息，笔者从生态项目领域的类型、关联产业的选择及项目分布区域等方面进行分析（图 2-6）。

从生态项目所属领域看。第一批 EOD 试点生态类项目主要集中在流域综合治理（河道治理、湖泊治理、湿地保护、城市防洪等）、农业农村综合开发（农田地膜污染治理、农业面源污染治理、生物多样性修复等项目开发）、林业开发（防护林、生态林、国家储备林等项目开发）、片区的生态与产业一体化实施或整体开发（城市绿化美化、城市生态圈、生态环线、生态长廊等项目开发）、生态修复（荒漠治理、废弃矿山治理修复、土地修复等）等领域。

从产业选择看。第一批 EOD 试点产业类项目包括医疗、医药产业，文旅、田园综合体、食品产业，塑料产业，节能环保产业，装备制造与服务业，新材料、新能源产业，也包括数字经济、体育、冷链物流、固体废物综合利用、赛事经济、绿色果蔬、电子竞技、机器人、教育培训等项目。综合来看，主要集中在绿色低碳服务、绿色低碳制造、绿色循环经济三大领域。

从试点项目分布区域看。由于各区域在对 EOD 试点的认知层次、重视程度以及项目包装成熟度等方面存在差异，项目区域分布不均。第一批 EOD 试点重点分布在华东、华中区域，华北和西南地区项目数量排名居中，东北、西北以及华南地区项目数量偏少。其中，项目数量四川、内蒙古、湖北、湖南、浙江、安徽各 3 个，重庆、江苏、山东、河南各 2 个，福建、天津、河北、辽宁、吉林、上海、江西、陕西、新疆、广西各 1 个（表 2-1）。

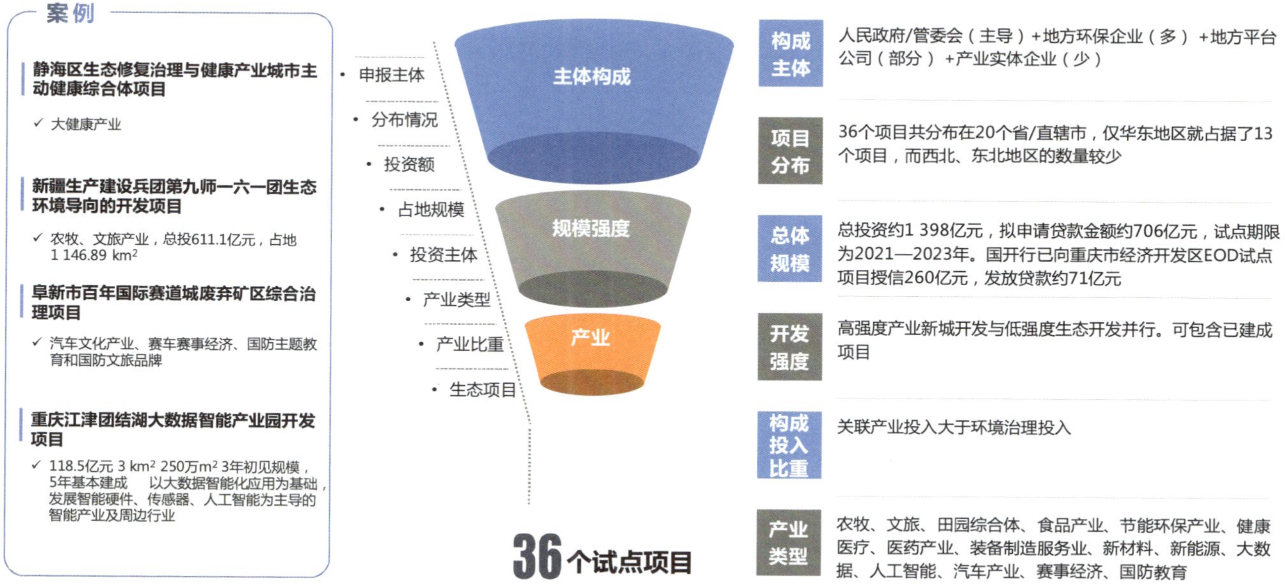

图 2-6　第一批 36 个国家级 EOD 模式试点分析

表 2-1　第一批 EOD 试点项目区域分布

区域	省（自治区、直辖市）	数量/个
华东地区	江苏、浙江、上海、安徽、福建、江西、山东	13
华中地区	河南、湖南、湖北	8
华北地区	天津、河北、内蒙古	5
西南地区	重庆、四川	5
东北地区	辽宁、吉林	2
西北地区	陕西、新疆	2
华南地区	广西	1

从生态项目与产业项目投资比重看。第一批 EOD 试点的产业类项目投资金额大多数都大于生态类项目投资金额，如浙江省遂昌县仙侠湖流域 EOD 试点，生态类与产业类项目投资金额的比值为 40∶60；四川省涪江遂宁市主城区段 EOD 试点生态类与产业类项目投资金额比值为 45∶55；新疆生产建设兵团第九师一六一团 EOD 试点生态类与产业类项目投资金额比值为 34∶66。

在 EOD 第一批试点的推出与实施过程中，政府及相关部门对试点意义、试点边界、试点内容等方面的认识加深。第二批试点对项目的可落地性、产业收益来源、产业反哺生态、资金规模等层面提出了更严格的要求。随着《指南》的发布，EOD 模式将逐渐在全国普及推广，切实成为生态文明建设和“双碳”目标实现的重要抓手。

第三章

EOD模式在区域经济发展中的理念探索与创新

在当前推动生态文明建设的大背景下，如何践行“绿水青山就是金山银山”理念，统筹好生态与经济可持续发展的关系，并将理念落实到我国的新型城镇化发展中，已经成为当前最重要的课题之一。同时，随着数字经济发展的深入推进，尤其是国家大力推行“新基建”重大部署，数字化将重新定义城市的产业和空间形态，也给生态文明建设带来新思维。

第一节　泛华EOD模式理念探索

一、泛华EOD模式的理念创新

站在战略思维、系统思维和项目思维的角度看待EOD模式，其不仅是生态治理和关联产业融合的项目开发组织模式，更是一种生态导向的区域发展方法论。通过生态环境保护和生态系统构建一个区域的生态资产，通过生态资源产品化、生态功能产业化、产业发展生态化等变“绿水青山”为“金山银山”的价值转化过程，实现生态文明引领下的区域绿色发展；依托生态的持续向好，促进产业生态引入、多产融合发展，逐步形成人才、人口的虹吸效应；同时积极拥抱数字化，实现数字化和 EOD 模式深度融合，构建起区域绿色转型、智慧化升级的长效机制，最终实现生态建设、经济发展、社会生活相互协调发展。

图 3-1 为 EOD 模式构建流程。

（一）泛华 EOD 模式核心内涵

泛华 EOD 模式是以生态文明建设为引领，以可持续发展为目标，按照生态环境保护和产业发展一体化的思维，统筹推进生态保护和经济发展。通过生态修复以及生态系统构建一个区域的生态基底，并把生态理念融入区域规划、建设、产业发展和项目运营的全过程，融入片区开发、美丽乡村、特色产业小镇，以及县域、区域中心城市的新型城镇化发展全镜域，并结合数字化、网络化、智能化新一代信息技术，以区域视角重新形成新的全要素生态集聚区，打造全要素智慧产业示范区，构建生态导向型的高级经济形态。

具体包括以下两个维度：

一是生态导向的区域绿色发展模式。EOD 模式通过生态环境保护和生态系统构建，重新构建一个区域的生态资产，通过生态资源产业化、生态系统价值化、产业发展生态化，同时通过变“绿水青山”为“金山银山”的过程，变生态效益为经济效益，从生态环境中获取“生态红利”，最终形成在生态文明建设引领下的区域高质量绿色发展。

二是生态文明下的绿色发展形态。实现从“资源—产品—污染物”单向流动的传统线性生产模式到非线性的、可循环的生产模式转变，生态文明的发展理念，将重塑人类生活形态、自然环境与物质世界的关系，推动人与自然和谐共生，生态与生活、生产协同互促，实现可持续发展。

（二）泛华 EOD 模式的理念探索

泛华集团认为，EOD 模式是一条将生态资源优势转化为产业发展动能，从而带动绿色发展的创新路径（图 3-2）。在区域发展中，生态既是自然资源，也是资产。区域发展应围绕自身在资源保护、自然环境保护、生态修复和生态系统等方面的特色，积极构建 EOD 模式。通过生态修复、环境治理、“海绵城市”建设、生态水网和绿色能源系统建立等措施重塑区域生态基底和生态系统，并按照集约化的理念进

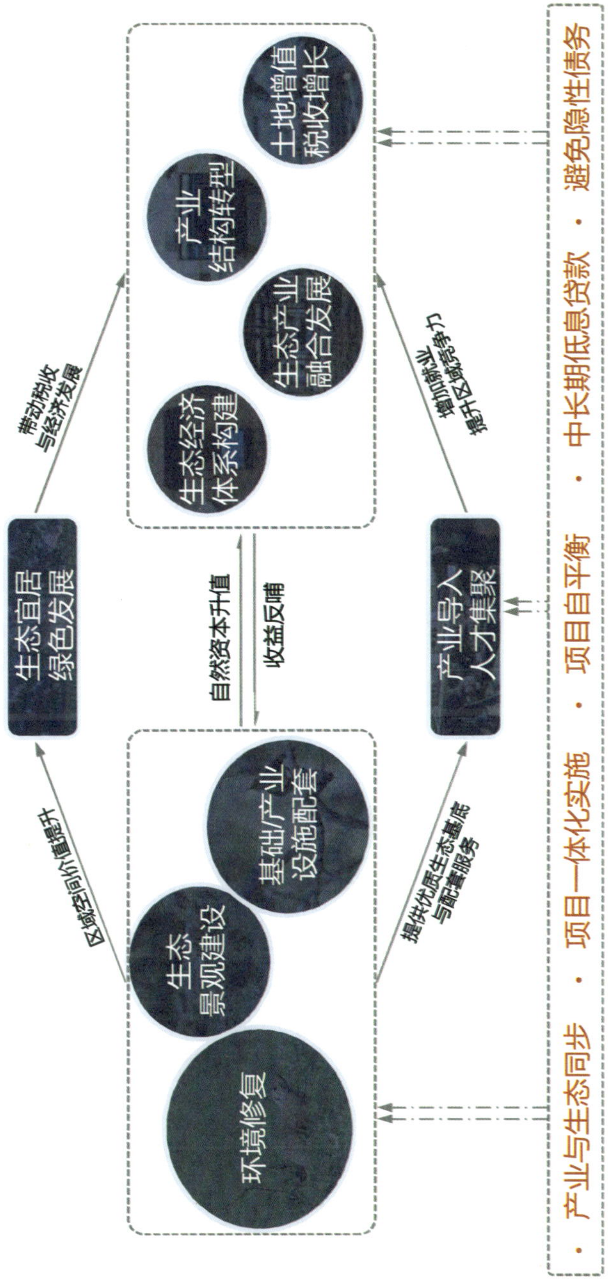

图 3-1　EOD 模式构建流程

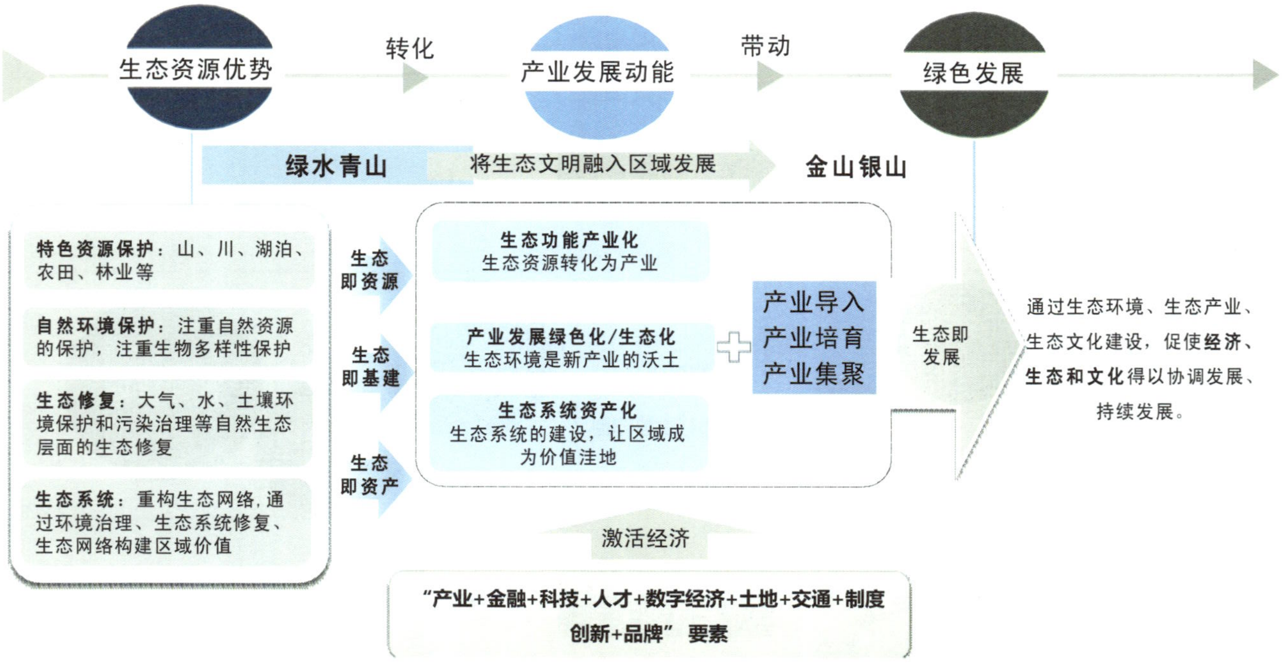

图 3-2 泛华 EOD 模式的理念探索示意

行土地综合利用、基础设施改造，营造绿色发展空间，构建一个区域的生态系统。

首先，以 EOD 模式为手段，重新构建生态系统，开展生态与产业的良性互动，推动生态资源产品化、生态功能产业化、产业发展生态化，助力生态环境形成新产业发展的沃土。再通过资源导入、产业培育和要素聚集，激活地方经济，促进经济、生态、产业协调可持续发展，打通“绿水青山”真正向“金山银山”转化的通道，实现区域绿色发展。

通过 EOD 模式创新，科学统筹生态治理与经济发展，实现人与自然和谐共生，实现“城经济”和“市经济”动态平衡和可持续发展；通过产业育城平台，为地方的产业发展注入新动能，推动生态导向开发模式和智慧引领贯穿区域全过程，形成智慧规划、智慧建设、智慧生态治理和智慧管理的全要素智慧城市，实现区域全过程的生态化、智慧化高质量发展。

二、搭建 EOD 三层结构，全过程推动产城融合

EOD 模式应按照生态环境和产业发展一体化的思维跳出 EOD 看 EOD，以可持续发展为基本原则，强化在城镇建设和发展过程中对生态环境的保护和改善，进而推动生态产业化、产业生态化发展，走产城融合、城乡一体的新型城镇化发展之路，实现城镇发展过程中生产、生活、生态、生命的“四生”协调发展。为此，我们将 EOD 模式分为三层结构（图 3-3），从“生态治理—价值转化—区域发展”3 个层面，循序渐进，实现生态治理与区域发展的有效结合与相互促进，构建起区域绿色高质量发展的长效机制，形成生态导向的产城融合新模式。

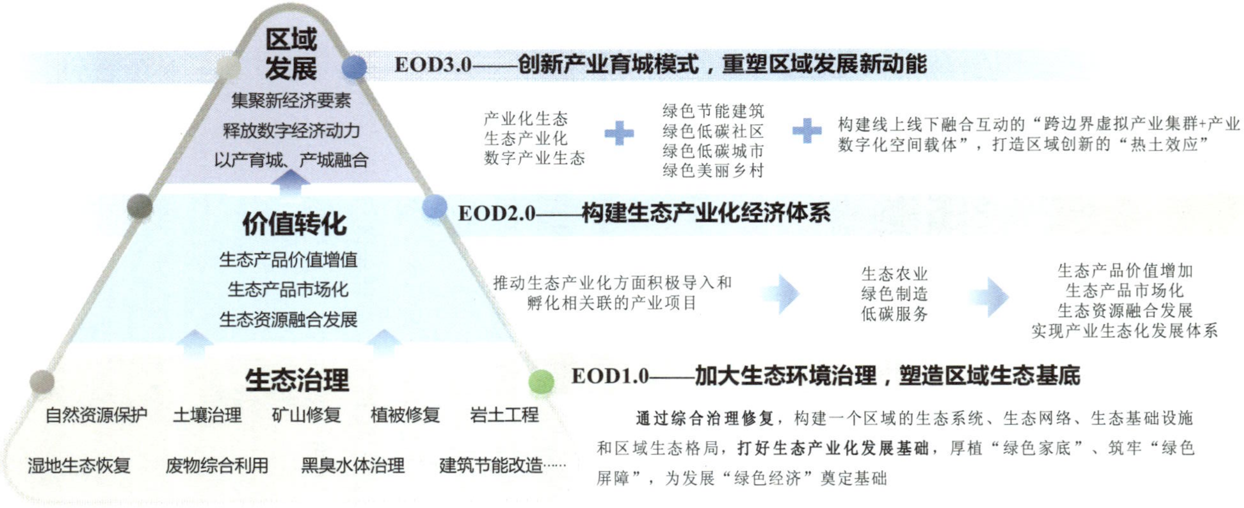

图 3-3 泛华 EOD 三层结构示意

（一）EOD1.0——加大生态环境治理，塑造区域生态基底

围绕 EOD 项目申报入库和贷款下放的审核要求，在项目操作过程中要确保生态治理的优先性。围绕区域存在的生态环境问题，采用微生物生态工程、水体生态工程、废弃物利用生态工程、土壤恢复生态工程、大气污染治理工程、人居环境生态工程等工程技术，对生态进行修复和保护。并结合群落生物学、自然地理系统、生态功能构建、环境艺术等生态学相关工程技术，通过综合治理修复，构建一个区域的生态系统、生态网络、生态基础设施和区域生态格局，打好生态产业化发展基础，厚植“绿色家底”、筑牢“绿色屏障”，为发展绿色经济奠定基础。图 3-4 为 EOD 模式下的系列生态工程示意。

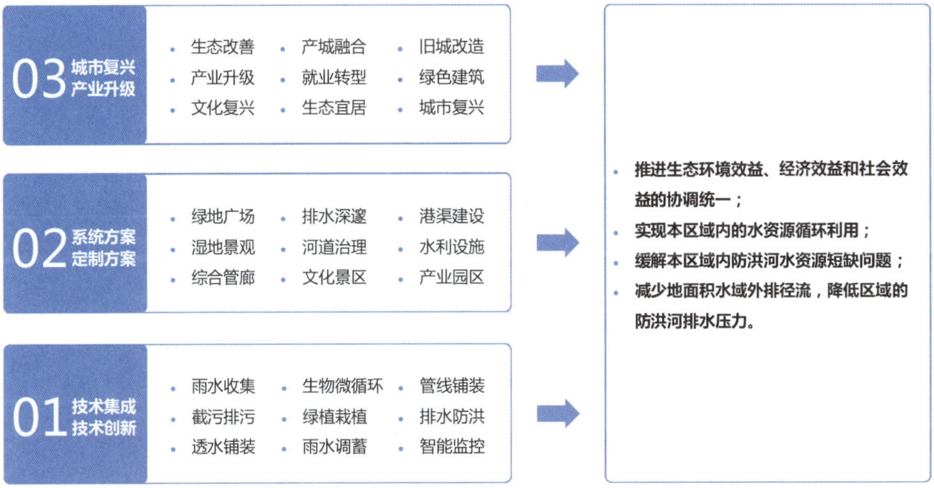

图 3-4 EOD 模式下的系列生态工程示意

（二）EOD2.0——构建生态产业化经济体系

依托 EOD1.0 的生态整治与修复，逐步完成生态系统构建，探索生态文明建设长效机制。进而依托生态优势，将绿色资源变为市场接受的生态产品、生态服务，并逐步将生态优势转化为产业优势、经济优势，使“绿水青山”变成“金山银山”，实现生态产业化。

生态产品价值提升。通过区域的生态修复和生态保育，改善生态环境质量，提升生态系统服务能力，从而实现生态产品的增值。例如，通过改善区域的人居生态环境，带动周边土地溢价，从而获得生态红利。

生态产品市场化。建立健全自然资源资产的产权制度和有偿使用制度，探索推动自然资源资产所有权和使用权的分离，明确自然资源资产所有权、使用仅等产权的归属关系和权责。适度地扩大自然资源资产使用权的出让、转让、出租、担保、入股等权能，通过市场盘活生态产品，将生态产品的使用价值转换为交换价值，实现生态资产增值。

生态资源融合发展。基于各区域的生态位优势，整合山、水、林、田、湖、草、沙、冰等自然资源、人文资源以及其他资源，将生态资源和传统产业结合起来，提升生态系统服务质量，实现生态产品的规模化、产业化发展，培育区域社会经济发展新动能。

在推动生态产业化方面积极导入和孵化关联产业项目，发展生态农业、生态工业、生态旅游业等生态产业，形成节约资源、保护环境的产业结构、生产方式，逐步推动实现产业生态化发展。

（三）EOD3.0——创新产业育城模式，重塑区域发展新动能

通过 EOD 模式对生态产业化、产业生态化的推动，实现区域绿色发展的良好基底，再依托产业生态育城运营平台（IEOP），开展绿色创新的产业育城模式，助力区域在生态文明建设、内生动力挖掘，以及绿色发展、数字经济发展大趋势中，重构区域发展新动能。

一是集聚新经济要素。在数字经济时代，区域发展方式从依靠规模经济的发展方式开始向范围经济的发展方式转变，并向生产力全要素深度渗透。区域发展需要将产业、数字、人才、科创、资本和空间等创新要素有机融合，集聚导入创新产业要素，提升区域资源要素配置能力，促进新产业、新业态孵化落地，创新“产业育城模式”。通过线上线下“产业育城平台”，链接创新要素，实现全国甚至全球要素的本地配置，构建区域发展产业生态系统，形成跨越物理边界的“虚拟产业园”和“虚拟产业集群”。

二是释放数字经济动能。通过全过程溯源、检验检测、品牌认证、数字供应

链、5G（第五代移动通信技术）场景应用等手段，用数字经济的思维搭建“一品一网一平台多基地”体系，积极发展平台经济、总部经济和结算经济，实现特色主导产业场景化应用创新，实现数字经济和实体经济融合发展。

三是以产育城、产城融合。依托产业生态化发展，围绕主导产业，形成产业集群化、集群基地化、基地园区化、园区社区化、社区智能化、数字产业化、产业数字化，重塑地方产业生态，赋能、引领“中心城市—县域经济—特色小镇—美丽乡村”融合发展。

通过三层产业结构的 EOD 模式构建，以及在数字经济驱动下的产业重构，依托 IEOP，构建线上线下融合互动的“跨边界虚拟产业集群+产业数字化空间载体”，进一步实现产业聚集，打造区域创新的“热土效应”。

图 3-5 为 EOD3.0——产城融合系统构建流程。

图 3-5　EOD3.0——产城融合系统构建流程

第二节 全项目生命周期服务，助力区域重构经济发展新范式

EOD 模式是助力区域实现生态修复、基础设施补短板、产业发展、运营的有效措施。EOD 模式内容涵盖生态、产业、设施工程、招商、运营等方面，所涉及的行业和专业跨度大、要求高，且环环相扣，是一个系统性工程模式。综合开发团队应具备项目策划、产业规划、工程施工、产业招商、产业运营等方面的服务能力。站在“城市投行思维+项目运营思维”和为政府提供金融多元服务的视角下，以生态文明建设为依托，以数字经济为驱动，将产业互联网思维贯穿项目全生命周期，高质量打造、高站位谋划、高标准实施 EOD 项目，提供智库牵引、生态重构、项目谋划与包装、产业运营、投资建设、绿色运营、数字运营，真正为区域绿色转型、高质量发展提供数字化、可操作、可持续、伴随式的系统落地解决方案，具体分为 3 个阶段，如图 3-6 所示。

一、智库牵引阶段

科学开展项目策划是推进 EOD 项目实施的必要条件。根据区域生态环境治理需要，围绕当地生态环境治理的重点任务，以带动关联产业价值提升为导向，选择生态环境效益高、实施紧迫性强、对关联产业具有较高价值溢出的项目，开展 EOD 项目策划，明确项目建设内容、建设规模、技术路线、运作模式等，达到改善区域生态环境质量、促进区域产业高质量发展的目标。

（一）精准施策、做好顶层设计

抢抓国家政策，找准战略定位。站于国家级、省级、市级多层次、多维度视角下，以 EOD 模式为引领，结合乡村振兴、城市更新、生态文明建设及区域经济高质量发展的战略红利、政策红利、生态红利、数字经济红利，立足新机遇，贯彻新理念，以“EOD+产业育城+全要素智慧产业示范区”为重要抓手，高站位谋划新时期创新发展战略部署，高质量制定战略定位、发展路径与发展重点。

图 3-6　EOD 全项目生命周期一体化示意

拥抱数字经济，推动产业重构。立足交通、经济、生态三大区位，以及文化资源、特色产业等优势，以生态发展为导向，以多产融合为核心，以 EOD 模式创建要求为准则，构建生态反哺能力强、生态项目关联度高的绿色产业经济体系。并以数字经济和科技创新为关键驱动力，导入数字经济、创新设计、职业教育、科技创新、供应链金融等要素，依托数字技术，推动产业数字化转型、提质增效，走出一条通过第三产业创新发展带动第二产业绿色化、智能化转型，推动第一产业规模化、现代化发展的“3—2—1”产业创新发展路径，用实干诠释“小产业、大集聚”“小空间、大战略”的内涵。

推动城乡融合，重塑生态空间。在遵循区域自然生态格局和发展规律的导向下，结合自然生态本底分析、城镇空间布局现状分析、现有的各种空间规划分析等，提出更加合理的布局指引和空间发展方案，以生态文明建设要求为指导，以 EOD 模式建设为牵引，重塑区域发展空间结构、功能区定位、业态布局，科学指引重点项目空间落位，助力构建“中心城市—县域—特色小镇—美丽乡村”区域经济四层空间结构体系，推动形成乡村振兴和区域经济高质量发展新格局。

（二）“把脉问症”，谋划两类项目

EOD 项目的包装需要生态、产业两类项目共同组建项目包，两类项目间要实现收益反哺、功能互补、发展互促的关系，且产业项目的盈利能力直接决定了总体项目资金包的规模，因此需要构建起区域大生态、强产业顶层架构，并依托顶层设计，谋划、组织好申报项目包。

以生态文明为牵引，坚持“生态治理”和“生态产品价值转化”的“双轮”联动。充分分析区域基础情况、问题，深入研究生态本底，统筹分析区域在“山水林田湖草沙冰”方面存在的生态问题，以及工业生产导致的污染、破坏、地质灾害安全隐患及生物多样性破坏等问题。通过“把脉问症、对症下药”，谋划水生态治理、尾矿修复、地貌复绿、森林生态保育等系列环境整治项目，重塑生态结构，推动生态产业化发展，“擦亮”绿色发展名片。

推动产业生态化发展，积极打通“绿水青山”转为“金山银山”的通道。依托环境改善，结合区域发展特征等要素，全面培育绿色产业、新兴产业，发展循环经济、绿色经济，实现生态环境治理与绿色产业发展的有机融合，探索生态产

品价值转化方式与途径，推进“生命、生产、生活、生态”融合发展，给区域生态修复，一二三产业融合发展，绿色循环经济体系构建，城市营商环境改善等带来综合效益，树立以 EOD 模式助力区域绿色转型发展的“新样板”。

（三）紧扣政策，申报项目

编好实施方案。在 EOD 项目实施过程中，要坚持生态优先，践行绿色发展理念，科学确定项目建设内容，肥瘦搭配生态环境治理项目与资源、产业开发项目，进行一体化实施，推动一二三产业融合发展，按照整体谋划、全面统筹的思路，对项目申报的全过程进行管理。制定科学、合规、有效、反哺机制明确、互补效益显著的实施方案。

编好平衡方案。EOD 模式能够实现生态环境资源化，产业经济绿色化，解决生态环境治理缺乏资金来源渠道、总体投入不足、环境效益难以转化为经济收益等问题，提升推进环保产业可持续发展的能力。将生态环境治理项目与关联产业开发项目融合实施，要编制好投融资方案和资金平衡方案，对整体项目算好大账、长远账、综合账。资金方案既要考虑产业开发项目自身的盈利能力，也要充分考虑生态环境质量改善的外部经济性；既要考虑产业开发项目自身的成本，也要充分考虑生态环境治理成本。资金方案编制要系统进行区域经济现状分析与开发主体业务能力分析，综合评估项目开发参与主体的融资渠道和融资能力，梳理已有融资渠道和潜在融资机会；根据项目参与主体融资能力、项目特征以及国家生态导向系列政策，研究重点项目落地的融资方案。最终形成项目投资明确、收益清晰、资金筹措合理、收益反哺合理的资金平衡方案及相关内容。

做好项目管理。EOD 项目是一个系统工程项目，涉及项目决策、设计、招投标、施工、竣工、运营等各个环节，因此政府方和项目方的管理水平尤为关键。其中，项目方应在项目推进进程中具备多维度管理能力，包括在规划、设计、建设、施工、产业运营、数字运营等方面的管理能力。同时，项目方应积极把握国家政策和区域发展动态信息。首先，按照实际需求，有序推进项目实施，确保项目贷款落实到位；其次，按项目发展需求，灵活增补项目，确保规划符合实际需求；最后，依托全过程服务能力，持续为区域 EOD 模式建设提供伴随式服务，助力项目通过验收，并作为示范向全国推广。

二、生态工程阶段

EOD 模式下包括两类工程。一是环境修复治理类工程。积极围绕区域在水域、矿山、森林、农田、城市等方面存在的生态环境问题，采用绿色、节能、环保、高效的材料与技术，实施水生态治理、尾矿修复、湿地生态修复、森林生态保育、生物多样性恢复、黑臭水体治理等工程，并创新采用“新型城镇化+产业升级+矿山生态修复”等模式，全面促进废弃物综合利用、生态产业化发展。二是建筑、设施类工程。全面践行习近平生态文明思想，贯彻“双碳”目标，在项目建设的全生命周期内，要秉承高效、环境保护理念，坚持示范引领，积极采用节约资源、保护环境、减少污染的智慧化、绿色化工程技术和绿色新型建筑材料。坚持与信息技术紧密结合，积极探索“互联网+绿色建筑”“互联网+智慧水务”“互联网+零碳园区”等开发建设方式。将生态文明、绿色发展的理念贯穿在城市设计、建筑设计、景观设计、装饰设计、基础设施建设、工程建设、产业地产开发的“全流程”服务中，使区域的发展和绿色转型更有序、更有效，多维度推动区域以 EOD 模式为抓手实现全方位的绿色发展。

三、运营管理阶段

①产业运营。围绕 EOD 项目需求和产业类型，在 EOD 项目运营过程中需要积极组建专班运营团队，推动 EOD 项目及绿色产业一体化运营、管理，形成以运营为重心的运作机制。通过系统整合政府诉求、企业利益主体、运营方多方资源与利益协调机制，搭建统一的运管平台，聚焦区域特色主导产业，与政府共同打造产业育城中心；依托 IEOP，通过产业大数据分析系统，智能分析区域的经济竞争力、产业发展潜力，并提供产业链上下游企业图谱，有效辅助修复产业体系、协调连接产业链“断点”、疏通连贯产业循环“堵点”，打造“产业大脑”，为区域提供产业生态构建、产业资源导入、产业运营、数字招商、产业金融、招商管理、强链补链等服务。推动企业集聚向产业集群的转变，形成总部经济、结算经济、平台经济。联合产业生态资源以及产业运营机构，构建可持续性的商业模式、盈

利机制，释放招商动能，共同助力区域构建以绿色产业体系实现绿色转型发展的创新生态体系。

②数字平台。数字经济的高速发展为城市精细治理提供源动力，为数据要素市场化配置提供创新标杆、重要窗口和试验平台。EOD 项目实施阶段，通过引入荣获工业和信息化部首批的“国家中小企业公共服务示范平台”，积极通过“BIM+3D GIS+IOT”①等技术构建时空一体化云平台，从数字运营、绿色运营、能碳运营与产业运营的角度出发，叠加、集成和融合区域的地理信息数据、区域能源数据、生态环境数据以及给水排水、电力、交通、综合管廊设施运行状况数据，打造数字孪生城市治理中枢，构建“城市大脑”，形成多网融合系统解决方案。通过整合各子系统信息资源，打通数据孤岛，实现区域全要素和全场景数据的汇聚、融合与共享，搭建基于在产业服务、园区管理、生活服务、能碳管理运营等应用场景下“四网合一”的数字运营平台，既能解决 EOD 项目建成后的招商运营问题，也能成为区域产业、城市发展的公共运营平台，收获和提升项目运营收益，最终推动区域实现全要素节能减排、全产业绿色转型，全方位提升资源运用效能。

图 3-7 为系统解决方案各阶段服务流程。

---

① BIM 为建筑信息模型；3D GIS 为三维地理信息系统；IOT 为物联网。

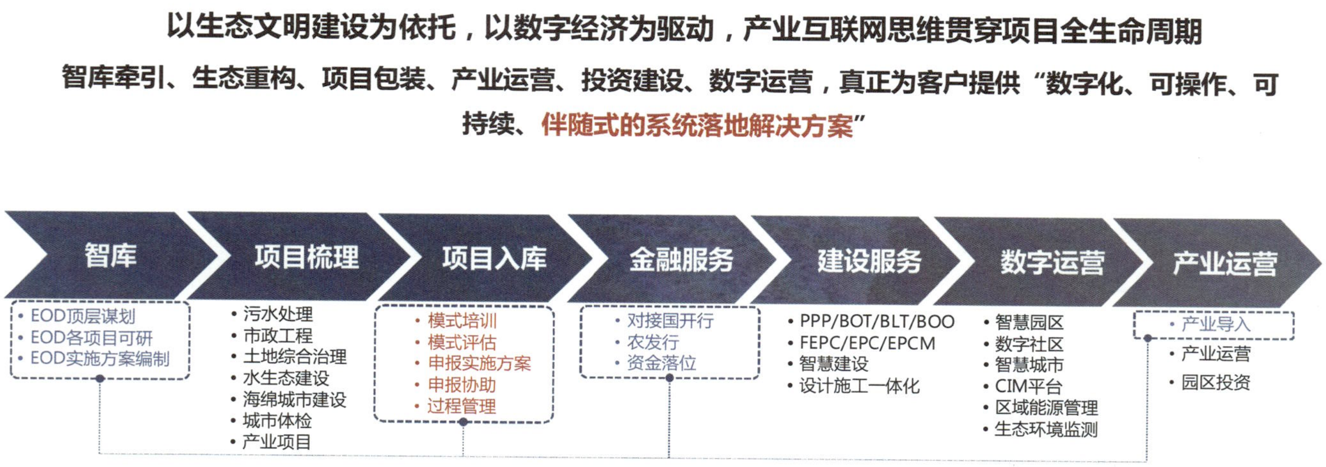

图 3-7 系统解决方案各阶段服务流程

注：BOT（Build-Operate-Transfer）为建设—经营—转让；BLT（Build-Lease-Transfer）为建设—租赁—转让；BOO（Build-Own-Operate）为建设—拥有—经营；FEPC 为融资总承包；EPC 为设计，采购和施工；EPCM 为设计，采购和施工管理；CIM 为城市信息模型。

第三节　泛华 EOD 模式助力高质量发展

新型城镇化作为生态文明建设的重要载体，应以新型城镇化创新模式为旗帜，以项目孵化器为抓手，以构建生态发展联盟为平台，以 EOD 模式为开发模式，以产业为支点，以创新金融手段为翅膀，以信息化为手段，专业分工、业务合作，重构区域的商业生态圈和价值链，实现新型城镇化的生态文明建设、增长方式的转变，构建可持续发展的长效机制。

一、突出生态文明理念，构建城镇化价值体系

信息技术革新掀起的数字革命，将人类社会带入数字经济时代，推动创新要素跨物理边界融汇、流通。数字时代通过构建四层结构、四化融合、四生互动的新型城镇化价值体系，用系统思维，带动新型城镇化的智慧发展、智慧建设、智慧运营和管理（图 3-8）。

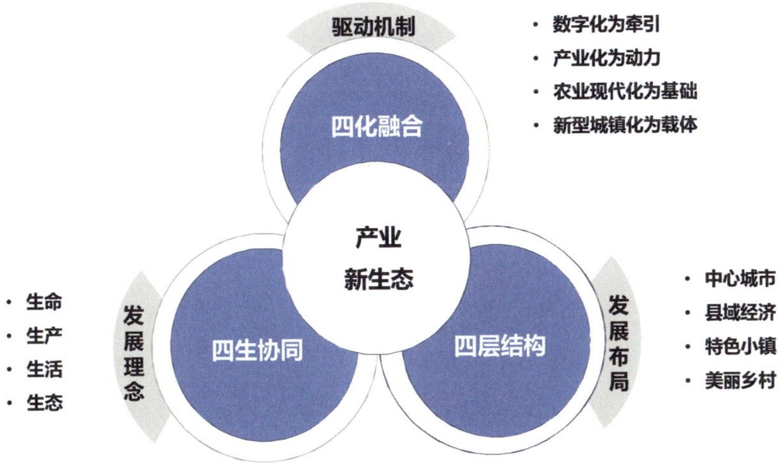

图 3-8　城市产业新生态体系构建示意

构建四层结构新型城镇化体系。站在中心城市区域发展的角度，围绕 EOD 模式，研究通过流域水治理等综合手段打造以区域中心城市为主的城市中心区、以县域经济为主的特色经济产业聚集区、以镇域经济为主的特色小镇、以美丽乡村为主的特色农业示范区，建立生态文明牵引下四层结构的新型城镇化体系，并实现四层结构间的有机结合，引领新型城镇化系统、整体、协同发展，避免在新型城镇化建设中发生区域发展不协调、重复建设、产业同质化等问题，从而造成生态损耗。

推动新型城镇的四化融合发展。以生态文明建设为根本原则，以数字经济为驱动力。实现以工业化为动力，以农业现代化为基础，以新型城镇化为载体，以信息化为手段的“新四化”高度融合，推进新型城镇化的产业兴城、以城促产、产城一体、智慧生态、城乡统筹、创新驱动、文化提升和可持续发展，并通过“四化”高度融合将生态文明建设融入新型城镇化的经济、政治、文化、社会建设各方面和全过程。

实现新型城镇化的“四生”结合。形成“生命、生产、生活、生态”的“四生”有机结合，从精神层面、文化价值层面带动地区的文脉，打通商脉，研究文象①、搭建载体，研究构建产业集群及产业基地，建立宜居、宜业、宜商的产业化体系和新型城镇化产城融合体系，实现生态文明与社会发展、经济建设的深度结合。

二、推动生态价值转化，打造区域内生动力

为“绿水青山”转变为“金山银山”提供动能、搭建桥梁，从区域顶层设计入手，深入挖掘该区域资源禀赋、产业要素的经济价值、区域价值、战略价值，结合区域大趋势、国家大环境，谋划区域创新发展路径、寻找动力源、搭建新载体、打造增长极，推动地区将资源优势、生态优势变成产业优势、功能优势、价值优势，形成产业集聚、构建产业链群，通过全产业要素集聚带动区域城市建设、园区建设、基础设施建设，加快区域工业化、城市化进程。通过系统性规划研究和结构性金融运作策略，把资源、资产、资本进行有机结合，最终加快

---

① 文化的产物中有某种样式、有某种造形的部分为文象。文化产业中物质性就是文象，非物质性就是文脉。人之文明，无文象不生，无文脉不传。

新型城镇化建设和发展方式的转变，实现经济、社会、生态环境的全方位可持续发展。

三、探索多元化金融，助力区域造血能力建设

在以战略、产业、空间为核心的系统规划指导下，系统谋划区域内生态项目与关联产业项目“肥瘦搭配”，科学构建 EOD 项目包，结合 EOD 模式具体项目的开发建设、绿色低碳、产业发展等相关属性，拓宽融资渠道，创新投融资模式，构架依托开发金融、绿色金融、产业金融等多元金融业态的投融资体系，形成体系化实施方案。链条式统筹 EOD 项目策划、投资、建设、运营等全流程，保障项目落地实施、长效运作，绘制绿色基底、推动数字化转型、导入创新活力、重塑产业发展动能、重构城市生态，助力区域造血能力建设，推动区域绿色转型高质量发展。

图 3-9 为 EOD 模式多元化投融资体系。

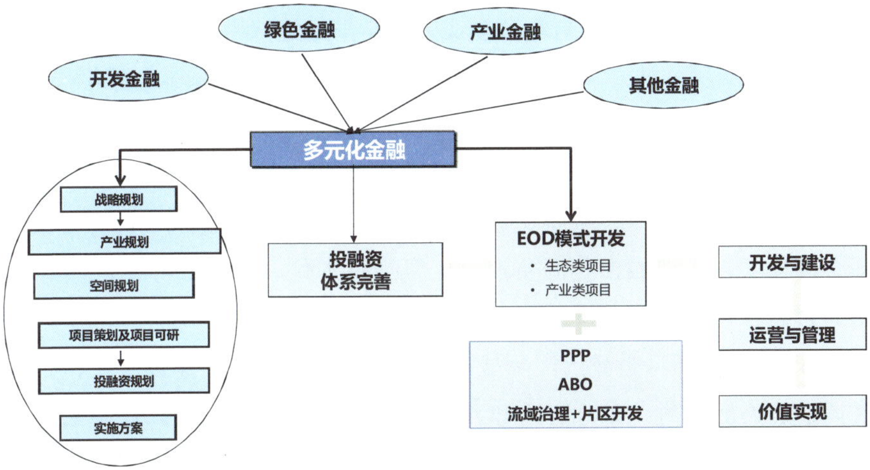

图 3-9　EOD 模式多元化投融资体系

注：ABO（Authorize-Build-Operate）为授权—建设—运营。

四、创新城镇化运营和效能问题，全面提升城市效能

促进生态文明建设下的新型城镇化发展应以EOD模式为手段之一，积极构建区域产业生态系统，实现“产业+金融+科技+人才+互联网+土地”六大要素的有机复合。

在区域运营方面，依托数字经济，打造数字孪生生态（EIM）治理平台，运用物联网、云计算、大数据、移动互联网和空间信息等先进技术与相关理念，依托数字平台，通过环境物联网系统动态监控区域内的水、土、气等多个环境要素，打造水生态环境和土壤生态环境数字化、信息化、智慧化监管系统，实现对土壤、水域重点监管企业的实时、可视化智慧监管。通过建设用地开发利用全生命周期的“云端”联动监管，以及地下水污染防治、农村生活污水治理的智能研判、精准管控，助推土壤、地下水和农业农村生态环境监管，实现科学治污、精准治污、智慧治污，实现数字生态治理，提升区域运营效能和资源管理水平。

在招商引资方面，先规划再招商，通过重塑地区投资概念，把概念变成项目，把项目变成项目集群，把项目集群变成投资品，最终把投资品逐步落实，营造一个全民招商的氛围，建立项目孵化器，变偶然招商为持续招商、战略招商、项目孵化器招商和数字招商，使新型城镇化进程中的产业保持健康的发展方向，并随着产业规模的扩大，提高经济效应和规模效应。

在新型城镇化建设投融资破题方面，通过开发性金融、产业基金、PPP等创新金融模式，实现城市资源资产化、资产资本化、资本证券化，做好城市的投资运营。

“十四五”时期将是我国国际战略地位彰显、生态文明建设深化、产业结构深度调整的关键时期。如何依托EOD模式建设，抢抓生态和产业两大板块，统筹推进生态产业化、产业生态化，实现绿色高质量发展。如何将生态资源变为绿色经济，是在生态文明建设战略下、绿色发展时代背景下、乡村振兴与新型城镇化进程中，城乡发展面临的核心问题和需要努力探索的路径之一。为此，泛华集团将战略思维、系统思维、创新思维与项目思维结合，统筹思考城乡发展过程中在战略定位、产业发展、空间布局等方面存在的问题，创新提出“生

态为基、产业为魂、金融助力、数字赋能、运营为王”五大创新思路，以 EOD 模式为抓手、以产业育城为方法论、以打造生态导向的全要素智慧产业示范区为目标，系统整合顶层设计、投资运营、产业运营、数字运营、绿色运营、建设服务全过程服务体系，贯通中心城市、县域经济、特色乡镇、美丽乡村城乡融合发展四层结构，助力区域迈入生态振兴、产业重塑、新型城镇化、城市更新、乡村振兴高质量发展新阶段，为进一步推动“双碳”目标、生态文明建设国家战略实现不断奋进。

第四章

生态为基，EOD 模式下的生态治理修复与价值实现

第一节 生态为基，开启绿色发展新篇章

一、全面开展生态环境整治，筑牢生态安全屏障

当下，我国经济社会发展同生态环境保护的矛盾仍比较突出，水生态破坏、黑臭水体、废弃矿山、水土流失、沙漠化、“垃圾围城”、土壤污染、农业面源污染等生态破坏和环境污染问题依然存在，是实现高质量发展的突出短板之一。

为实现高质量发展，必须全面划定并严守生态保护红线，并开展生态环境治理与修复整体整治，提升生态系统的质量和稳定性。首先，坚持底线思维，以国土空间规划为依据，完成生态保护红线、环境质量底线、资源利用上线和环境准入清单的划定，并作为调整经济结构、产业发展、城镇化发展不可逾越的红线。其次，坚持“山水林田湖草沙冰”系统治理，因地制宜、分类施策，增强针对性、系统性、长效性，健全生态休养生息制度，建立市场化的生态补偿机制。最后，整体提升生态系统质量和稳定性，筑牢生态安全屏障，绘就高质量发展新底色。

二、构建生态发展模式，实现“绿水青山”价值转化

建立健全生态产业化的绿色发展模式，全面践行“绿水青山就是金山银山”理念。“绿水青山就是金山银山”理念，突破了经济发展与生态保护二元对立的思维，深刻阐明生态文明建设是经济高质量发展的本质要求。践行“绿水青山就是金山银山”理论，就要拓展“绿水青山”与“金山银山”双向转化通道，不断提升“绿水青山”的“颜值”，开掘“金山银山”的“价值”，努力推动生态优势转化为综合效益，助力区域经济高质量发展。

生态产业化是按照科学发展观的要求，依据习近平生态文明思想，促进经济发展生态化和生态资源产业化的发展模式。这种模式显著的特征是不局限于生态功能的单一化，而是合理高效地实现生态功能产业化，对生态资源进行保护性开发利用，积极探索生态资源产业化的新模式。通过构建良好的生态环境，在生态功能不断完善的前提下获取经济效益，最终实现整个经济体系高效运转和经济、生态协调发展。

第二节　EOD 模式适宜的生态治理项目类型

2022 年 3 月，生态环境部办公厅印发《关于印发〈生态环保金融支持项目储备库入库指南（试行）〉的通知》（环办科财〔2022〕6 号），明确 EOD 项目入库范围包括大气污染防治、水生态环境保护、重点海域综合治理、土壤污染防治、农业农村污染治理、固体废物处理处置及资源综合利用、生态保护修复、其他环境治理八大领域。

一、大气污染防治

自改革开放以来，我国在经济、社会、文化各领域实现了跨越式发展，然而，经济快速发展的同时也带来了一定的环境与资源问题，在长期粗放式工业经济增

长模式的影响下，这几年我国出现了较为严峻的大气污染问题。围绕大气污染治理，各地纷纷出台政策与措施，很多工业企业也开始尝试运用各类机械设备减少大气污染。在国家政策密集推动以及国内市场“强劲”需求推动下，大气污染防治取得一定进展，但是大气颗粒物和二氧化硫等污染形势依然严峻。为推动大气污染防治工作，2022 年生态环境部办公厅印发的《生态环保金融支持项目储备库入库指南（试行）》明确将大气污染防治纳入 EOD 项目范畴。具体项目类型有北方地区冬季清洁取暖、挥发性有机物综合治理、工业企业深度治理、工业企业燃煤设施清洁能源替代、重点行业超低排放改造、重点行业清洁生产改造、锅炉综合治理、涉气产业园区和集群大气环境综合整治、高排放机动车淘汰换新、船及非道路移动源排放治理、典型行业恶臭治理、重污染天气应对能力建设等。

二、水生态环境保护

水生态环境保护涵盖水资源、水生态、水环境 3 个方面，具体包括黑臭水体治理、污水处理设施与配套管网建设改造、污水处理厂污泥处理处置、污水再生及资源化利用、工矿企业和医疗机构水污染治理、工业园区水污染治理、船舶港口水污染治理、水体内源污染治理、流域水生态保护修复、流域水环境综合治理、河湖生态流量保障、重点湖库富营养化控制、河湖生态缓冲带修复、天然（人工）湿地生态系统保护与建设、水源涵养区保护、饮用水水源地保护、入河排污口整治及规范化建设等。水环境系统是一个涉及生态、经济、社会、政治等多变量的复杂系统，然而长期以来，水生态治理大多就治理而治理，水生态治理无法与区域经济发展有效结合，生态治理因无法转化为经济效率，地方政府失去流域治理的积极性，所以亟须探索一条将生态治理效益转化为经济收益的有效途径。

三、重点海域综合治理

近年来渤海、长江口—杭州湾和珠江口邻近海域生态环境总体改善，但仍处在污染排放和环境风险的高峰期、海洋生态退化和灾害频发的叠加期，结构性、根源性、趋势性压力尚未得到根本缓解。“十四五”期间，以渤海、长江口—杭州湾、珠江口邻近海域为重点，围绕陆海污染、生态保护修复、环境风险防范以及美丽海湾建设等 4 个方面开展海域综合治理。其中，陆海污染防治包括入海排污口排查整治、入海河流水质改善、沿海城市污染治理、沿海农业农村污染治理、海水养殖环境整治、船舶港口污染防治、岸滩环境整治等；生态保护修复包括海洋生态系统保护修复、海域滨海湿地和岸线保护修复等；环境风险包括环境风险隐患整治等；美丽海湾建设包括海湾综合治理修复、生物多样性保护、海湾生态环境常态化监测监管等。以上项目领域可探索与 EOD 模式深度结合的方式，推动实现重点海域综合治理经济价值内部化。

四、土壤污染防治

近年来土壤污染形势严峻，主要污染来源为有机污染物、重金属、放射性元素和病原微生物，严重影响了农作物生产产量和产品质量，对人体健康以及大气、水等生态系统安全带来严重威胁。国家陆续出台政策加强土壤污染防治，涉及项目有建设用地土壤污染风险管控、建设用地土壤污染修复、农用地工矿污染源整治、工矿企业重金属治理、历史遗留重金属污染区域治理、化学品生产企业及工业集聚区地下水污染风险管控、矿山开采区及尾矿库地下水污染综合治理、危险废物处置场及垃圾填埋场地下水污染防治、依赖地下水的生态系统保护、地下水型饮用水水源地保护、重点污染源防渗改造、废弃井封井回填等。土壤污染防治任务艰巨，资金缺口较大，亟须探索多元化导入社会资本的有效机制。

五、农业农村污染治理

农业农村污染治理是生态环境保护和“三农”（即农业、农村、农民）工作的薄弱领域之一，治理形势严峻。自 2018 年启动实施《农业农村污染治理攻坚战行动计划》以来，截至 2020 年年末，已完成各项重点任务预期目标。2021 年 3 月《农业面源污染治理与监督指导实施方案（试行）》印发实施后，新增完成 1.6 万个行政村环境整治，完成 400 余个较大面积农村黑臭水体整治。目前农业农村污染治理总体上仍然处于爬坡过坎、不进则退的阶段。农村污水、垃圾、黑臭水体、农业面源污染物等问题仍有待改善，需要持续推进农村污水处理和资源化利用、农村垃圾治理、农村黑臭水体整治、废弃农膜回收利用、秸秆综合利用、畜禽与水产养殖污染治理和粪污资源化利用、种植业面源污染治理、农村生态环境综合整治等工作。在农业农村污染治理推进过程中，可结合利用 EOD 模式，探索农业生产与环境治理相结合的可持续发展模式。

六、固体废物处理处置及资源综合利用

固体废物处理处置及资源综合利用是我国深入实施可持续发展战略的重要内容。固体废物量大、环境影响突出、利用前景广阔，是资源综合利用的核心领域。2021 年 11 月，《中共中央 国务院关于深入打好污染防治攻坚战的意见》印发，明确提出要稳步推进“无废城市”建设。“无废城市”建设将深入推动固体废物处理处置及资源综合利用，且相关建设项目与 EOD 模式契合度高，可利用 EOD 模式拓展多元化资金导入渠道。具体项目包括城乡生活垃圾收集与处理处置、餐厨垃圾收集与资源化利用、危险废物及医疗废物收集与处理处置、矿产资源（含尾矿）综合利用、废旧资源再生利用、农业固体废物资源化利用、工业固体废物环境风险管控、工业固体废物无害化处理处置及综合利用、建筑垃圾和道路沥青资源化利用、包装废弃物回收处理等。

七、生态保护修复

长期以来，受高强度国土开发建设、矿产资源开发利用等因素的影响，我国一些生态系统受损退化严重，部分关系生态安全格局的核心地区在不同程度上受到人类生产生活活动的影响，提供生态产品的能力不断下降，亟须推进重要生态系统保护和修复、“山水林田湖草沙冰”一体化保护和修复、矿区生态保护修复、采煤沉陷区综合治理、生物多样性保护，以及荒漠化、石漠化、水土流失综合治理等工作。此前开展的一些生态保护修复工作由于缺乏系统性、整体性考虑，客观上存在各自为政的状况；同时由于财政资金投入有限，生态整治修复效果不尽如人意。与 EOD 模式结合，探索在开发模式、实施路径、体制机制等方面的创新

路径，探索生态保护修复价值内部化机制，可系统提升生态修复治理成效。以矿区生态保护修复为例，可采用“矿山+旅游”“矿山+园区”“矿山小镇”等模式进行开发，提高经济收益，实现投入与产出的自平衡。

八、其他环境治理

除大气污染、水生态环境保护、海域综合治理等重点生态修复治理和环境保护领域外，我国放射性污染、噪声污染等领域的问题也亟须解决，同时需要加强生态环境风险防控和生态环境监测与信息能力建设。生态环境风险防控、放射性污染防治、噪声与振动污染控制、生态环境监测与信息能力建设等领域的环境治理项目可适度探索与 EOD 模式结合，挖掘放射性污染防治、噪声与振动污染控制等环境治理措施的经济效益，探索将环境治理效益转化为经济收益的有效途径。

第三节　泛华在生态环境建设中的创新与应用

一、城市更新

在经济高速发展和城镇化快速推进的过程中，我国城市发展注重追求速度和规模，城市规划建设管理“碎片化”问题突出，城市的整体性、系统性、宜居性、包容性和生长性不足，人居环境质量不高，一些大城市“城市病”问题突出。2020 年 12 月，时任住房和城乡建设部部长的王蒙徽发表署名文章——《实施城市更新行动》，提出建设宜居、绿色、韧性、智慧、人文城市的城市更新行动。主要任务包括：完善城市空间结构、实施城市生态修复和功能完善工程、强化历史文化保护，塑造城市风貌、加强居住社区建设、推进新型城市基础设施建设、加强城镇老旧小区改造、增强城市防洪排涝能力、推进以县城为重要载体的城镇化建设。

泛华集团在结合中国城市发展创新模式的系统理论、多个项目的技术集成及实践的基础上，提出了城市复兴的 3.0 版（图 4-1）。将智慧、产业、生态、宜居、资源等各要素进行有机结合，通过技术、项目和服务的叠加，站在城市发展、管理、运营及城市供给侧结构性改革的角度思考问题，避免单纯地从技术角度谈旧城改造，并与“海绵城市”、综合管廊、区域能源等多项系统集成技术相配套，解决传统“条块化”管理模式带来的“见物不见人”的弊端，促进实现城市发展以人为中心。同时，依托并挖掘区域文化、地域特色传承，从城市顶层设计、产业投资运营及城市开发建设等角度打造富有时代气息和城市地域特色、具有竞争力和持续发展动力的城市复兴。

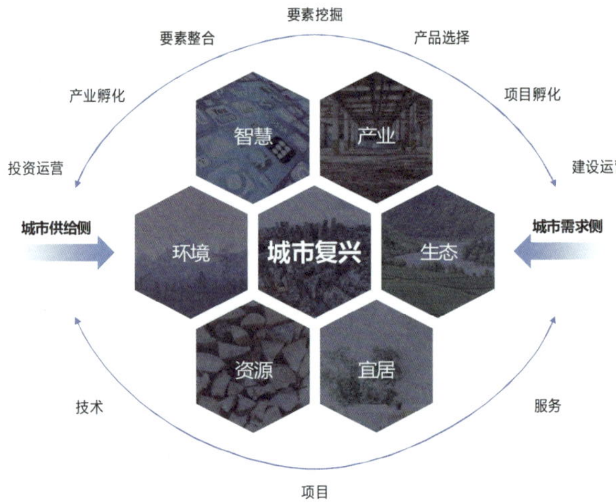

图 4-1　泛华集团城市复兴的 3.0 版

泛华集团提出“文脉+文象”双轮驱动的城市复兴理念，注重文化在设计中的传承与发展，提出了基于文化的可视城市到可读城市与情感城市的理念，关注城市名片塑造、文化创意、城市特色空间改造、社区功能性及人文性改造等专项，将城市文化创意、城市建设更新维护等产业跨界整合，推动传统行业和新兴产业共融共通，实现城市复兴的多元引擎，重塑城市精神，从供给侧的角度，为城市创造新生活，为突破城市发展瓶颈，实现创新和跨越式发展提供系统顶层策划、城市设计、金融破题、开发建设及招商运营等系统服务。具体实践项目包括上海静安核心区夜景打造，南京主要干道景观整治，深圳南海大道、南京秦淮河、焦作市解放区花园街改造提升，兰考红天地历史文化街区改造等。

二、水生态

水生态是“城镇化”体系下生态城市理念的重点内容，与城镇化发展一样，是关系民生、关系社会及城市发展的城市基础建设理念，既要关注农田水利、江河湖泊、生态湿地等“城市生态圈”，又要统筹产业环境、水源、水厂等“城市生产圈”，同时还需要兼顾城市水务、都市产业、市政道路、景观园林、城市复兴等“城市生活圈”（图 4-2）。

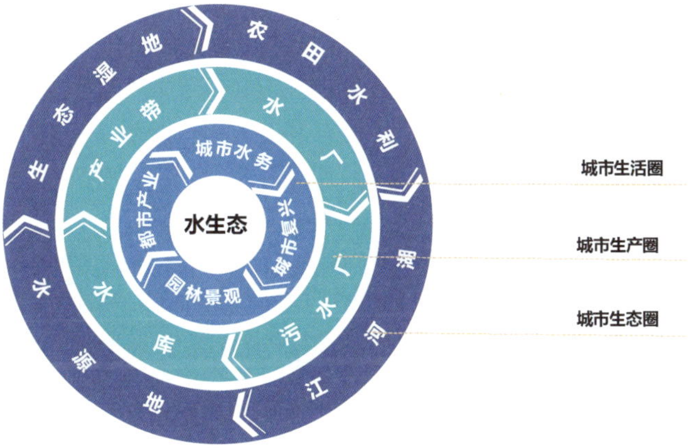

图 4-2 水生态环境打造

泛华集团提出的水生态体系是通过打造水资源、水安全、水环境、水生态、水景观、水文化、水经济七位一体的水体系，贯通全区域发展，实现水生态与产业、文化融合发展。同时，水生态体系的构建，还应利用信息、互联网智慧技术手段，实现物流、信息流、资金流、人才流的有效聚集与协同发展。区域水生态的发展，体现了以“智慧生态”理念指引城市可持续发展方向的价值取向，是引导智慧生态型城市可持续发展的创新驱动力之一。

泛华集团认为，水生态体系的构建要求向上延伸与城市功能、人文等城市内涵发展、城市复兴连接；向下延伸与市政及房建综合设计连接；横向与金融、产业及城市发展运营连接；纵向以技术为支撑。水生态体系涵盖的业务更是包含了城市文化（文脉）挖掘，水环境、水产业的城市系统规划业务，以及城市设计、综合管廊规划设计、市政道路改造、园林景观改造、“海绵社区”改造等一系列设计与工程建设业务。因此，城市水生态建设是系统综合服务体系。结合自身对城市及水生态体系的研究，在传统的规划、设计、施工等 1.0 产品服务体系的基础上，构建了技术、金融、产业、运营等项目相结合的 2.0 产品服务体系（EPC/EPCM/PPP①），以及以“金融资本+运营”为导向的投资建设运营混合型 3.0 产品服务体系，推动城市水生态体系的构建与实施。具体实践项目有梅溪湖国际新城水资源规划及水环境整治、鄂州市城乡一体化百里长港示范区、武汉大东湖生态水网构建、湖南常德市“海绵城市”等。

三、环境治理

近年来我国城镇化进程不断加快人口大量涌入城市内部，虽然能够给城市的经济发展和建设带来更多机遇，但是也会导致城市环境面临巨大的压力。城市资源的消耗量不断增加，污染物的排放量增加，交通拥堵、地下水过度开采、不良气候等问题频繁产生，对城市居民的生活质量和身体健康造成不利影响。传统的城市环境治理方式已经无法满足当前的环境污染治理需求，城市生态环境脆弱的问题，环境容量不足的问题亟待解决。

泛华集团站在城市可持续发展、绿色发展的角度，结合城市水环境综合治理、“海绵城市”、综合管廊、雨污水净化及资源化利用、人文景观等城市发展与建设，整合固体废物处理技术、废水处理技术、生物处理技术、土壤修复技术以及机电、自动化、化学、生物和生态环境等专业领域的最新研究成果进行清洁生产与资源化利用，从总量上减少污染，减轻环境生态压力。泛华集团致力于推动实现生态环境资源化、产业经济绿色化，提升环保产业可持续发展能力，多年来一直坚持生态优先，践行绿色发展理念，采用 EOD 模式，积极探索将生态环境治理项目与资源、产业开发项目有效融合的路径，解决生态环境治理缺乏资金来源渠道、总体投入不足、环境效益难以转化为经济收益等问题，在促进生态环境高水平保护

① EPC 为设计、采购和施工；EPCM 为设计、采购和施工管理。

和区域经济高质量发展等方面起到了积极作用。

泛华集团把环境治理放在城镇化建设的角度上，因地制宜，系统治理，根据不同的水文水质特征、治理目标、阶段，综合采用不同技术，针对不同区域特点，从城市顶层规划入手，利用设计、施工产业链优势，关注并提供城市水系水体整治、雨水资源化利用、水污染防治及固体废物处理等方面的环境工程业务服务，通过采用 PPP、EPC、FEPC[①]等多元的投资及运营模式为业主提供咨询、规划、设计、金融、施工及运营等系统化服务。具体项目实践有武汉东沙湖连通渠工程、河南沁阳水系总体规划、河北燕郊潮白河景观工程设计、宁夏灵武市宁东生活垃圾无害化处理工程等。

图 4-3 为泛华环境治理业务模式。

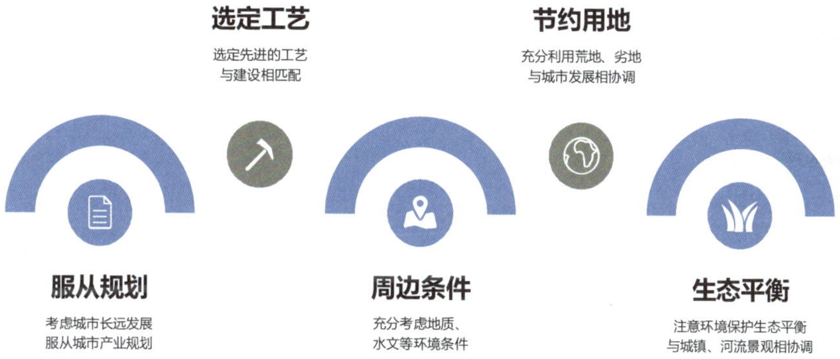

图 4-3 泛华环境治理业务模式

四、绿色建筑

建筑是全球温室气体排放的重要来源之一。数据显示，建筑物照明、采暖制冷设备和其他装置消耗了全球约 40%的能源，这些能耗所产生的碳排放量相当于全球碳排放量的 21%。因此，发展绿色建筑，加强低碳技术在建筑领域的创新、推广和应用，是减少温室气体排放的主要路径之一，对中国实现“30·60”碳达峰、

① FEPC 为融资总承包。

碳中和目标尤为重要。绿色建筑通常是指在建筑的全生命周期内与自然和谐共生的建筑，包含节能低碳、减少污染、环境保护、高效使用空间等要素。绿色建筑技术的核心在于建筑节能和使用绿色电力，具体技术包括节能照明、遮阳、自然通风、隔热措施、高效的能源管理体系、可再生能源与建筑一体化等。企业可通过使用相关技术和设备，减少运营层面的碳排放。

泛华集团秉承高效、环保的理念，坚持示范引领，坚持与信息化紧密结合，积极打造“互联网+绿色建筑”的模式，通过使用相关软件、模拟设计手段、BIM、云计算等方式收集建筑能耗数据信息，并及时预警、提供服务。充分利用自有绿色建筑技术及运营理念，有效地实现了各类设备系统的智能控制，完备地进行建筑物建设、运行与更新过程的信息管理，以智能化推进绿色建筑的发展，节约能源，降低资源消耗，减少浪费和污染。通过严谨的物业档案记录管理实现绿色建筑物业管理定量化、精细化，保障建筑安全、舒适、高效及节能环保的效果。应用绿色建筑生命周期评价和成本分析的科学方法，准确掌握建设、运营维护费用所构成的生命周期成本，合理选用绿色技术，逐步完善绿色建筑运营的体制与机制，推动绿色建筑走上持续发展的道路。

泛华集团绿色建筑发展理念是基于智慧城市、城市复兴、建筑产业现代化等领域“绿色建筑+”的系统发展理念，在实践过程中采用建筑新部品、新部件，绿色建材、信息性材料，新工艺、可再生能源技术等，实现可再生能源利用、中水回用、雨水收集、垃圾分类回用等绿色节能功能，将环境友好理念与节能减排结合起来，让绿色建筑的内涵得到进一步延伸，实现建筑的余能、余水以及建筑垃圾的综合再利用，实现其与大自然的共融、共生，并结合城市可持续发展。秉承绿色低碳设计理念，为城市提供集生态能源与绿色建筑于一体的综合性研究策划、美国能源与环境设计先锋（LEED）绿色建筑认证及中国绿色建筑认证咨询、规划设计、项目管理与运营的系统化产品。以建设智慧生态城市为宗旨，实现建筑在全生命周期内最大限度地节约资源、减少污染及碳排放，为客户提供低碳城市与绿色建筑的综合系统解决方案。

承担多项大型绿色建筑认证实践项目：承揽的世界 500 强总部项目通过建筑、园林及绿色认证等全过程综合设计及管理，赢得了美国“能源与环境设计先锋奖（LEED-NC）金奖”；历时 6 年进行全过程控制的呼和浩特金泰丽湾项目于 2015

年 3 月取得了美国建筑能源与环境设计先锋奖“LEED-NDv2009”（面向社区开发的能源与环境设计先锋 2009）银级认证，成为当时中国第一个、世界上第三个获得“LEED-NDv2009”最终认证的项目。

第四节 生态产品价值实现机制探索

2021 年 4 月，中共中央办公厅、国务院办公厅印发了《关于建立健全生态产品价值实现机制的意见》。以体制机制改革创新为核心，推进生态产业化和产业生态化。到 2025 年，生态产品价值实现的制度框架要初步形成，生态产品“难度量、难抵押、难交易、难变现”等问题要得到有效解决，保护生态环境的利益导向机制基本形成，生态优势转化为经济优势的能力明显增强。

一、生态产品的内涵

生态产品内涵丰富，具有多要素、多属性、时空动态变化等特征（图 4-4）。从概念界定角度看，生态产品的定义具有广义和狭义之分。狭义的生态产品最初作为国土空间的一种主体功能而存在，是指维系生态安全、保障生态调节功能、提供良好人居环境的自然要素，包括清新的空气、洁净的水体、安全的土壤、良好的生态、宜人的气候等调节服务类生态产品。广义的生态产品既涵盖生态系统所生产的自然要素，也包括人类在绿色发展理念指导下，采用生态产业化和产业生态化方式生产的生态农产品、生态旅游服务等。

生态产品兼具自然和人文双重属性，体现“绿水青山”和“金山银山”共生增长的价值目标。从属性内涵角度看，一方面，相比于传统的农产品、工业产品，生态产品是由生态系统和人类社会共同作用的产物，具有生产性、外部性、稀缺性、不平衡性、依附性等属性特征；另一方面，生态产品通过市场交易可实现“绿水青山”向“金山银山”的切实转化，满足人们日益增长的优美生态环境的需要。从产品类型角度看，依据生产消费特点与基本属性特征，生态产品可分为公共性、经营性和准公共性生态产品三类。

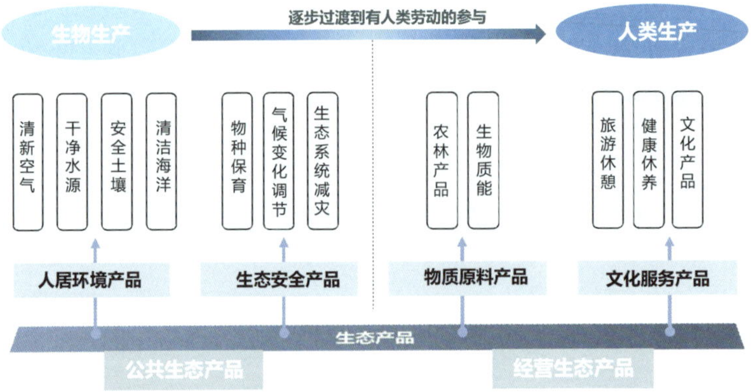

图4-4 生态产品的内涵

公共性生态产品：主要指产权难以明晰，生产、消费和受益关系难以明确的公共物品，如清新的空气、宜人的气候等。其价值实现主要采取政府路径，依靠财政转移支付、财政补贴等方式进行“购买”和生态补偿。

经营性生态产品：主要指产权明确、能直接进行市场交易的私人物品，如生态农产品、旅游产品等。其价值实现主要采取市场路径，通过生态产业化、产业生态化和直接市场交易实现价值。

准公共性生态产品：主要指具有公共特征，但通过法律或政府规制或管控能够创造交易需求、开展市场交易的产品，如我国的碳排放权和排污权、德国的生态积分、美国的水质信用等。其价值实现主要采取政府与市场相结合的路径，政府通过法律或行政管控等方式创造出生态产品的交易需求市场并通过自由交易实现其价值。

二、生态产品价值转换机制探索

（一）明晰自然资源资产产权

生态系统由森林、草地、水体等各种要素构成，生态产品的产业化经营及交易需要以自然资源产权明晰为前提和基础。为此，需要明晰自然资源资产产权，构建生态产品市场化基础。

首先，完善自然资源资产产权制度。科学清晰的产权制度能够提供持续的市场激励、稳定预期和发展动力。在国家所有权和集体所有权不变的前提下，要加快自然资源统一确权登记的速度，界定山、水、林、田、湖、草、沙、冰等自然资源的产权主体及权利内容。创新自然资源资产产权的实现形式，推动所有权和使用权分离，适度扩大使用权的出让、转让、出租、担保、入股等权能。

其次，健全自然资源资产管理制度。要充分认识自然资源资产的公共属性，制定合理的自然资源资产管理机制。一是要厘清政府权能边界。一方面，明晰不同层级政府对国家公园、自然保护区、自然公园、江河湖、湿地等的生态功能区，以及石油天然气、贵重稀有矿产资源等的产权；另一方面，完善共治共管、共享收益机制，促进自然资源的整体保护和集约开发。二是要完善生态补偿机制。正确处理资源保护与开发利用的关系，建立生态源头地区保护、绿色保护地区搬迁、生态外部性付费等制度，推动不同地区间、不同行业间、河流上下游间、流域间的生态补偿。三是要丰富生态修复激励形式。一方面，推进集体土地整合优化，以宅基地复垦收益分成激励异地搬迁、村庄改造，鼓励林相改造，提高“大搬快聚”、退耕还林质量效益；另一方面，优化承包经营权制度，引导资本投向山田山地，推动规模农业、优质高效农业的发展，通过推广“河权到户”治水模式，保护溪流生态的原真性与完整性。

最后，建立次级产权收益分配制度。除物理产权外，生态调节功能和文化服务功能的产出也可以看成是“知识产权”的一类。要建立利益共享机制，使生态产品生产者和研发者有公平的机会从中受益，以此释放生态产品价值创新创造的活力。

（二）因地制宜探索价值转化途径

为深入贯彻习近平生态文明思想，践行“绿水青山就是金山银山”理念，自 2017 年以来，生态环境部共命名了 87 个“绿水青山就是金山银山”实践创新基地，培育打造了一批践行“绿水青山就是金山银山”理念的生动实践样本。初步探索形成了“守绿换金”“添绿增金”“点绿成金”“绿色资本”4 种转化路径和生态修复、生态农业、生态旅游、生态工业、“生态+”复合产业、生态市场、生态金融、生态补偿 8 种转化模式。

生态修复模式。主要以改善生态环境质量、提升生态资产、增值生态资本为主，修复生态本底，厚积生态资本。主要适用于生态环境本底较差或生态环境敏感、脆弱的地区。模式应用地区如河北省塞罕坝机械林场、山西省右玉县、内蒙古自治区库布齐沙漠亿利生态示范区等。

生态农业模式。依托农业资源优势，大力发展生态循环农业，推进农业生态化，激发乡村振兴活力。主要适用于生态环境良好、以农业为主导功能的地区。模式应用地区如浙江省安吉县、安徽省岳西县、山东省蒙阴县、河南省新县、云南省红河哈尼族彝族自治州元阳梯田遗产区等。

生态旅游模式。依托良好的自然生态环境和独特的人文生态系统，积极发展生态旅游产业，变资源优势为经济优势。主要适用于生态环境优良、特色旅游资源丰富的地区。模式应用地区如北京市延庆区、湖北省丹江口市、四川省稻城县、四川省九寨沟县等。

生态工业模式。推动产业转型促进生态工业发展，不断优化产业发展方向，引领提质升级。主要适用于生态环境容量较小、开发强度较高或“山水林田湖草沙冰”等特色资源占比较大的地区。模式应用地区如江苏省徐州市贾汪区、云南省华坪县等。

“生态+”复合产业模式。围绕良好的生态产业基础，通过延伸产业链条促进三产融合，形成“一产接二连三”[①]的互动型、融合型绿色高质量发展模式。主要适用于具有生态资源禀赋、产业基础较好、创新要素比较集聚的地区。模式应用地区如吉林省集安市、江西省崇义县、江西省浮梁县等。

生态市场模式。推进生态确权，开展用能权、碳排放权、排污权、水权等市场化运作，不断开发生态产品，拓展市场交易。主要适用于生态资源丰富、制度建设完备的地区。模式应用地区如安徽省芜湖市湾沚区、福建省永春县等。

生态金融模式。创新绿色金融产品和金融手段将生态资源股权化、证券化、债券化、基金化，构建生态资源融资担保体系，服务“绿色产业”。主要适用于生态环境优良、生态经济发达的地区。模式应用地区如浙江省淳安县等。

生态补偿模式。围绕生态利民、生态为民，通过生态购买、补偿以及生态公

---

① 从第一产业（农业）的单纯种养，向第二产业（工业）的农副产品加工业对接，并与第三产业的涉农服务业连接。

益就业，探索生态补偿机制，推动实现保护者受益。主要适用于国家生态安全格局“两屏三带”①上生态功能和地位重要，或经济社会发展水平较高的地区。模式应用地区如湖南省资兴市、西藏自治区隆子县等。

（三）构建生态产品市场配置机制

构建科学合理的生态产品市场机制，充分发挥市场在资源配置中的决定性作用，推动生态产品价值的有效转化。

一是建立生态产品价值核算评估机制。形成以政府为主导、多市场主体参与的生态产品供应模式，拓展生态产品价值实现路径。首先，以实现资源减量化利用为原则，加快自然资源及其产品价格改革，完善污水处理、固体废物处理、节能环保等绿色发展措施相关价格机制。其次，完善生态产品目录清单，科学评估生态产品潜在价值，探索建立服务全国的生态产品价值核算评估机构。

二是健全生态产品市场交易体系。坚持有为政府和有效市场相结合，通过完善市场化手段促进产业生态化、生态产业化。首先，根据地区区位、地理条件、生态环境、人均产出等情况测算基本用能、碳减排等指标，避免高能耗重污染地区指标高、后发展地区指标低的现象发生，同时积极探索开展以清洁能源供应、碳减排量抵扣能源消费总量的改革试点。其次，健全生态资源有偿使用体系，推进建立用能权、用水权、排污权、碳排放权的市场交易机制，建立按碳汇、水质量、空气质量等生态贡献程度的“以奖代补”机制（即以奖励的形式代替原来的直接补贴）。同时，创建生态补偿的市场化平台，促进社会资本进入生态保护领域。

三是建立生态信用制度体系。建立生态信用制度的目的，不仅仅是将环境违法企业列入黑名单，更重要的是通过“赏罚分明”的信用体系，引导企业增强环境保护意识，主动将绿色作为发展底色。一方面，建立生态信用档案、正负面清单和信用评价机制，将破坏生态环境、进行超过资源环境承载能力的开发等行为纳入失信范围；另一方面，探索建立生态信用行为与金融信贷、行政审批、医疗保险、社会救助等挂钩的联动奖惩机制。

---

① 是我国构筑的生态安全战略，指“青藏高原生态屏障”“黄土高原—川滇生态屏障”和“东北森林带”“北方防沙带”“南方丘陵山地带”。

第五章

产业为魂，EOD 模式下的生态产业化与产业生态化

产业发展是 EOD 模式的灵魂与支撑，要使 EOD 模式真正落地生根，高质量的产业发展是关键。在 EOD 模式下，区域的产业生态化与生态产业化协同发展是践行绿色发展理念、实现区域生态机制转化的关键环节。

第一节　产业生态化与生态产业化的理论基础

2018 年 5 月，在全国生态环境保护大会上，习近平总书记强调，要加快构建生态文明体系，加快建立建全以产业生态化和生态产业化为主体的生态经济体系。因此，要把生态环境作为经济社会发展的内在要素和内生动力，把整个生产过程的绿色化、生态化作为实现和确保生产活动结果绿色化和生态化的途径、约束和保障。

一、产业生态化和生态产业化的内涵

产业生态化，是指在自然系统承载能力内，对特定地域空间内产业系统、自然系统与社会系统之间进行耦合优化，达到充分利用资源，消除环境破坏，协调

自然、社会与经济的可持续发展。产业生态化，也可以理解为，是以生态承载能力为基准，实施优化产业结构、完善产业生态圈、推动产业绿色化升级的一系列措施，是在加强生态保护与招商引资的双重保障下，实现产业生态化转型、完善区域产业发展的灵活机制。

生态产业化，依据生态学和经济学等学科的生态服务和公共产品理论，将生态环境资源作为特殊资本来运营，实现保值增值，促进经济与生态良性循环。将生态服务由无偿享用的资源转变为需要支付购买的商品，按照社会化大生产、市场化经营的方式实现生态服务和生态产品的价值。生态产业化，也可以理解为，是立足山水林田湖草沙等的生态优势，推动区域规模化、产业化、融合化发展，为区域引进更多低碳环保产业、战略性新兴产业，嫁接生态资源与产业体系，实现“资源、资产、资本、资金”的渠道转化。

二、产业生态化和生态产业化的现实需求

生态环境保护修复与产业经济发展之间存在双向相关性，互为需求，互为供给。产业经济发展有时需要投入大量的生态环境资源，可能会发生生态污染与环境破坏，恶化的生态环境会反向制约产业经济的可持续发展。产业经济发展可以为生态保护和环境治理提供大量资金和设备，有利于生态环境质量的改善和提高。比照国际经验，我国环保投资需求与实际投入的资金缺口较大，我国与其他中国环境与发展国际合作委员会（CCICED）成员国相比，财政环境保护支出差距较大。同时，我国疆域辽阔、环境条件复杂、气候类型多样、动植物种类丰富、森林碳汇潜力巨大、民族文化多姿多彩，使生态产业发展具有巨大潜力。

构建以产业生态化和生态产业化为主体的生态经济体系，有利于破解开发与保护的矛盾，有利于将生态优势转化为产业优势，有利于将生态产业更好地融入生态环境建设，推动欠发达地区在生态与产业协调发展的过程中，实现绿色转型与高质量发展。

三、产业生态化和生态产业化的实践路径

产业生态化应按照绿色、循环、低碳发展要求，利用先进生态技术，培育发展资源利用效率高、能耗低、生态效益好的战略新兴产业，改造传统产业，淘汰落后产能，促进绿色发展。其实质是在不同产业、企业之间建立循环经济生态链，减少废弃物排放，降低能耗水耗，防止环境污染、破坏，提高产业经济发展质量和效益，实现绿色可持续发展。

生态产业化应按照产业发展规律推动生态资源开发与建设，按照社会化大生产、市场化经营方式提供生态产品和服务，推动生态要素向生产要素、生态财富向物质财富的转变，促进生态与经济良性循环发展。其实质是针对独特的生态资源禀赋和环境条件，建立良性循环的生态建设与经济发展机制，实现生态资源的保值增值，把“绿水青山”变成“金山银山”。

产业生态化是生态产业化的基础，生态产业化是巩固、扩大和转化产业生态化成果的保证。产业生态化和生态产业化要遵循自身的发展规律，应具备必要的前提条件，切不可一哄而上也不能因噎废食。

图 5-1 为产业生态化与生态产业化融合发展示意。

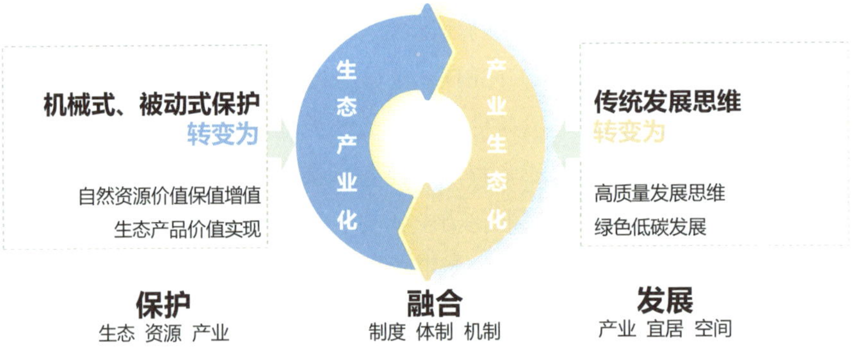

图 5-1 产业生态化与生态产业化融合发展

第二节　产业发展在 EOD 模式中的定位与价值

一、产业发展是 EOD 模式的有机组成部分

EOD 模式是一项系统工程，包括生态治理、产业发展、区域综合开发、城市运营等。生态建设是 EOD 模式的前提和基础，EOD 模式本身就是一种生态引领的绿色开发模式。在 EOD 模式下，生态建设与产业发展是密不可分、相互促进的，没有生态建设作为基础、没有丰富的资源作为依托，产业发展就成为无源之水、无本之木；没有产业发展作为支撑，生态建设也就失去了重要的带动力量。同时，生态资源通常要与产业发展相结合才能发挥其最大价值，只有产业实现发展，才能为生态建设提供越来越坚实的投入保障。对于大部分生态资源而言，其蕴藏的巨大价值是很难直接体现出来的，只有与适当的产业活动相结合，其对人类社会的价值才能间接体现出来。因此，产业发展是 EOD 模式不可分割的有机组成部分，实现生态建设与产业发展的有机统一是 EOD 模式最本质的特征。

二、产业发展是实现 EOD 模式的重要支撑

我国经济持续较快发展，工业化、城镇化快速推进，但也出现了经济增长与环境保护不协调、产业结构亟待调整优化、地方政府债务压力巨大等一系列矛盾和问题，迫切需要转变发展方式，探索一条可持续的发展之路。要进一步满足人们对物质文化生活以及对生态环境、医疗健康、文化旅游等提出新的更高要求，产业发展是必备条件。EOD 模式的发展目标就是将生态环境治理项目与资源、产业开发项目统筹实施，因地制宜地发展生态环境关联度高、经济发展带动力强的产业项目，并建立产业收益对生态环境治理投入的有效反哺。因此，没有必要的产业发展，区域发展就缺乏动能，生态治理也缺乏支撑，EOD 模式的综合性目标

就难以实现，即使在一些特定区域和特定环境下能够实现，也不具有普遍意义和推广价值。

三、产业发展是落实 EOD 模式的收益保障

EOD 模式通过推进公益性生态环境治理与关联产业开发项目有效融合，实现产业发展与生态建设同步，在项目边界范围内力争实现项目整体收益与成本平衡，以项目包内部子项目平衡的形式，减少政府资金投入。EOD 模式更加强调专业化分工、市场化运作，能够更加有效地吸引社会资本参与，更好地缓解地方政府用于区域开发的财政支出压力。但与此同时，EOD 模式的顺利开展也需要建立一个各方可预期的、合理的回报机制。在现行土地、税收政策体系下，推动产业发展仍是建立这个机制的关键所在。只有通过可持续的产业发展、前期生态治理投入与后期产业发展收益之间的有机关联才能有效建立，区域发展建设主体共享机制才能建立，一个良性的正反馈、自我强化的循环体系才能建立。因此，产业发展是推动 EOD 模式顺利实施的收益保障。但是需要特别指出的是，这里所讲的产业发展是有选择性的。

总之，产业发展是 EOD 模式重要的组成部分，也是区域持续发展的基础。因此，需要项目实施单位以因地制宜发展为原则，通过招商引资与自身孵化的方式，发展区域环境友好型的生态产业，加快当地特色资源挖掘与生态产品价值转化。同时，借助科技创新和新技术手段，培育战略性新兴产业，促进传统产业向绿色化、循环化、低碳化的转型。在产业培育与发展的过程中，要注重产业生态的构建，形成主导产业与配套产业协同、核心企业引领、配套企业支撑的产业和企业集群，打造完整畅通的产业链、供应链，构建区域产业生态。

图 5-2 为生态建设与产业发展相互协同示意。

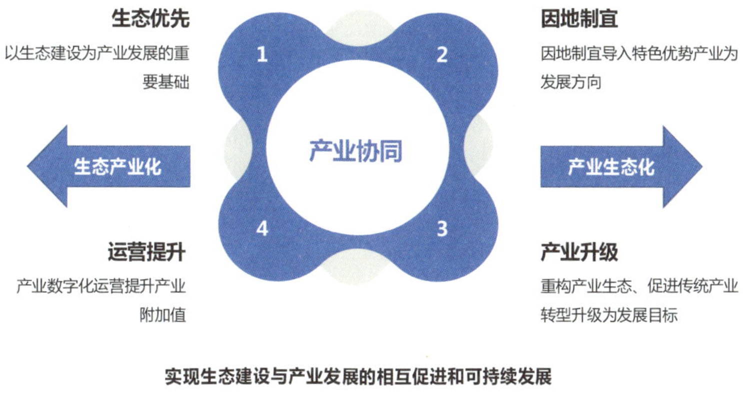

图 5-2　生态建设与产业发展相互协同

第三节　EOD 模式下的产业研究与选择

EOD 模式下的产业选择要契合当地社会经济发展实际，产业项目要与生态环境关联度高，项目收益能力强，并且能够保障产业收益对环境投入的有效反哺。

一、EOD 项目产业遴选原则

（一）坚持生态关联，准确识别生态环境治理关联产业

要充分考虑生态环境治理项目的外部经济性，明确生态环境质量改善后价值提升的外溢流向，确定与之关联的产业开发项目及边界范围。产业开发项目应符合当地社会经济发展实际，选择与生态环境关联度高、经济发展带动力强、项目收益好的项目，如“光伏＋”、生物质能利用等清洁能源项目和生态农业、旅游、健康养生等项目。要结合项目收益水平等指标进行综合测算，合理确定产业开发项目的边界范围、建设内容等。

同时，要分析生态环境治理项目与关联产业开发项目一体化实施的可行性。

从项目区域范围、实施主体、技术路线、成本效益、政策要求、实施周期等方面，统筹分析生态环境治理项目与关联产业开发项目一体化实施的可行性，综合测算项目成本收益，在保障社会资本投资收益的前提下，尽可能实现项目成本收益平衡，减少政府资金投入。在项目层面无法实现成本收益平衡的项目，要明确政府投资规模和资金渠道的可能性。并在各自项目可行的前提下，开展 EOD 项目统筹设计。

（二）坚持环境友好，实现产业发展与生态环境的良性互动

与其他发展模式相比，EOD 模式的首要特征是以生态为导向，最终实现生态与产业发展之间的良性互动。因此，在规划及选择产业时，应该把相关产业发展对良好生态的依赖度、对生态环境的影响这两个因素作为前提条件。一方面，应该优先考虑那些对良好生态有较大依赖的产业，也就是表现出生态依赖型特征的产业。生态友好本来就是这类产业的优势之一，这类产业也会自发地向生态良好的地区集聚。另一方面，应该优先考虑那些能够将生态环境影响降低到可控范围内的高附加值产业，这类产业对低成本要素投入的依赖性相对不大，而且其从业者普遍收入水平较高，对生态环境等配套条件有比较高的要求。总体来看，这类产业主要集中在服务业和先进制造业领域，包括医疗养老、文化创意、娱乐体验、旅游、影视动漫，以及科技研发、节能环保、精密制造、新能源、新材料、人工智能等产业领域。

（三）坚持因地制宜，充分结合区域特色资源和优势产业

要充分挖掘当地资源禀赋、产业基础，导入当地特色优势产业。通过比较“无中生有”和“有中生优”两种产业导入路径可以发现（表 5-1），后者发展路径成功的概率更大，特别是在从中长期的角度来衡量成功概率的前提下。考虑到 EOD 模式的核心目标是实现产业发展与生态良好的互动，进而实现区域的可持续发展，因此提高产业培育发展的成功率很重要，在可能的前提下要充分考虑区域现有优势条件，不能片面强调“高端切入，无中生有”。只有这样，才能在项目发展初期更好地实现早期收获，也才能更好地发挥成本样本的示范作用。

表 5-1 “无中生有”和“有中生优”两大产业导入方式比较

分类	“无中生有”	“有中生优”
概念	直接植入新产业并推动其落地发展	主要是基于现有产业发展路径和要素禀赋基础，充分利用产业间的有机关联实现纵深型、拓展性提升发展
优势	收到成效所需的时间比较短，能够快速推动相关产业发展并实现回报	企业与区域之间的黏性比较高，区域综合开发企业的利益回报机制也比较明确
劣势	由于 EOD 模式下的产业选择主要集中在中高端环节，国内外在吸引这类企业方面的竞争非常激烈，可能需要付出相对较大的代价，而且可能存在区域综合开发企业等参与主体能够多大程度地实现收益共享、这类引进企业能否长期扎根等问题	实现回报可能需要一个相对较长的周期，前期投入资金周转压力比较大，需要与国内外大学、科研院所建立比较紧密的联系，对区域综合开发企业的专业化能力要求也比较高

总体来看，EOD 项目是很难完全复制的，各个地方必须因地制宜，编制符合自己特色情况的实施方案，基于当地生态条件和产业基础，发挥地方特色产业优势，只有这样才能实现生态价值的转换和产业的落地及升级。

（四）坚持“精选优选”，聚焦有限目标和细分行业

对于一个特定区域而言，土地、人才、资金等各种资源要素都是相对有限的，粗放式的产业发展方式并不可取。事实上，能够重点聚焦特定产业或者一些有关联的特定产业环节，其带来的中长期收益就足以支撑该区域的可持续发展。特别是以往由地方政府主导的区域综合开发模式，能够调动整合的资源更是有限，且其对中长期回报的要求更为迫切。所以更要发挥社会资本在产业规划、研究、发展等方面的专业化分工优势，更有针对性地推动产业发展。

二、EOD 模式下的绿色低碳产业体系构建

2021 年 2 月，国务院印发《关于加快建立健全绿色低碳循环发展经济体系的指导意见》，意见中指出建立健全绿色低碳循环发展经济体系，促进经济社会发展全面绿色转型，是解决我国资源环境生态问题的基础之策。在新时代，绿色低碳

循环产业体系的内涵可以概括为以资源节约、环境友好为导向，以绿色技术创新为驱动，以绿色低碳循环的产业体系为核心，统筹推动绿色低碳循环的产业发展、技术创新、产品供给、基础设施建设、市场培育与商业模式创新，在保障经济高质量发展，带来新的增长机遇和就业机会的同时，降低资源消耗、生态破坏、环境污染和气候变化的代价，最终构建起实现经济增长、资源安全、生态环境安全、应对气候变化等多重目标的经济体系。EOD 模式作为以生态环境为导向的开发模式，需要以生态保护和环境治理为基础，以特色产业运营为支撑，产业项目选择理应遵循绿色低碳循环发展的原则。

通过了解第一批 36 个 EOD 模式试点项目的公开信息可以发现，这些项目涉及的产业或事业包括环境整治、大健康、文化旅游、田园综合体、乡村振兴、食品产业、塑料产业、节能环保产业、装备制造服务业和新材料、新能源产业等。我们把以上这些产业发展领域概括为现代农业、绿色制造和低碳服务三大类（图 5-3）。

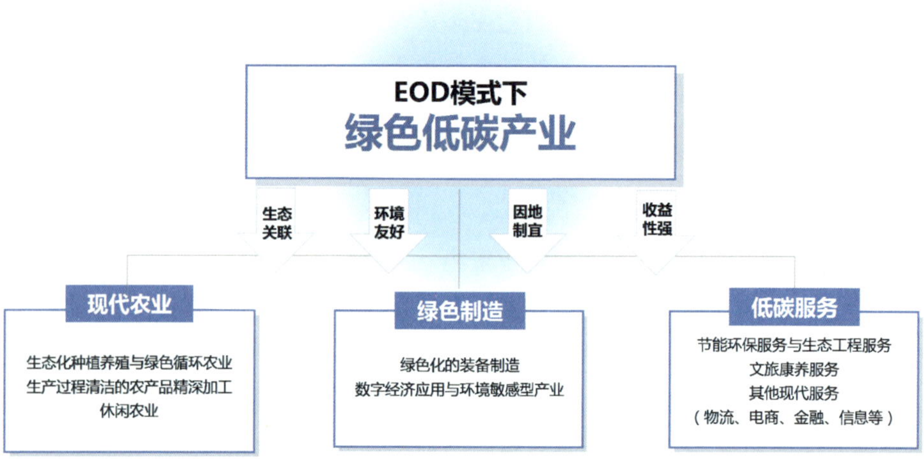

图 5-3 EOD 模式下的绿色低碳产业体系

（一）现代农业

在 EOD 模式下，可以依托自然生态基底，发展生态种植养殖、农产品精深加工、休闲农业等产业业态，延伸绿色农业产业链，实现农村一二三产业融合发展。

①生态种植养殖与绿色循环农业。EOD 模式下的农业类项目，必须保证种植养殖生态化、生产过程清洁化，鼓励发展绿色循环农业。项目实施过程中要科学高效使用化肥、农药、农膜、添加剂等，消除有害物质残留，提高绿色防控的覆盖率；要保证生产过程清洁化，推广旱作农业、节水技术、高效施肥技术、健康养殖技术，推广“种植—养殖—加工”一体化发展模式；要关注在农业生产过程中是否存在污染问题，如生猪养殖过程中的废弃物处理、水产养殖过程中的水质污染、农村环境垃圾等问题。同时，鼓励围绕农业废物综合利用的产业类项目，如农作物秸秆利用、畜禽粪便综合利用等项目。

②生产过程清洁的农产品精深加工。EOD 模式下的农业类项目，鼓励围绕地方特色产品，依托全程质量控制、清洁生产和可追溯体系，生产开发安全优质、营养健康、绿色生态的各类食品及加工品，促进资源循环、高值、梯次利用，延伸农业产业链，提高农产品附加值。

③休闲农业。依托修复后的自然生态系统以及农业景观资源、农业生产条件，融合当地特色文化、民俗风情，发展生态观光、农事参与、农家体验、乡村旅游等休闲农业。创新的休闲农业业态为现代农业带来活力和客流，使特色农业和自然景观进一步为文化休闲旅游产业赋能增色，进而实现生态保护、现代农业和文化休闲旅游产业三者融合发展。

（二）绿色制造

①绿色化的装备制造。包括节能环保装备、工程机械、起重设备、机床、汽车、电子电器等领域的绿色制造。如节能环保制造主要针对生产环节中产生的环境污染问题，重点关注水污染防治、固体废物治理、烟气处理、噪声控制和土壤修复等细分领域，进行设备的研发与制造。EOD 模式下的装备制造强调生产过程绿色化、智能化。一方面，鼓励绿色设计、绿色工艺、绿色供应链在装备制造领域的应用，开展生产过程中能效、水效和污染物排放对标达标，建设绿色示范工厂，实现厂房集约化、原料无害化、生产洁净化、废弃物资源化、能源低碳化。另一方面，关注“互联网+制造”的融合应用，鼓励非标产品模块化设计、标准化制造，推广物联网、机器人、自动化装备和信息化管理软件在生产过程中的应用，提高装备制造业智能制造和数字化管理水平。

②数字经济应用与环境敏感型产业。数字经济应用方面的项目包括大数据中心、互联网平台等建设项目。环境敏感型产业方面的项目包括发展洁净医药、电子信息、电子元器件等产业的集聚区开发项目。其中，在新型电子元器件产业链中，上游原材料主要包括光电子信息材料、半导体材料、磁性材料等；中游新型电子元器件主要包括传感器、片式元器件、光电子器件等；下游应用领域为消费电子、汽车电子、通信等。

（三）低碳服务

①节能环保服务与生态工程服务。包括围绕新能源（如太阳能、生物质能、风能、潮汐能、地热能、氢能等）的开发利用，涉及产业节能化改造、清洁能源应用、绿色金融服务、智慧环保服务等方面的发展方向，其中也包含生态环境修复的工程服务。

②文旅康养服务。依托当地较好的文化资源、自然生态环境以及生态农业发展基础，以“文化+”“生态+”产业发展路径，植入文化创意、文化旅游、体育休闲、健康养生等产业业态。

③其他现代服务。包括支撑绿色低碳工业、绿色低碳农业发展的现代服务业，如物流服务、电子商务服务、检测检验服务、金融服务、信息服务等。

在 EOD 模式项目具体操作中，通常是结合生态治理类项目情况以及地方特色产业基础，将多类型产业项目有机组合，获得产业项目收益，保障项目收益能够平衡项目总体投入。例如，在第一批国家 EOD 模式试点项目中，山东省日照市策划了一批“生态保护型”特色产业项目，试点项目以水源地保护为主线，发展生态农业、生态渔业、生态旅游业等产业，探索一条以生态环境保护促进乡村振兴发展的实施路径；浙江省湘湖片区项目以文化创意、高新技术、生命健康、金融服务等领域的经营性收入及区域财政增量收入实现对生态环境治理、配套设施建设类项目的反哺；辽宁省阜新市将废弃矿区综合治理与汽车文化产业、赛车赛事经济、国防主题教育和国防文旅品牌等项目结合，打造矿坑修复治理与产业融合发展新示范；浙江省遂昌县将培育发展在软件开发、数字服务、生命健康等方面开源共享的数字经济、分时经济、研发经济，全力推动“农创＋文创＋科创”融合发展。

第四节　创新产业育城模式重塑发展动能

EOD 模式为区域产业绿色低碳发展指引了方向，而如何构建区域的新产业、新生态，激发产业的价值创造能力，是 EOD 模式的内在核心议题，也是区域通过 EOD 模式带动产业绿色化转型、实现区域高质量发展、推进新型城镇化建设的主要动力。

在数字经济新时代新格局下，绿色低碳循环的产业生态构建需要新手段、新模式、新路径。泛华集团认为，应立足区域产业基础，搭建数字平台，聚集数据、产业、科技、人才、资本、空间等新要素，创新商业模式，赋能产业数字化转型，实现产业数字化、网络化、智能化转型和生态重构，以集成创新的“产业育城模式”来实现数字化、产业化、农业现代化和新型城镇化的高度融合，驱动区域高质量发展。

一、融合发展，打通“3—1—2”或“3—2—1”绿色产业融合发展路径

产业竞争的实质是产业体系的竞争，没有完整的、协调的产业链，就难以提高产业的附加值。在绿色发展理念下，融合生态农业、绿色制造、低碳服务等产业，推动一二三产业融合发展，延长产业链、提升价值链，是区域产业高质量发展的必由之路。从需求侧出发，破题一二三产业融合发展，各类产品“卖得好”是关键，因此首先解决好市场和渠道问题，驱动科技创新、生态化的种植养殖与生产加工等全产业链整体提升，通过第三产业创新发展带动第一产业专业化、标准化、集约化发展，推动第二产业标准化、清洁化、智能化生产，整体提升产业“微笑曲线”，打通第三产业带动第一产业推动第二产业的“3—1—2”或第三产业带动第二产业推动第一产业的“3—2—1”产业创新发展路径，通过产业体系的反弹琵琶，实现产业融合发展。

二、要素赋能，促进全产业链全要素城乡贯通

“四链”融合[①]的突破点在于产业链与创新链的融合，而产业链与创新链深度融合的关键在于各类创新要素的连接与融合。数字经济时代加速区域经济从规模经济向范围经济的转变，创新要素跨时空连接、产业跨界融合、全要素生产率提升是产业高质量发展的条件；而影响区域可持续发展的要素，在科技、资本、土地、产业、人力、生态、交通等要素基础上，深度叠加了数字技术、文化品牌、产业教育、制度创新等新型要素。通过数字经济与地方特色产业融合发展，强化“数字+产业”与科技、与市场、与资本、与人才、与品牌、与空间等的多边融合，重塑科技孵化器、产业孵化器，重构城市线上线下要素市场、服务市场，从而连通城市与乡村，加速各类创新要素在“中心城市—县城—乡镇—乡村”的“四层”结构之间自由流动，真正赋能城乡区域协同、高质量发展（图 5-4）。

三、产业育城，数字经济驱动构建总部经济、平台经济、结算经济

聚焦地方特色主导产业和特色优势产品，以数字经济为驱动，将产业、数字、人才、科创、资本和空间等创新要素有机融合，集聚导入创新产业要素，提升城市资源要素配置能力，促进新产业、新业态孵化落地，创新一个产业育城模式，重构区域创新发展体系和产业生态系统。依托国家中小企业公共服务示范平台，搭建线上数字化产业生态育城运营平台，线下融合地方绿色低碳产业体系，通过以数字经济为驱动、以创意设计为引领、以科技创新为动能、以产业教育为支撑、以金融创新为全过程赋能，实现虚拟经济与实体经济互融共生，发展总部经济、平台经济、结算经济，重构区域产业新生态（图 5-5）。通过价值链整合产业链、重构供应链，实现产业集群化、集群基地化、基地园区化、园区社区化、社区智能化、数字产业化、产业数字化，为区域经济高质量发展提供持续的动力引擎。

---

① 产业链、创新链、服务链、生态链的深度融合。

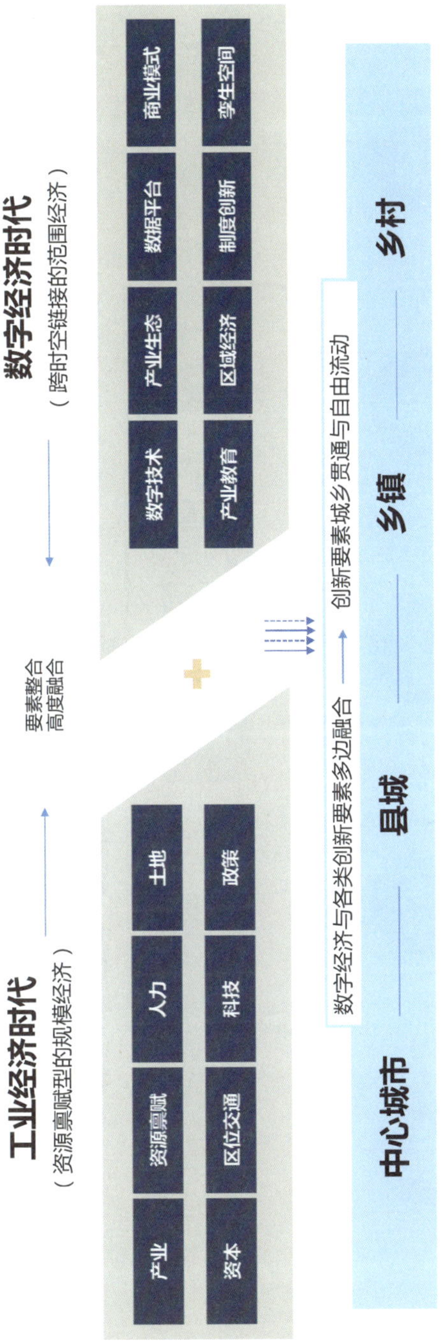

图 5-4　数字经济促进创新要素城乡贯通

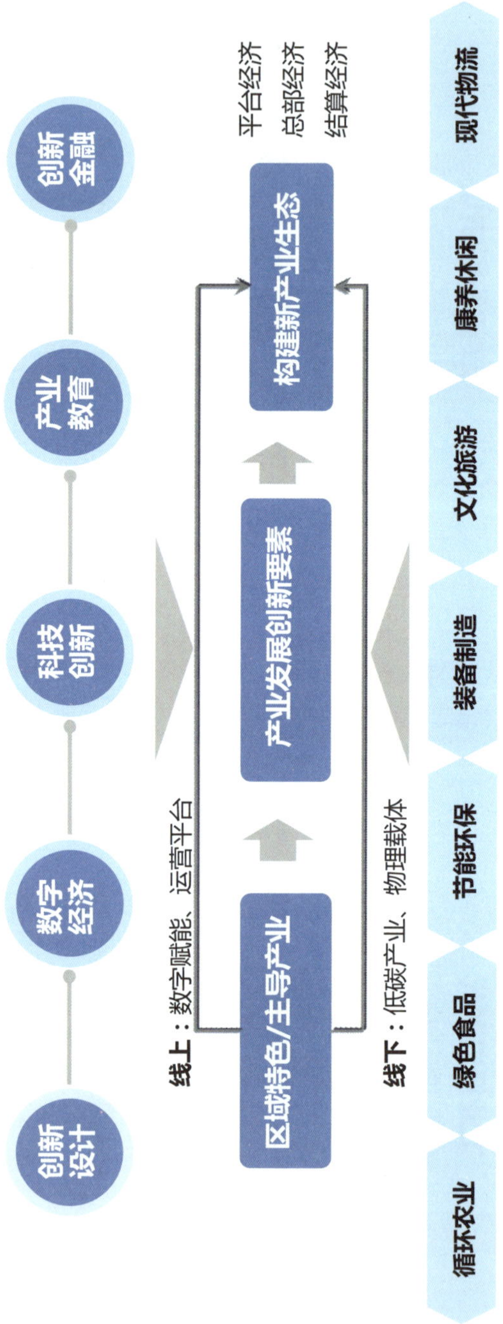

图 5-5 数字经济驱动下的产业育城路径

综上所述，通过构建绿色低碳产业体系，融合数字经济手段，运用产业育城模式促进区域产业融合发展，重构区域产业新生态，打通生态产业化与产业生态化发展路径，实现以 EOD 项目为撬动点，带动片区及更大区域范围产业发展，为区域高质量发展注入持续动能。

第六章

金融助力，EOD 模式下的区域投融资多元化探索

第一节　EOD 模式下的投融资创新实践

一、EOD 模式下投融资创新实践

2020 年 9 月印发的《关于推荐生态环境导向的开发模式试点项目的通知》（环办科财函〔2020〕489 号），强调投融资模式创新，推动建立多元化生态环境治理投融资机制，并给出 6 种投融资模式，包括政府债券、政府投资基金、PPP、组建投资运营公司、开发性金融、环保贷。该通知提出的六大投融资模式，表明生态环境部对用足现有投融资工具的期望。但是，上述六大模式存在一些问题，实际可选选项较少。例如，政府债券发行金额有限，受本地区整体调控影响，通常情况下难以满足某地区生态环境项目或其他项目的总投资金额；政府投资基金、PPP 及组建投资运营公司，这 3 种模式都是针对投资主体的合作形式和项目资本金的充实而言的，如果引入社会资本需要健全投资收益机制，且融资担保能力可能受限；开发性金融、环保贷这两种方式属于银行信贷范畴，目前以国家开发银

行的开发金融为主。

从 2021 年第一批 EOD 模式试点项目的投融资实践结果看，EOD 项目投融资模式创新还处于起步探索阶段，融资以政策信贷支持为主，项目资金筹措的主要来源为财政资金、社会资本、政府专项债、开发金融等，其中国家开发银行的开发金融是目前支持 EOD 项目融资的首要渠道。目前第一批入选的 36 个试点项目，其总投资约 1 398 亿元，拟申请贷款金额约 706 亿元，试点期限为 2021—2023 年。截至 2021 年 12 月，国家开发银行已向 36 个试点项目中的重庆广阳岛、四川遂宁、浙江湘湖等项目承诺贷款 519 亿元，实现发放贷款 121 亿元，且有 10 多个项目仍在推进中。从国家开发银行对 EOD 项目的授信和放贷进展中也可以看出，第一批试点项目中的部分项目可落地性、收益回报机制仍待优化，没有达到授信标准。

二、EOD 模式下投融资创新优化方向

EOD 模式还处于起步探索阶段，第一批试点项目在满足资本金要求的前提下，在投资方面尝试引入社会资本，但大多数仍以政府下设平台公司为单一实施主体，政企合作模式仍有待探索。融资主要来自政府专项债、国家开发银行及中国农业发展银行的授信贷款，目前兴业银行等商业银行也开始探索 EOD 项目金融服务。综合来看，EOD 模式正处于推广初期，在金融服务实践中被采用的次数不是太多，但是该模式是生态环境治理的创新发展方向，未来发展空间很大。目前的投融资选项少，难以满足 EOD 项目资金的需求规模以及融资、建设、运管、退出的长效需求，因此亟须推进投融资模式创新优化。

（一）构建闭环投融资体系

EOD 项目通常是当地政府统筹谋划的重点项目之一，投资金额比较大，对区域经济发展的带动示范作用明显。地方政府想要推动项目落地并实现长效运作，有效驱动区域经济绿色高质量发展，就需要站在战略思维、系统思维、项目思维的高度，根据生态环境治理需求以及区域产业发展重点等要求，统筹梳理谋划，形成区域生态环境导向下的战略定位、产业遴选、空间布局、项目谋划、投融资方案及体制机制创新，绘就高质量发展“全景图”。在“全景图”的引领下，一方

面构建 EOD 子项目包，设计不依赖政府财力、不增加政府隐性负债的项目回报机制，充分考虑生态环境治理项目与关联产业项目的有效融合，将生态环境治理带来的经济价值内部化，建立产业收益补贴生态环境治理项目投入的有效机制，实现项目资金平衡，确保有充足的现金流偿还融资本息。另一方面，在系统方案之投融资方案的引领下，构建“投”“融”“建”“管”“退”的闭环投融资体系。“投”，以战略性及直接性投资为主，具体可通过政府投资基金、PPP 等方式引入股权资本；“融”，可通过开发性金融、绿色金融、产业金融、企业债等渠道融资；“建”，探索创新与专业化工程建设公司的合作模式；“管”，考虑组建投资运营公司、引入专业运营公司等模式；“退”，探索产权转让、资产证券化、重组整合、清理退出等多种方式。

（二）探索多金融业态融合

EOD 项目具有开发建设、绿色环保、产业发展、乡村振兴等多重属性，可探索与开发金融、绿色金融、产业金融、供应链金融及科技金融等多金融业态融合，构建多元投融资渠道。EOD 模式试点阶段，主要以国家开发银行的开发性金融为主，随着 EOD 模式的推广及普及，结合项目属性、资金需求特点，综合运用绿色金融、产业金融、供应链金融等多类金融服务产品，发挥各类融资渠道优势，优化 EOD 项目融资结构，优化控制融资成本和融资风险，为 EOD 项目投资、建设、运营等环节持续赋能。其中，EOD 项目与绿色金融的内涵高度一致，EOD 模式本身就是绿色发展的一种模式，属于绿色投资范畴。因此，EOD 项目融资应加快探索与绿色金融深度结合的方式，此部分将在本章第二节重点分析。此外，在金融工具方面，除银行信贷外，EOD 项目还应积极探索相关债券、基金、保险等方式，进一步拓宽融资渠道。

（三）融资担保机制亟待创新

在 EOD 项目融资过程中，由于实施主体担保能力弱以及缺乏有效、可担保资产等问题的存在，EOD 项目融资规模和进程存在诸多限制。目前国家鼓励社会资本积极参与 EOD 项目投资，但在实际运作过程中，如果贷款主体是社会资本，社会资本的担保能力可能得不到贷款银行的认可。想要突破因素限制，就需要在产权、抵押品等方面进行融资担保机制创新。

鼓励企业和个人依法依规开展水权和林权等使用权抵押、产品订单抵押等绿色信贷业务，探索“生态资产权益抵押项目贷”模式，支持区域内生态环境质量提升及绿色产业发展。鼓励银行机构按照市场化、法治化原则，创新金融产品和服务，加大对 EOD 项目经营开发主体的中长期贷款支持力度，合理降低融资成本，提升金融服务质效。鼓励政府性融资担保机构为符合条件的 EOD 项目经营开发主体提供融资担保服务。

第二节　探索 EOD 模式与绿色金融深度结合

当前，绿色金融已在我国经济发展绿色转型和我国参与国际金融治理方面发挥重要作用，绿色金融政策支持体系已基本完成并不断完善，蓬勃发展。考虑 EOD 项目与绿色金融服务领域的一致性，有必要将 EOD 项目融资嵌入绿色金融，依托绿色金融政策体系，借助绿色金融发展已取得的广泛社会共识，充分应用已开发的绿色金融产品、工具和市场，推动 EOD 模式发展。

一、绿色金融的基本内涵

各国由于发展阶段不一，在绿色金融的概念界定、理论体系建设以及作用机制等方面存在差异，目前国际上尚未形成被广泛采纳的绿色金融定义。尽管国际上对绿色金融概念的认知存在差异，但其核心都是强调金融在改善环境、应对气候变化、保护自然资源、实现可持续发展中的作用。绿色金融也包含服务和引导绿色经济的双重作用。从服务的角度看，绿色金融突出实体经济的主导地位，以实体经济低碳转型为核心，金融机构提供相关的服务和产品，满足实体经济的融资需求，从而推动实体经济低碳转型发展。绿色金融的引导作用，突出其在金融业的主动地位，即引导资金流向促进生态环境保护的领域；引导企业注重绿色环保、提升绿色意识；引导消费者加强自身环保意识，关注绿色消费、绿色投资等领域。

我国在参考国际发展的基础上，不断完善绿色金融理论体系建设，已成为国际绿色金融发展的主要“推动者”之一。国内各大金融机构也从自身的实践出发，提出他们对绿色金融的理解，为绿色金融的定义提供了更丰富的意义。2016 年，中国人民银行等七部委联合印发的《关于构建绿色金融体系的指导意见》给出了绿色金融的定义：为支持环境改善、应对气候变化和资源节约高效利用的经济活动，即对节能环保、清洁能源、绿色基建等领域的项目投融资、项目运营、风险管理等提供的金融服务。我国由此对绿色金融的目的、项目类别、活动范围等都做了明确的界定，同时也成为全球首个由政府推动并发布政策明确支持建设绿色金融体系的国家。

二、绿色金融发展进展

近年来，绿色金融在我国得到了迅速的发展。监管部门不断完善绿色金融顶层设计，深入开展绿色金融改革创新实践，在标准制定、激励机制、产品创新、地方试点和国际合作等领域取得了一系列令人瞩目的成绩。

绿色金融政策框架逐步完善。中国金融改革通过自上而下的顶层设计，使中国成为全球首个建立系统性绿色金融政策框架的国家。在制度建设方面，2016 年 8 月，中国人民银行、财政部、国家发展改革委、环境保护部等七部委联合印发了《关于构建绿色金融体系的指导意见》，确立了中国绿色金融体系建设的顶层架构，从界定标准、信息披露、政策激励、产品创新等角度提出了 35 条具体措施。2019 年，中央各部门出台了近 20 项绿色金融相关政策和规定，规范了绿色金融业务，形成了对绿色金融创新发展的有效激励。绿色金融统计制度逐步完善，绿色信贷、绿色债券等主要统计数据质量明显提高。

在激励政策方面，中国人民银行将符合条件的绿色贷款纳入货币政策操作合格抵押品范围。率先实践金融机构绿色信贷业绩评价制度，有效引导金融机构增加绿色资产配置、强化风险管理，也为货币政策应对气候变化预留了空间。绿色金融债券存续期监管逐步规范，信息不对称状况得到改善。中央和地方政府以担保、贴息、产业基金等多种手段撬动社会资本参与绿色投入。

绿色金融市场和产品创新取得了积极的进展。截至 2020 年年末，我国主要金融机构绿色贷款余额存量规模近 12 亿元，居世界第一；绿色债券存量规模约 1.2 万亿元，居世界第二。绿色金融资产质量整体良好，绿色贷款不良率远低于全国商业银行不良贷款率，绿色债券尚无违约案例。绿色投资和责任投资理念逐渐成为共识，绿色基金、绿色保险、绿色信托等新金融产品及业态不断涌现，环境风险压力测试方法和工具开始得到推广。

绿色金融地方试点取得可复制的经验。自 2017 年 6 月设立绿色金融改革创新试验区以来，我国已设立“六省九地”绿色金融改革创新试验区，为全国绿色金融发展积累了丰富的实践创新经验。截至 2020 年年末，“六省九地”绿色金融改革创新试验区绿色贷款余额 2 368.3 亿元，占全部贷款余额的 15.1%；绿色债券余额 1 350.5 亿元。为加强绿色金融“上下联动”与协同探索，保障试验区建设高质量推进，中国人民银行引导试验区建立绿色金融行业自律机制、绿色金融改革创新试验区联席会议机制，为申请设立试验区的地区提供支持、建立辅导机制。试验区运用金融科技手段建立一体化信息平台，促进银企信息对接及气候与环保信息共享，为政策与市场决策提供信息基础。此外，试验区还建立了绿色金融环境信息跨部门互通共享机制，建立环境失信企业“黑名单”惩罚机制。

我国积极推动和参与绿色金融国际合作。2016—2018 年，在中国、英国等国家的推动下，二十国集团（G20）连续 3 年讨论绿色金融/可持续金融议题，推进国际社会对绿色金融的发展共识。2021 年，G20 重新启动可持续金融研究小组，中方再次担任共同主席，推动编制 G20 可持续金融路线图。2017 年 12 月，由中国人民银行与法国中央银行等 8 家中央银行和监管机构共同发起设立央行与监管机构绿色金融网络（NGFS），在气候对金融稳定的影响、环境风险分析、气候信息披露、绿色金融可得性等方面开展合作研究并形成多项国际共识。2018 年 11 月，中国金融学会绿色金融专业委员会与伦敦金融城绿色金融倡议共同发布《“一带一路”绿色投资原则》，推动全球投资机构在新兴市场开展绿色投资。目前，全球已有来自 14 个国家和地区的 39 家机构签署方，承诺将在“一带一路”相关投融资活动中充分考虑环境因素，加大绿色投资力度。2019 年 10 月，中国参与发起的可持续金融国际平台（IPSF），倡导各成员国开展绿色金融标准趋同等国际合作。此外，中国积极与国际社会分享绿色发展实践经验，如中国机构参与制定了《可持续交易所原则》《负责任银行原则》《中国对外投资环境风险管理倡议》等文件。

三、探索 EOD 模式与绿色金融的深度结合

EOD 适用于废弃矿山修复、农业农村综合开发、城乡供排水一体化、山水林田湖治理等生态环境治理及其关联产业项目，项目范畴与绿色金融服务的节能环保、清洁能源、绿色基建等项目高度重叠。EOD 项目可以在争取获得政府资金支持的情况下，建立深度的银企合作关系，同时积极尝试采用碳排放配额、湿地碳汇等环境权益创新融资工具，并根据项目自身特点借力绿色产业基金，绿色债券，ESG（环境、社会和公司治理）贷款等绿色金融工具，拓宽项目资金来源渠道，降低融资成本，提升项目融资能力和水平。

（一）绿色金融产品的利用与开发

充分用好绿色贷款、绿色债券、合同能源管理、绿色项目损失分担等绿色金融特色产品，用好各级生态保护补偿资金、跨区域生态补偿资金等，实现项目收支自平衡。拥有环境权益的项目主体可以考虑将收益作为还款来源，或作为抵押担保措施，如林权、水权、绿证的价值开发。

特别需要关注碳资产价值。由于碳达峰、碳中和目标细化落地，以及 2021 年 7 月全国碳市场第一个履约周期正式启动，未来碳资产升值收益及碳资产质押贷款等将有较大的发展空间。此外，在光伏发电、风力发电、抽水蓄能电站等有显著碳减排效益的领域，可开发绿色金融专属产品，延伸太阳能建筑一体化、农光互补、渔光互补、其他分布式能源多能互补等功能，配套环境提升设施，提高综合收益。

（二）明确绿色项目融资的合规界限

首先，对于废弃矿山修复项目，土地价值及其实现路径是项目开发的重点。项目主体需考虑将修复后原址土地或周边土地通过协议转让的资金作为还款来源，而土地出让收入作为还款来源存在一定的合规界限，2022 年 3 月生态环境部印发的《生态环保金融支持项目库入库指南（试行）》已明确规定不以土地出让收益作为 EOD 项目收益。目前，国家层面正在试行对城市建设中的老城区品质提升等公益类项目和可开发经营性用地进行打包开发，通过组合方式实现项目收支综合平衡。若这一模式能取得较好效果，就

具备了推广到生态环境领域的条件。

其次，对于重点流域治理项目，在明确市场化砂石开采和公益化流域治理间关联关系的情况下，项目还款来源可认定为主要依赖包内相关项目收入。

（三）加大绿色金融专项考核与激励

EOD 模式主要针对外部性较强的、具有公益属性的项目，其良好的生态效益、对周边产业的带动作用通常需要一定时间才能体现，因此离不开政策上的考核和激励支持。

具体而言，第一，对满足条件的绿色主体，特别是小微、“三农”与民营企业，建议可优先给予再贷款或再贴现资金支持；第二，地方政府给予试点项目税收优惠或利息补贴；第三，商业银行可考虑优先介入示范效应明显的 EOD 模式绿色项目，并提供优惠资金支持。

（四）建立 EOD 模式绿色项目库

2021 年 4 月，生态环境部办公厅、国家发展改革委办公厅和国家开发银行办公室联合印发《关于同意开展生态环境导向的开发（EOD）模式试点的通知》，集中梳理天津、河北、内蒙古等 20 个省（自治区、直辖市）的 36 个典型试点项目，主要涉及流域治理、生态农业、矿山修复、沙漠治理、“无废城市”等。

在绿色金融改革创新试验区或其他有条件的区域，也可由政府牵头建立地方 EOD 模式绿色项目库，完善绩效评估与环境评价，培育并推广“生态+产业”案例。此类项目建设规模大、涉及产业种类丰富，因此项目资金需求通常金额较大、期限较长、方案较复杂。需要政府部门、产业园区、企业、银行等各方的合作，形成良好的沟通机制，共同推动项目高质量开展。

（五）建立健全绿色金融体系

为解决 EOD 项目的资金筹措和风险问题，地方政府需要建立健全绿色金融体系，完善金融、财政、环保等政策和相关法律法规的配套支持，并通过建立适当的激励和约束机制解决项目环境外部性内部化的问题。同时，也需要金融机构和金融市场加大创新力度，推动绿色信贷、绿色债券、绿色基金等多元化生态项目的融资渠道和方式，并通过创新绿色金融产品及服务解决生态修复项目所面临的期限错配、信息不对称、产品和分析工具缺失等问题。在回报层面，也需要完善市场化、多元化生态补偿机制，拓展社会资本生态产品价值实现的路径和方法，提升社会资本参与的积极性。例如，通过建立生态权益交易市场，助力参与生态保护修复项目的社会资本，将可开发利用的生态环境资源以一定形式提供给市场，同时市场为具有正外部性的生态权益定价，社会资本通过参与权益市场交易将生态价值变现，获得收益。

第三节　构架区域投融资体系，助力高质量发展

区域投融资体系与区域投融资的概念与内涵不同，前者包含了后者，侧重于系统视角和平衡；后者是前者的重要组成部分，侧重于具体的投融资行为。EOD模式涉及生态环境、产业结构、基础设施、区域布局等区域经济发展的多个方面，是一项复杂的系统工程，需要以系统、全局、制度创新的视角关注区域金融生态圈的环境建设，而不是仅局限于投融资行为本身，因此需要系统构架区域投融资体系，推动 EOD 项目落地实施，全面带动区域绿色高质量发展。投融资体系的构建以系统规划为引领、平台公司或企业为载体、项目谋划为核心，分三步实施。第一步，总体制定区域系统规划，统筹区域发展投融资；第二步，政府平台公司或企业通过资产重组等模式提升融资信用评级，为承载统筹 EOD 项目、提供多元融资渠道奠定基础；第三步，以重点项目为抓手，生态类项目与产业类项目适度搭配，构建 EOD 子项目包，实施主体牵头对接多元化渠道资金。

一、系统规划，统筹区域发展投融资

EOD 模式投融资问题从表面上看是资金供需战术层面的问题，但是 EOD 模式投融资破题研究更需要从战略体系的层面着手（图 6-1）。在 EOD 模式下，区域投融资体系创新的目的在于增强区域“造血”功能，而非简单的“输血”；在于站在区域发展系统角度，统筹考虑生态环境治理与产业经济发展充分融合的投融资创新、完善，而非仅仅是单体项目层面的投融资可行性研究；在于实施运营体

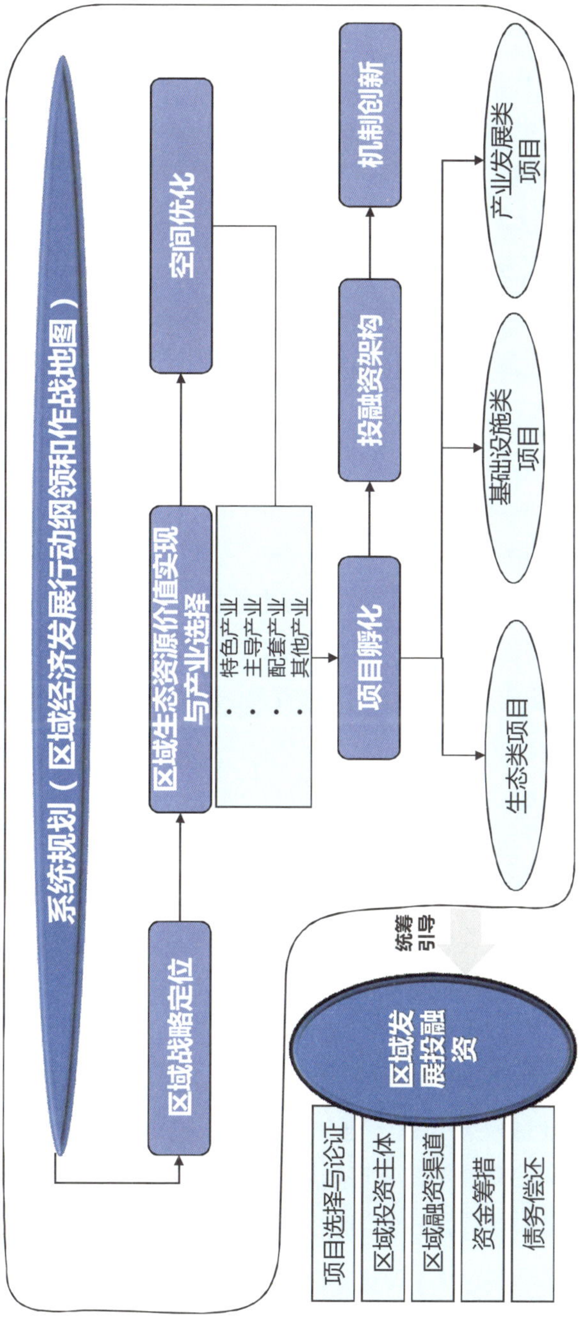

图 6-1　EOD 模式下区域发展战略体系

系下公共财政和市场机制的有效分工互补；在于开发金融、绿色金融及其他商业金融的共生，而非纯公共财政的单极化运作。

因此，EOD 模式下的区域投融资体系创新不是单纯的金融工具创新，也不仅仅要重视融资渠道和模式，而是应该更注重 EOD 模式下的生态资源整合、生态环境治理与产业经济发展的融合发展创新、实施路径创新、体制机制创新等，注重从金融生态圈的系统角度研究区域信用的打造、区域生态资源的价值实现，实现资源变资产，资产变资本。

EOD 模式下的区域投融资体系构建要解决区域的战略运营问题，必须是顶层设计、项目策划和金融的结合；通过系统规划为区域投融资提供了发展边界、方向，并对资源配置提供了技术支持和政策引领；通过系统规划实现以经济为主线的战略、资源、产业、项目、空间等因素的系统集成，注重以区域金融生态圈为中心的机制建设和重要节点项目的资金通路设计，是系统规划的集成输出端，是对投融资体系的实操性方向指导。

通过系统规划为区域投融资提供强有力的技术支持，包括区域发展定位、空间资源配置、项目策划和投融资结构安排等因素，区域投融资是以金融为主线来响应、变现区域系统规划的成果，两个层次互联互动，推动 EOD 模式下的项目建设与运营。

二、平台打造，拓展多元融资渠道

平台公司指由地方政府及其部门和机构等通过财政拨款或注入土地、股权等资产设立，承担政府投资项目融资功能，并拥有独立法人资格的经济实体。EOD 项目通常是地方统筹谋划的重点项目，一般由平台公司牵头统筹项目运作实施，为有效承载 EOD 项目，区域内平台公司需要在系统整合研究系统规划体系的基础上，对融资能力和业务运作能力进行系统提升，完善投融资组织管理体系，优化资产负债结构和业务经营体系，强化信用体系建设与现金流管理，优化股权结构，注重资源整合，提升平台公司融资信用评级，综合运用多种金融工具，改变单一的财政投入和银行贷款资金渠道，为承载 EOD 项目提供良好的融资和项目运作基础（图 6-2）。

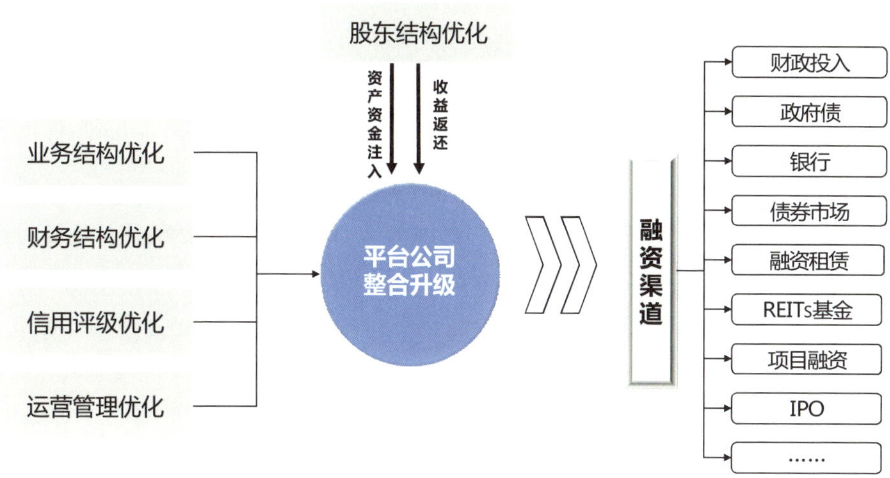

图 6-2 平台公司融资渠道构建体系

注：REITs 为不动产投资信托基金；IPO 为首次公开募股

对平台的打造与升级，要有长远的战略眼光，需考虑到平台公司的业务指向，不仅局限于基础设施建设，也不局限于 EOD 项目建设与运营，需要考虑使平台公司成为区域战略产业发展初期的开发引导者和具有孵化示范带动效应的重要战略类产业创投者，平台公司可成立针对基础设施项目的项目公司、针对 EOD 项目的项目公司和针对产业项目的投资公司，通过市场化经营机制，将资源转化为经营性资产，将资产转化为强大的资本，将资本证券化，最终实现资源与资金的良性循环，全面支持区域经济高质量发展。

三、项目谋划，对接多元化渠道资金

在系统规划的基础上，在项目实施主体明确的前提下，围绕区域生态修复治理以及产业发展方向，推动收益性差的生态环境治理项目与收益性较好的关联产业"肥瘦搭配"，包装策划生态环境导向下的生态保护项目、环境治理项目、产业发展项目以及相关基础设施建设项目等，遴选符合 EOD 模式及区域发展的若干重点项目。明确项目建设内容，合理安排项目开发建设计划，科学设计项目商业模式及项目回报机制，统筹考虑产业类项目和生态类项目的资金平衡问题，明确EOD 项目包投入资金的资金来源及现金流出计划，项目收益及现金流入测算，确保项目包总现金流入能够覆盖现金流出。

在满足项目包整体资金平衡的前提下，形成体系化实施方案，按照国家相关部委标准要求，积极推动项目申报入库，同时对接乡村振兴、城市更新、“双碳”目标等各领域专项财政资金补贴。在项目实施主体的统筹下，拓宽信贷、债券、基金等融资渠道，创新投融资模式，综合运用开发金融、绿色金融、产业金融、科技金融、供应链金融等多元渠道资金，以保障 EOD 模式下的项目实施落地（图 6-3）。

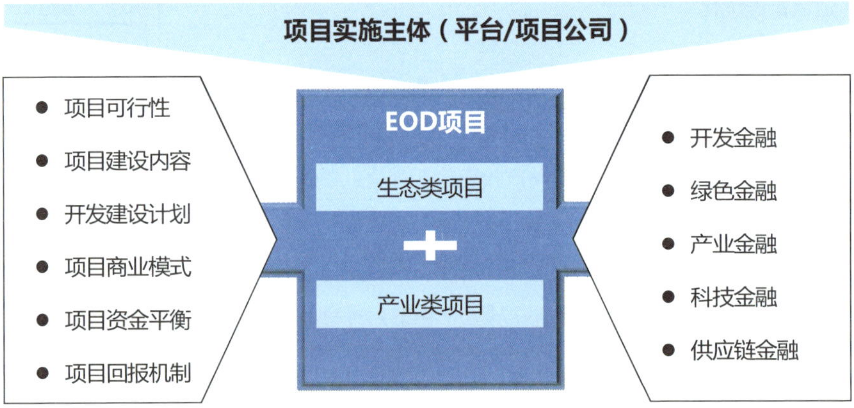

图 6-3　项目渠道资金对接内容体系

第七章

数字赋能，全面驱动区域高质量发展

EOD 模式下的区域高质量发展，目标是实现“城经济”和“市经济”的动态平衡，应充分利用数字经济手段，构建“港产城人”融合的发展新生态，以全要素智慧城市理念指引区域土地、基础设施、城市无形资产等要素的综合运营，实现区域绿色化、生态化、智慧化高质量发展。

第一节　EOD 模式下的区域开发与运营目标

区域的可持续发展关键在于“城经济”和“市经济”的有机融合和动态平衡。在当前生态文明和数字经济的背景下，EOD 模式下的区域开发与运营应该特别强调生态资源、基础设施与绿色空间载体的有机链接与融合，即发展“城经济”；应关注区域产业发展动能重构的问题，围绕地方优势、资源禀赋，导入创新要素，形成数字产业新生态，即发展“市经济”。通过实现“城经济”和“市经济”的动态平衡，构建“港产城人”融合的发展新生态，实现“绿水青山”变“金山银山”的创新实践，促进新型城镇化高质量发展。

一、打造绿色化智能化的“城经济”

“城经济”作为城市发展的空间载体，应该以生态为导向，重塑区域生态基底，营造良好的生态环境，投入生态化和数字化融合的新型基础设施，最终形成构建绿色生态的空间载体。

①重构生态基底和生态系统。实施土壤修复治理、矿山修复、土地整理利用等生态治理，并结合生物群落学、自然地理系统、生态功能、环境艺术等生态学领域，构建一个区域的生态系统、生态网络、生态基础设施和区域生态格局。为区域发展创造良好的生态基底，带动区域价值提升。

②建设生态化、数字化的基础设施。围绕数字城市建设重点价值单元，特别是其中的区域能源、水生态体系、市政环卫系统、数字岩土等公共基础设施领域，集成不同数字技术对物理基础设施进行描述、诊断、预测、决策，构建一个数字科技生态基础设施体系，促进多种数字技术与传统基础设施的协同。打造数字“孪生空间”和场景载体高度融合、智能互动的基础设施支撑体系。

③城市全过程、全域境的空间生态营造。生态理念融入城市规划、建设、更新和管理的全生命周期，每个过程都以减少碳排放为目的，减少大拆大建，实现有机更新。同时，打造绿色智慧建筑、智慧低碳社区和数字园区等不同维度的生态空间聚落，促进可再生能源利用、水资源循环，微气候营造，生态空间构建。

二、构筑生态化数字化的“市经济”

“市经济”旨在围绕地方的资源禀赋，通过新产业、新业态和新模式，培育城市发展动能。要以数字经济为“加速器”，把信息流、资金流、人才流、物流有机结合，集聚形成“城市数字港”，打造平台经济、结算经济和总部经济，并推进企业“上云、用数、赋智”行动，加快数字产业化和产业数字化，构建城市产业数字生态。

①构建产业生态经济体系，形成区域发展动能。围绕地方的资源禀赋，尤其是绿色生态资源等，打造产业优势、经济优势，通过积极导入和孵化相关联的产业项目，发展生态农业、生态工业、生态旅游等生态经济，构建产业生态体系，形成地方发展动能。

②打造城市产业互联网承载消费互联网的新动能空间。围绕地方产业动能，以数字经济为动力和加速器，导入数字技术、创意设计、职业教育、科技创新、

供应链金融等创新要素，促进产业数字化转型升级，形成跨越物理边界的“虚拟产业园”和“虚拟产业集群”，形成产业数据湖，通过集聚“创新产品+场景消费+科创能量”的城市数字港，打造城市产业互联网承载消费互联网的新动能空间，实现“市经济”的数据赋能、产业赋能和金融创新赋能。

图 7-1 为 EOD 模式下的“城经济”与“市经济”示意。

第二节　全过程：以全要素智慧城市理念统领区域开发运营全生命周期

数字经济背景下的城市开发与运营是以数字基建为底座、数字平台为支撑，向城市发展全过程、全要素和全场景渗透的一场智慧城市变革，是城市的数字化和数字化的城市的有机结合，是“城经济”与“市经济”的有机结合。因此，EOD 模式下的区域开发与运营，要以全要素智慧城市理念为统领，使城市规划、城市建设、城市管理、城市产业运营等各个方面、各个环节实现智慧化、数字化（图 7-2）。

一、城市智慧规划

通过可视化的规划一张图辅助模型系统，实现多种规划协同编制、跨部门数据实时共享，真正实现“多规合一”。对城市和园区的土地资源、生态资源、空间利用进行智能匹配分析，让城市发展更集约。通过对水文地理、气候环境、建设项目、市政工程等城市数据进行集成计算，实现针对城市发展、市政、交通、公共服务等关键决策领域的智能动态规划。协助城市管理者更直观与全面地对比城市设计方案，更好地做出城市规划决策。服务于城市规划、建设、运营全生命周期，为城市综合指挥中心、各部门提供一张“在线蓝图”，为后续城市建设提供支持。

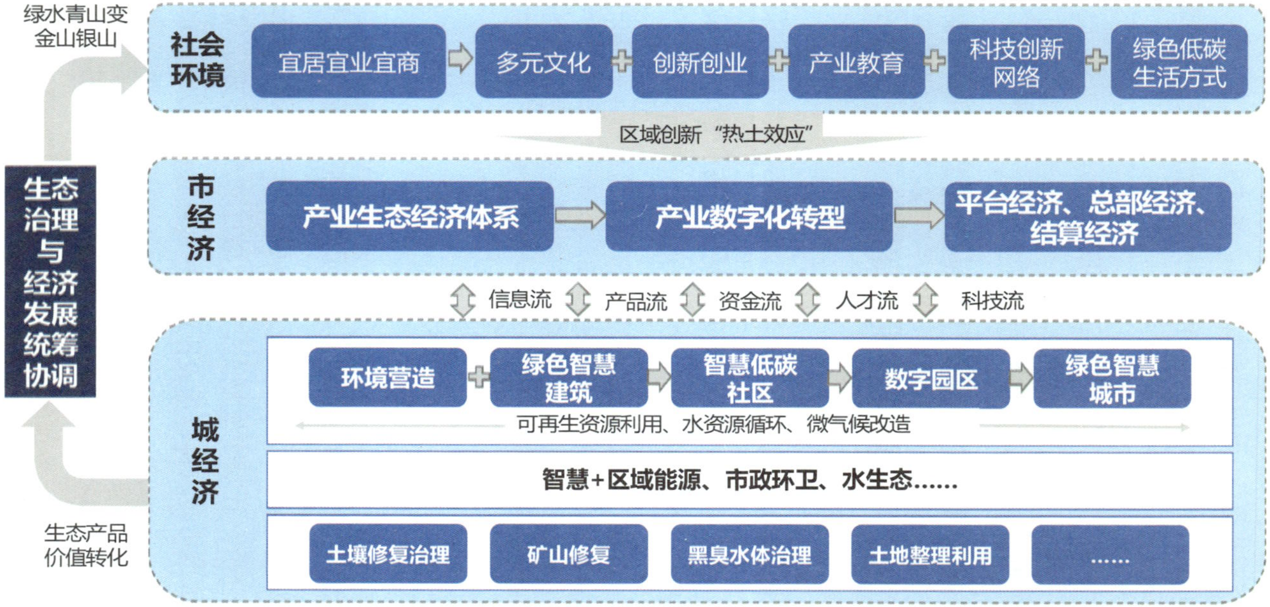

图 7-1　EOD 模式下的“城经济”与“市经济”

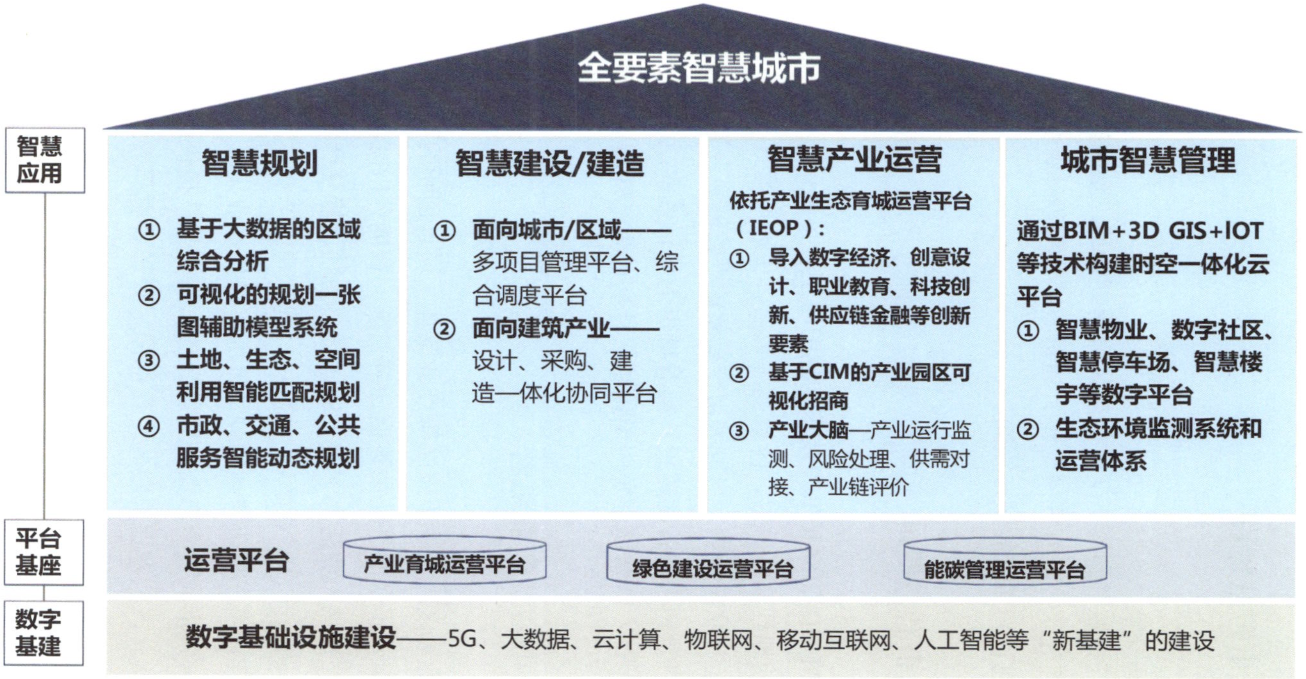

图 7-2 全要素智慧城市内涵

二、城市智慧建设

通过搭建区域维度的多项目管理平台，实现对重大建设工程项目从设计图纸审查、建造过程监督到竣工交付的全生命周期管理，全面提升城市的工程项目管理质量。搭建建筑产业互联网平台，通过数字协同设计、集中采购、智慧施工和智慧运维，建设高质量的城市空间。

三、城市智慧管理

通过 BIM+3D GIS+IOT 等技术构建的时空一体化云平台，叠加、集成和融合城市和园区的地理信息数据、区域能源数据、生态环境数据及水、电、交通、综合管廊设施运行状况数据，形成城市全要素的“数据中台”，赋能智慧交通、智慧能源、智慧应急和智慧管廊建设，提升城市的运行效率；创新智慧物业、数字社区、智慧停车场、智慧楼宇等应用场景，使居民生活环境更加现代化、智能化。

四、城市智慧产业运营

针对产业园区、产业集聚区等产业载体，通过创新的产业育城路径，依托产业生态育城运营平台的产业大数据分析系统，智能分析区域的经济竞争力、产业发展潜力，并提供产业链上下游企业图谱，为辅助修复产业体系、协调连接产业链“断点”、疏通连贯产业循环“堵点”、建立新的产业体系提供辅助支撑；搭建线上产业运营体系，打造跨越物理边界的“虚拟产业集群”和“虚拟产业园区”；打造产业大脑，形成“一产业一大脑”的发展格局，提供产业运行监测、风险处置、供需对接、产业链评价服务，帮助园区管理者更高效地管理和运营园区。最终，构建产业链上中下游的大中小企业为代表的产业生态，与以“政产学研金介用”为代表的创新生态实现协同演进与闭环发展，通过平台经济、结算经济实现要素在本区域的变现，进而推动城市产业高质量发展。

第三节　多维度：数字经济融入重点领域开发运营

数字经济的深入推进，尤其是国家大力推行新基建重大战略部署，数字化将重新定义城市的产业和空间形态，这给城市发展带来新的变革和机遇。5G、大数据、云计算、区块链、人工智能、物联网等新一代信息技术迅猛发展，给城市发展带来巨大机遇的同时，也对城市智慧运营管理提出了新的要求。在这种背景下，数字化正在向城市发展的全过程、全要素和全场景渗透，数字化将使城市里的人、事、物和空间、生态等全要素实现在线化网络化连接，并触发一系列的数字应用场景创新，城市运营管理从市政管理、能源管理、园区运营、政府治理、社区服务等方方面面都将发生颠覆性的变革。

一、区域土地开发与运营

土地是 EOD 模式下区域开发与运营最基本的要素，是绿色发展过程中各种资源配置的载体，也是最重要的基础资产。土地经营的质量直接关系到 EOD 模式城市经营的效果，城市土地经营在城市经营中处于决定性地位。要在国家土地所有权的前提下，针对土地使用权和土地的其他用益物权进行市场化经营运作，综合发挥政府宏观管理与企业市场经营的优势，取长补短，实现 EOD 模式下土地的合理配置和综合效益最大化。无论是公共服务设施用地、居住用地、商业用地、工业用地，还是城市绿地系统，EOD 模式的土地开发应遵循“生态优先、因地制宜、人地和谐、均衡分布”的原则，凸显土地开发市场化、土地利用生态化、用地结构合理化、资源配置高效化。

从 EOD 项目的实施上可以发现，项目公司需要对 EOD 项目所属区域进行土地整理并进行成片开发。在我国，土地开发可以分为一级开发与二级开发两类。在 EOD 项目中，主要表现为土地一级开发。土地一级开发，是指通过对“生地”进行整理、投资与开发，从而成为“熟地”，最终实现土地出让的过程。在土地一级开发过程中，水域、岸线、景区、农田、荒地、集体土地、矿区、清退工厂、保留片区 9 类用地普遍存在生态破坏、环境污染、低效利用等突出问题。通过生态治理修复、资源盘活等多种方式实现土地整理，灵活运用占补平衡、增减挂钩、集体土地流转、低效盘活等方式，实现土地指标平衡，保障后期收益平衡（图 7-3）。以废弃矿山修复为例，整理出的土地运用城乡建设用地增减挂钩、土地复垦等政策，通过耕地占补平衡延伸土地价值；另外，矿山修复后的土地可用于建设农业基地、主题公园、特色产业园等，拓展了经济效益。

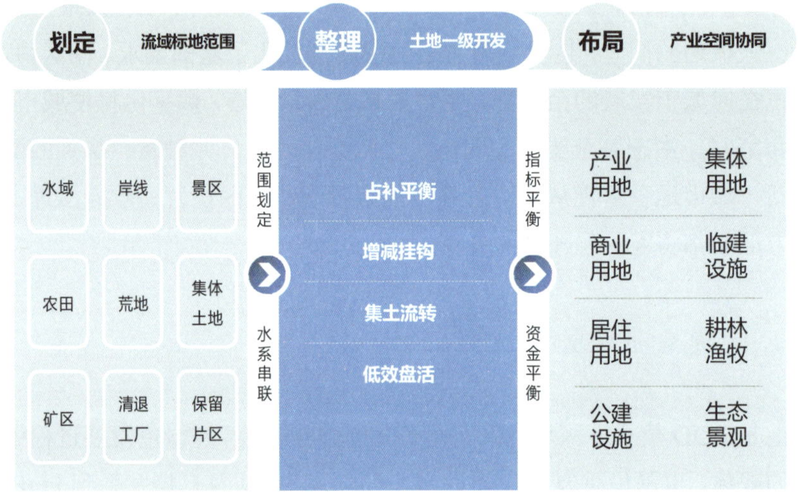

图 7-3　EOD 模式下的土地开发与利用方式

经济效益只是土地利用效益的一个方面，EOD 模式并不依靠出售土地来获取短期经济效益，而是从区域长远发展的角度出发，合理地利用土地资源，以出让、租赁等市场化经营方式获取长期效益，尤其是一些既有利于区域经济发展，又有利于环境改善的土地建设项目，更应该让其发挥优势。

二、基础设施开发与运营

基础设施是经济社会发展的基石，基础设施建设具有战略性、基础性和先导性。城市基础设施是保障城市运行的重要基础，是城市经济和社会各项事业发展的支撑要素。在数字经济背景下，要关注新型基础设施建设，如 5G、人工智能、工业互联网、物联网等，同时要以“新基建”促进“新城建”，建设数字化、网络化、智能化新型城市基础设施，实现城市数字化治理和城市运行效率提升。

（一）“新基建”的建设与运营

加速布局新型基础设施建设，正成为中国实现多种战略目标的关键之举。自2020年以来，中共中央政治局常务委员会会议多次强调，加快推进国家规划已明确的重大工程和基础设施建设，加快5G网络、数据中心等新型基础设施建设进度。

区别于以铁路、公路、机场、港口、水利设施等为代表的传统基建，“新基建”更强调科技与基建的融合，主要包括5G基建、特高压、城际高速铁路和城际轨道交通、新能源汽车充电桩、大数据中心、人工智能、工业互联网七大领域。由于具有更丰富的建设内涵和影响方式，“新基建”表现出三大新特征。

①新的建设载体。传统基建主要以钢筋、水泥、混凝土等为主要载体，“新基建”则以信息化数字技术为载体，通过5G、大数据中心、人工智能、工业互联网等核心技术的应用，聚焦高质量发展“卡脖子”领域的关键技术突破，构建制造产业智能化、城市建设智慧化、社会治理信息化的数字基础，打造自然、经济、社会融合发展的云平台。

②新的传导路径。传统基建在完善交通基础设施、打造立体交通走廊的同时，也连带催生了以房地产为代表的土地经济发展。“新基建”则旨在借助高新技术打通上下游产业，直接联动产业链的供给和需求，进而催生相关联的战略性新兴产业，促进现代服务业的蓬勃发展。

③新的运营模式。从产品属性上看，传统基建项目大多数具有公共产品属性，具有外部性强、投资金额大、投资风险高等特点，政府部门必然成为主要的投资、建设主体，但“新基建”更强调科学技术突破和产业转型升级，必须借力企业主体。因此，有别于前者以政府投资为主的固有运营模式，“新基建”投资建设主体更加多元化和社会化。例如，5G基站建设资金主要来源于三大运营商，特高压建设资金主要来源于国家电网。

新时代，“新基建”既是数字经济的基础保障，也是转型升级的重要支撑。地方应该如何统筹发展好“新基建”？

首先，要差异化布局。地方要立足不同地区要素禀赋和产业特色差异，统筹协调“新基建”在重点地区和重点产业领域的区域性布局。其次，要协同化应用。要完善标准体系，推动“新基建”跨行业、跨区域、跨部门的协同应用。最后，要市场化运营。通过创新运营模式，探索政企联动的多元市场作用机制。理顺政府与市场在“新基建”投资、建设、运营中的关系，在确保基础公共需求设施建设稳定和安全的基础上，突出企业科技创新的主体性和竞争性，通过公共政策引导、准入门槛降低、营商环境改善等方式鼓励民间资本进入。

（二）对接“新基建”发展“新城建”

我国已经进入城镇化较快发展的中后期，城市发展由大规模增量建设转为存量提质改造和增量结构调整并重，从“有没有”转向“好不好”。在许多城市，内涝还时有发生，出行难、停车难困扰着人们，老旧小区广大居民期待有更加舒适便捷的生活环境……城市基础设施和公共服务设施的供给有待进行质的提升。

城市建设正在紧跟信息技术飞速发展步伐。同时“新基建”也为推进数字化、网络化、智能化新型城市基础设施建设提供了强有力的技术支撑。2020 年，住房和城乡建设部联合中共中央网络安全和信息化委员会办公室等六部门印发了《关于加快推进新型城市基础设施建设的指导意见》（建改发〔2020〕73 号），首次提出“新城建”概念，并连续两年共设 21 个试点市（区）。“新城建”是基于数字化、网络化、智能化的新型城市基础设施建设。“新城建”为传统的建设模式赋予数字化、智能化等新技术，推动城市建设模式更加绿色、低碳、智能、科学，也推动新的建设产业模式发展壮大。“新城建”关注城市安全、社区建设、市政服务等民生领域，助力提高城市治理水平，是推动城市高质量发展的重要途径，已成为推动城市治理体系和治理能力现代化的必由之路。

结合“新城建”的“七大任务”（图 7-4），要结合各个区域（城市）的发展实际和基础，重点聚焦以下 3 个方面，“勾勒”城市发展智慧蓝图。

①建设城市信息模型（CIM）底座平台。CIM 以地理信息系统（GIS）、建筑信息模型（BIM）、物联网（IOT）等技术为基础，整合城市多维度多尺度信息模型和城市感知数据，构建三维数字空间的城市信息有机综合体。以 CIM 平台为依托，进行城市体检，通过对市政基础设施进行三维全息建模、打造全连接的城市数字化基础设施管理平台等方式，大幅度提升城市管理能力。同时，对城市主要

的建筑、道路、园区、给排水设施等实现物联网设备和网络覆盖，在建设之初便将物联网实时动态数据与 CIM 数据结合，从而实现后期一站式智能化运营。

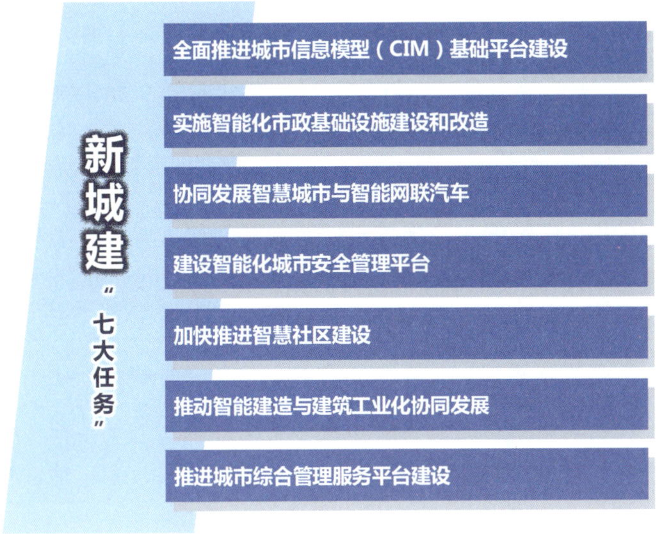

图 7-4　“新城建”重点任务

②开展智能化、绿色化市政基础设施建设和改造。对城市的燃气、给水、排水等地下管网和综合管廊、桥梁等市政设施进行改造升级，并借助智能化手段进行实时监测与智能分析，及时发现问题，事前预测风险，防患于未然。在城市环境监测方面，通过生态环境监测系统，有效建立城市环境监测网络和水环境预警监测体系，实时监测城市水环境的水质、水量、雨污水输送和园区的细颗粒物（$PM_{2.5}$）、噪声等环境参数，为市民创造绿色、生态和宜居的产业新城生态环境。在城市应急管理方面，以应急管理需求点为牵引，对周边监控、人员、事件快速调度与指挥，建立能够实现事件触发多维响应、协同联动的应急管理业务闭环。

③提高公共服务设施与配套设施智能化服务水平。运用智能化技术与教育类、文化类、智慧医疗类、体育和社区服务类等公共服务类基础设施结合，提高城市公共服务的智慧化、便利化。同时，进一步完善智能停车、智能快递柜、智能充电桩、智慧停车、智能健身、智能灯杆、智能垃圾箱等公共配套设施，提升智能化服务水平。

专栏 7-1 各省市“新城建”实践经验

各省市以“新城建”对接“新基建”，形成了一系列可复制、可推广的经验，城市建设现代化水平和运行效率大大提升，推动城市管理智慧化全面升级并初见成效。2022 年，多地政府将“新城建”写入工作报告，加快推进基础设施智能升级，深化新型智慧城市建设。

广州：建设智慧城市数据中台

2020 年 10 月，广州纳入全国首批“新城建”试点城市，率先印发了《关于加快推进广州市新型城市基础设施建设的实施方案》。2022 年，广州将“新城建”写入政府工作报告，对未来的城市规划、建设和管理提出了新方向与新思路。根据工作报告，广州将推进国际信息枢纽建设，实施“新城建”试点，建设智慧城市数据中台，打造城市级数据中心。完善城市信息模型平台功能，建设全市统一的物联感知平台。增强“穗智管”中枢功能，完善“人、企、地、物、政”五张全景图，开展数据赋能基层治理试点。

烟台：初步实现“一网统管”

2021 年 5 月 11 日，烟台启动“新城建”试点申请工作。2021 年 7 月 31 日，住房和城乡建设部办公厅印发《关于开展新型城市基础设施建设试点工作的函》（建办改发函〔2021〕308 号），正式批复同意烟台市作为全国第二批 5 个试点城市之一开展“新城建”试点工作。

2022 年 1 月 23 日，烟台市人民政府办公室印发了《烟台市新型城市基础设施建设试点实施方案和三年行动计划》，提出至 2023 年年底，烟台将建成一批具有良好示范效应的“新城建”工程项目，提升城市基础设施智能化水平，着力推进城市建设、运行、管理智能化建设，打造一个城市数字底座“城市信息模型 CIM 基础平台”，初步实现城市运行管理“一网统管”。

沈阳：更注重“微更新”“微循环”

2022 年 1 月 18 日，沈阳市城乡建设局召开专项行动工作会议，提出结合“新城建”等建设理念，对照国家中心城市的定位，围绕城市管网、重大水利工程、能源保障、城乡基础设施等专项债投放领域，抓紧谋划包装项目，规模至少达到 1 000 亿元。2022 年，沈阳城市建设计划共安排了全面推进城市更新、建设现代化都市圈、提升四个品质等六方面 442 项工程，实现城建投资增幅 30%以上。与过去不同，今年沈阳城市更新行动更注重“微更新”“微循环”，渐进式、小规模推进城市更新达到新水平。其中，针对城市体检发现的“城市病”，沈阳将进一步落实 167 个城市更新项目。

同时，沈阳今年还将加快补齐农村基础设施短板，推进 1 450 km 村内道路的新改建维修，配套实施 379 km 排水边沟工程建设，安装路灯 2 万盏以上，至少实现 270 个行政村的主要道路、重点场所亮化全覆盖。

南京：2022 年迎来城建“大爆发”

2022 年 1 月 18 日，南京市委、市政府召开全市城建城管工作会议。会上发布《2022 年南京市城乡建设计划》《南京市建设管理精细化城市品质再提升三年行动计划（2021—2023 年）》。据统计，2022 年南京将迎来一批城建“大爆发”，涉及教育、交通、商业、地标以及产业等多个方面。2022 年，南京城建列出 485 项计划项目，年度计划实施 399 项、投资 771.9 亿元。其中，将加快推进宁芜铁路扩能改造，开建扬镇宁马铁路和南京北站配套工程；建成宁天线南延，持续推进 4 号线二期、7 号线等 9 条地铁建设。

盐城：竞争力实现跨越式发展

2022 年，盐城一批市级重大工程建设计划，总投资 400 多亿元，涉及高铁、高速、高架、教育、医疗等影响居民生活质量的方方面面，如城北高架、毓秀小学、盐阜快速通道、学海路初中、城西高中、范公路南延三期工程等，随着这批重点工程逐个落地，盐城实力稳步增强，竞争力实现跨越式发展。市中医院改扩建工程、市儿童医院改扩建工程、中韩友好医院、大庆路体育中心、城南体育中心等民生项目正在如火如荼地建设，2022 年还将加速推进；还有高新区公交枢纽、市融媒体中心、市四院异地新建工程将迎来重大突破。随着这些重大城建项目的加速兑现，盐城未来可期，让我们拭目以待。

郑州：加快推进郑州特色“新城建”

2021 年 12 月 8 日，郑州市人民政府办公厅发布《郑州市新型城市基础设施建设试点工作方案》，加快推进具有郑州特色的“新城建”，为郑州国家中心城市建设注入新活力、新动能。该方案提出，建设郑州市“自生长、自更新”的 CIM 基础平台，构建以数字化场景为核心的“CIM+”应用体系，推进 CIM 基础平台在城市规划建设管理和其他行业领域的广泛应用。充分利用 CIM 基础平台的数据融合与数据共享作用，促进基础设施智能化升级，推动基础设施创新发展，推动城市智慧化、科学化治理，助推产业升级和科技创新，为郑州经济社会高质量发展提供强有力的支撑。

三、城市无形资产运营

EOD 模式下的区域发展不仅是一个生态系统、经济系统，也包含了众多无形资产，这些资产的价值不能直接计量，但能够通过转化为有形资产间接体现出来。这些无形资产包括城市形象以及区域特色文化、品牌、IP[①]，它们既是城市名片，也是城市最大的不动产。

EOD 模式下的城市无形资产运营，就是要为城市发现需求、创造价值，研究如何帮助城市实现表外资产表内化，提升城市品牌知名度和影响力，进而带动地区经济发展，形成城市的持续竞争力。城市品牌塑造与价值运营是城市无形资产运营的典型代表和重要内容。通过挖掘地方特色文化资源，借助数字化内容创作手段，以市场化运作方法真正实现城市品牌的综合运用，进而实现城市无形资产有效运营和价值转化。具体内容和手段包括以下几个方面。

①挖掘文脉，塑造品牌。正如品牌是市场经济的产物，城市品牌也是市场经济的产物，因此城市品牌代表的是这个区域内具有地域特色的产业、行业所表现出来的集体竞争力。从某种程度上说，一个城市拥有的知名产品、名牌企业越多，越有利于城市知名度和美誉度的提升，有利于城市品牌的塑造与推广，城市品牌越有生命力。因此，城市品牌塑造，首先要与具有地方特色的资源优势和人文底蕴结合，挖掘文脉，连通商脉，通过创意设计、品牌 IP 的导入，塑造特色品牌；其次要通过创意开发，实现 IP 产业化，促进文化、旅游、特色产品融合发展。

②借助新媒介复兴城市品牌。一直以来，城市品牌打造都存在着市场分散难

① IP：Intellectual Property，原意为知识产权，伴随着新媒体的崛起，文化 IP 已经成为一种文化产品之间的连接融合，有着高辨识度、自带流量、强变现穿透能力、长变现周期的文化符号。

以多维覆盖、用户层次及用户需求多难以有效触达、营销内容质量参差不齐难以规模化推广等难题。从重庆洪崖洞、西安摔碗酒到李子坝轻轨站，几十秒的视频，丰富了人们对某地的感性认知，塑造了一个又一个“网红城市”，成为互联网带动城市消费的新气象，为城市新形象与品牌的塑造打开了新视野。当城市品牌形象与新创意、新产品、新体验结合，特色产品被赋予文化属性，文化增加体验与浸入的互动感，更能直观地展示城市底蕴，树立城市品牌与形象。

③借助数字经济、新零售、网红经济等手段促进城市品牌价值转换，带动产业发展。科学技术、社会交往、新兴市场与零售结合的全新生命力正在破茧而出，将城市品牌形象与特色产品或内容结合，联动线上线下的社交体验成为未来营销新趋势。搭建数字化销售平台和地方特色品牌孵化平台，孵化人工智能（AI）场景产品、创意设计产品、数字科技育成产品，将特色产品、特色产业孵化成品牌产品，形成数字经济引领下的 IP 品牌产业集群，进而促进品牌输出和标准认证体系建立，带动产业发展。

第四节　多场景：以“EOD+产业育城”赋能区域发展

在生态文明建设和数字经济时代的双重背景下，泛华集团正积极创新“EOD+产业育城”融合的发展模式，努力赋能城市更新、乡村振兴和产业园区转型三大应用场景。

一、“EOD+产业育城+城市更新”

当前，我国城镇化率已经接近 65%，随着城市建设进入存量提升阶段，城市发展的主战场也朝着更新改造的方向逐渐转移。城市更新并非简单的“空间更新”或者“社区更新”，而是把一个城市当作一个有机生命系统，包括城市底色、城市动能、城市灵魂、机体生长、城市细胞、骨架系统、城市资产、城市形象、城市智力和亲和性多个方面，分别对应城市的生态基底、新定位与产业系统、城市品牌、基础设施系统、城市资产体系、社区单元、城市风貌与人文景观、数字化系统、开放性与生活成本，城市更新应该是城市各个“子系统”的动态平衡和可持续发展。

生态文明导向下的未来城市将朝着绿色方向发展。采用“EOD+产业育城”发展模式，在城市更新过程中重新对城市进行生态修复，重构生态系统和生态基底；同时对既有建筑绿色改造、区域能源基础设施改善、“海绵城市”建设、水生态建设、城市生态基础设施建设等城市功能性设计开展体系化建设。以 EOD 模式为导向，通过科学的城市更新规划和绿色低碳实践，最大限度地节约能源，推进绿色低碳产业发展。

在重构城市产业发展动能方面，依托“产业育城”模式构建可持续的产业生态体系，打造线上线下的数字孪生空间和场景载体，搭建科技创新平台、数字协同平台、创意设计平台、产业教育平台、金融创新平台，形成促进城市产业数字化转型的应用场、创新场、转化场、活力场，促进城市发展模式的创新，实现城市新旧动能转化。同时，借助数字化手段，构建数字孪生的城市治理管理体系，整合土地大数据、产业大数据、企业大数据、人才大数据、能源大数据等，实现城市数字化科学治理。

二、“EOD+产业育城+乡村振兴”

我国脱贫攻坚取得全面胜利，乡村振兴战略已取得重要成果，但乡村发展仍存在不容忽视的难题需要化解。从生态层面看，乡村“脏、乱、差”的现象已经得到明显改善，人居环境整治和生态环境保护工作有效推进，但有环境缺要素、有资源缺资本的问题突出，地区生态产品价值尚未真正实现，“绿水青山”转化为“金山银山”的路径尚不清晰。从产业层面看，县域经济总体呈现“小、散、乱”特征，产业规模小、布局分散、缺乏标准，粗放式、同质化、链条短、融合浅的问题依然普遍存在；同时，由于城乡要素市场化程度不一致，乡村资源要素流动性差，阻碍了新时代创新要素在城乡间的双向流动，产业创新发展内驱力不足，新产业新业态新模式发展缓慢。

通过“EOD+产业育城”发展模式，一方面，发挥乡村地区青山绿水生态美的优势，以生态文明和绿色发展为导向，保护乡村原有田林湖系统，并对荒地、山地、林地进行修整保护，重塑乡村的生态本底和绿色空间格局，创新“青山绿色”变“金山银山”的路径和机制。

另一方面，聚焦乡村特色产业和特色单品，搭建数字孪生的产业育城平台，释放数字经济动力，通过全过程溯源、检验检测、品牌 IP 打造、数字供应链和 5G 场景应用等，将场景化数字生态与相关特色产业融合，构建“一品一网一平台多基地”的平台经济、总部经济和结算经济，实现特色主导产业场景化应用创新，进而以产促城，打通“中心城市—县域—特色乡镇—美丽乡村”城乡融合发展四层结构体系。

EOD 模式和产业育城融合共生并相互作用，是生态文明建设带动产业融合和高质量发展的创新模式，将助力构建产业生态化和生态产业化的乡村新产业体系，推动乡村产业、人才、文化、生态、组织等全面振兴。

三、“EOD+产业育城+产业园区”

产业园区是区域经济发展的重要载体。随着我国经济改革的进一步深入，尤其是进入数字经济时代，产业演变速度不断加快，我国的产业园区转型升级正面临严峻考验。未来，我国园区创新升级将与数字经济深度融合。数字时代的园区应系统设计其转型升级的路径，以战略势能重塑城市发展格局，以产业数字化转型升级重构产业创新生态，并围绕战略势能和产业生态推动空间载体、模式机制等要素创新融合，推动实现园区产业发展和运营管理的有机融合。

一方面，以 EOD 模式为导向通过生态修复、水体治理、生态水网、区域绿色能源系统等重塑园区生态基底、重构生态系统。通过土地综合利用、老厂房更新、基础设施和公共服务设施改造，让园区空间朝着绿色化、智能化和生态化的方向发展。依托零碳操作系统，以数字手段整合节能、减排、固碳、碳汇等碳中和措施，建设零碳园区。

另一方面，通过搭建线上线下融合的产业育城平台，以创意设计为引领、以数字经济为驱动、以科技创新为动能、以产业教育为支撑，以金融创新全过程赋能，融合创新地方特色主导产业，构建总部经济、平台经济、结算经济。同时，构建科技创新网络，通过与全球产业高地、创新尖峰持续不断地产生链接、建立关联，把创新人才、专利技术、创业资本、经验知识等创新资源“引进来”，并将创新创业转化为新兴产业发展、自主创新能力提升的动能。构建数字孪生治理管理体系，搭建大数据平台，整合土地大数据、产业大数据、企业大数据、人才大数据、能源大数据等，实现产业园区综合运营，并形成一系列的数字管理平台，实现园区数字化管理。

通过“EOD+产业育城”赋能产业园区转型升级，培育园区产业新生态，促进产业运营数字化，实现园区智慧管理和绿色低碳化发展，更好地发挥园区载体在区域经济发展中的引擎作用。

第八章

运营为王，“EOD+产业育城+全要素智慧生态产业示范区”泛华创新开发模式

以 EOD 模式驱动区域经济高质量发展，是落实生态文明建设国家战略的有效路径之一。EOD 模式的构建，需要从生态治理、产业培育、数字赋能、金融助力等角度多元共促完成。而真正能够依托 EOD 模式形成区域高质量发展持续动力，形成可持续发展长效机制的则是产业及项目的落地与运营。泛华集团以战略思维、系统思维、创新思维及项目思维，统筹思考 EOD 申报、建设、实施与落地运营的项目全生命周期，从价值构建、要素导入、空间承载、绿色运营到全民聚力发展 5 个方面进行思考与实践，形成“EOD+产业育城+全要素智慧生态产业示范区”创新开发模式，为区域经济发展提供伴随式系统落地解决方案。

第一节　价值构建：以泛华创新模式奏响区域转型升级新乐章

一、把握政策导向，构建示范项目关键支撑

把握“双碳”目标，以气候投融资试点为抓手，通过引导投融资方向，带动绿色低碳的投融资模式、组织形式、管理制度全面创新，发挥支撑区域低碳发展的引

领作用。碳达峰、碳中和是我国实现长期可持续、高质量发展中的重要一环，也是明确的国家行动方向。地方是落实我国“双碳”目标的重要基础和关键环节，而气候资金需求和供给矛盾普遍突出。在财政资金有限的情况下，实现“双碳”目标势必需要大量社会资本，推动广泛的资金供给与产品需求全面低碳化任重道远。为此，2021 年 12 月 23 日，生态环境部办公厅等九部门联合发布了《关于开展气候投融资试点工作的通知》（环办气候〔2021〕27 号），明确气候投融资是为实现国家自主贡献目标和低碳发展目标，引导和促进更多资金投向应对气候变化领域的投资和融资活动，是绿色金融的重要组成部分，其支持范围包括减缓气候变化和适应气候变化两个方面。气候投融资试点通过探索差异化的投融资模式、组织形式、服务方式和管理制度，通过有效抑制地方高碳投资、创新激励约束机制和资金安排的联动机制，切实发挥“降碳”的引领作用，引导资金投向绿色低碳产业和项目，构建地方绿色低碳发展的重要制度基础，并以此为基础推动区域落实“双碳”目标。

专栏 8-1 《气候投融资试点工作方案》相关内容

2021 年 12 月 23 日，生态环境部办公厅、国家发展改革委办公厅、工业和信息化部办公厅、住房和城乡建设部办公厅、中国人民银行办公厅、国务院国有资产监督管理委员会办公厅、国家机关事务管理局办公室、中国银行保险监督管理委员会办公厅、中国证券监督管理委员会办公厅联合发布《关于开展气候投融资试点工作的通知》（环办气候〔2021〕27 号），随附《气候投融资试点工作方案》。

气候投融资是指为实现国家自主贡献目标和低碳发展目标，引导和促进更多资金投向应对气候变化领域的投资和融资活动，是绿色金融的重要组成部分。

（1）支持两大方面。

①减缓气候变化。包括调整产业结构，积极发展战略性新兴产业；优化能源结构，大力发展非化石能源，实施节能降碳改造工程项目；开展碳捕集、利用与封存试点示范；控制工业、农业、废弃物处理等非能源活动温室气体排放；增加森林、草原及其他碳汇等。

②适应气候变化。包括提高农业、水资源、林业和生态系统、海洋、气象、防灾减灾救灾等重点领域适应能力；加强适应基础能力建设，加快基础设施建设、

提高科技能力等。

（2）六大重点任务

气候投融资试点其中6个方面的重点任务：编制试点方案，坚决遏制“两高”项目盲目发展，有序发展碳金融，强化碳核算与信息披露，强化模式和工具创新，强化政策协同。

（3）申报主体

在国家级新区和地级市开展试点，鼓励国家级新区与省会城市融合发展。

瞄准国家战略，因地制宜地创建重点项目，为区域落实国家战略、承载政策红利和资金红利找到项目抓手。围绕生态文明、乡村振兴、创新驱动、文化自信、数字经济、城市更新、新型城镇化建设等重点领域，结合地方特色，因地制宜地包装若干重点项目，引导各类政策资金和政策红利向省、市、县、园区、镇有效聚集。例如：围绕生态文明战略，支持地方申请气候投融资试点、EOD模式试点项目，争取国家政策性金融支持。围绕乡村振兴战略，支持农业产业基础较好的地方创建特色优势产业集群，建设中国农业食品创新产业园、国家现代农业产业园、国家农村产业融合发展示范园、农业产业强镇，农产品产地冷藏保鲜整县推进试点、数字农业试点项目等，积极申请中央财政支持或中央财政补贴。在新型城镇化建设方面，支持地方打造产业转型升级示范区、开展城镇化“补短板强弱项”建设项目、争创城市体检样本城市等。针对文旅产业基础好的区域，围绕文化、科技、旅游融合发展，创建国家文化和科技融合示范基地、国家文化和旅游产业融合发展示范区、国家文化和旅游消费示范城市或试点城市、国家级夜间文化和旅游消费集聚区等各类项目。针对工业、制造业基础较好的区域，通过“专精特新”小巨人企业申报、“双招双引”工程、工业互联网创新服务平台等重点项目带动区域产业升级。通过重点项目包装创建，多维度地为区域落实国家战略、承载政策红利找到项目抓手。

以生态文明为引领，以气候投融资试点为抓手，通过EOD模式统领乡村振兴、城市更新、新型城镇化建设等领域重点项目，推动项目落地、资金落地、产业落地，促进区域绿色发展。区域高质量发展要以生态优先、绿色发展为导向。围绕地方生态环境问题，整合上述各类重点项目，以EOD模式进行项目打包，将生态修复类项目和产业发展类项目统筹起来，形成生态文明引领下的重点项目库，构建产业发展反哺生态治理的长效机制，引导国家其他重大政策资金申报落地，完成 EOD 模式的项目包装和试点创建。在此基础上，泛华集团依托“EOD+产业育城+全要素智慧生态产业示范区”的创新发展模式，真正把生态环境治理、产业生态培育以及区域数字化、智慧化运营管理结合起来，形成绿色发展、智慧运营的长效发展机制，切实推动项目落地、资金落地、产业落地，促进区域绿色转型和高质量发展。

二、泛华“EOD+产业育城+全要素智慧生态产业示范区”发展创新模式

如何形成引领区域绿色发展的长效运营机制是区域高质量发展的关键问题之一。泛华集团积极践行生态文明、新型城镇化、乡村振兴、数字经济等战略要求，聚焦生态治理、城市更新、县域经济、产业园区等应用场景。通过上百个城市及县域的实践，泛华集团以系统的认知、创新的思维，生态的构建，形成“EOD+产业育城+全要素智慧生态产业示范区”的创新发展模式，应用于全过程咨询、生态发展、“新城建”（市政发展）、区域能源、绿色建筑、数字岩土工程、医疗健康等创新领域，通过“五大创新产品+五项系统服务+五类支撑项目”，立体化支撑区域绿色高质量发展（图 8-1）。

“五大创新产品”：①建设产业育城。结合泛华集团传统建设业务，发展绿色建材、装配式建筑、城市环卫、水生态等产业，促进新型城镇化建设。②美丽健康产业育城。泛华集团结合地方特色资源优势，围绕区域特色农产品、文化旅游、中医药、体育运动、保鲜冷链物流、时尚科技等产业基础，导入创新要素，通过美丽健康产业育城模式带动区域产业生态重构。③能碳运营。围绕“双碳”目标，开展区域能碳运营，推动区域节能、储能、碳汇交易、能源管理等各项工作，实现全面绿色运营。④数字运营。充分利用数字经济手段，为地方搭建数字化工程建设平台、园区建设平台、城市建设平台、城市体检平台，实现区域运营管理数字化、智慧化。⑤“育成汇”。围绕实现产业运营、能碳运营、数字运营目标，积极构建产业生态联盟，以召开产业生态“育成汇”的方式构建“甲乙丙丁+政府”服务平台，促进产业落地、服务落地和项目落地。

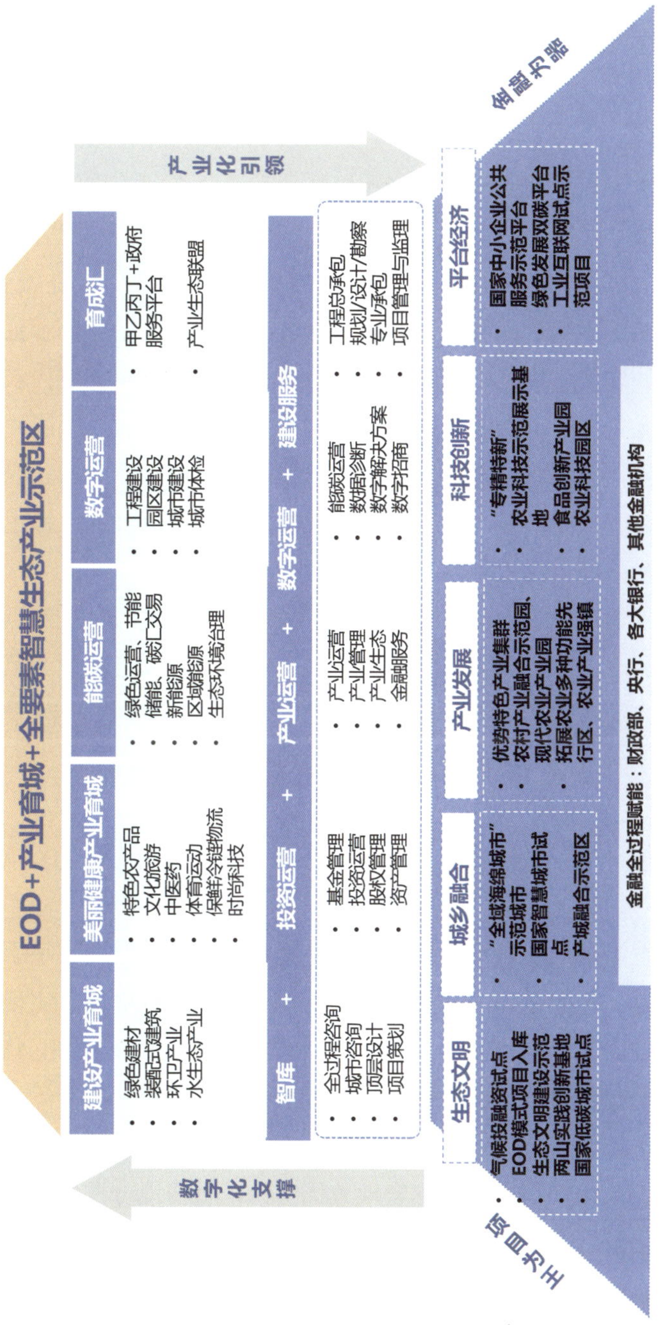

图 8-1　泛华集团“EOD+产业育城+全要素智慧生态产业示范区”创新模式

“五项系统服务”：泛华集团围绕建设产业育城、能碳运营、数字运营等创新产品，为区域提供智库、投资运营、产业运营、数字运营、建设服务全过程系统服务。

“五类支撑项目”：泛华集团结合区域特色，助力地方积极谋划重点项目，提供金融全过程赋能服务，打造承载国家政策红利和资金红利的重要载体。①在生态文明方面，创建气候投融资试点、EOD 模式项目入库、生态文明建设示范、“绿水青山就是金山银山”实践创新基地、国家低碳城市试点等。②在城乡融合方面，建设“全域海绵城市”示范城市、国家智慧城市试点、产城融合示范区。③在产业发展方面，创建优势特色产业集群、农村产业融合示范园、现代农业产业园、拓展农业多功能先行区、农业产业强镇。④在科技创新方面，开展“专精特新”小巨人企业申创，创建农业科技示范展示基地、食品创新产业园、农业科技园区等。⑤在平台经济方面，导入国家中小企业公共服务示范平台、绿色发展双碳平台、工业互联网试点示范项目等。

“EOD+产业育城+全要素智慧生态产业示范区”创新模式以能碳运营为引领、以数字经济为驱动、以产业育城为动能、以全要素智慧生态产业示范区为载体，将绿色发展模式贯通“中心城市—县域—特色乡镇—美丽乡村”城乡融合发展“四层”结构，推动区域进入绿色转型和乡村振兴高质量发展新阶段。

三、立足区域经济视角，打通促进区域价值实现的“八层结构”

区域经济发展是一个系统工程，在数字经济背景下，借助数字手段统筹区域发展的各类要素、各类主体、各类载体，是挖掘区域发展价值、实现区域经济高质量发展的关键。泛华集团在 30 年的新型城镇化创新发展实践中，总结出了促进区域发展和价值实现的“八层结构”（图 8-2）。

第一层是区域发展层面。结合战略思维、系统思维、创新思维和项目思维，通过顶层设计、系统规划，发现比较地方优劣势，重构地方发展定位，重塑区域发展动能，优化发展空间结构，并通过打造系列重点项目，找到区域发展的新引擎和新增长点。

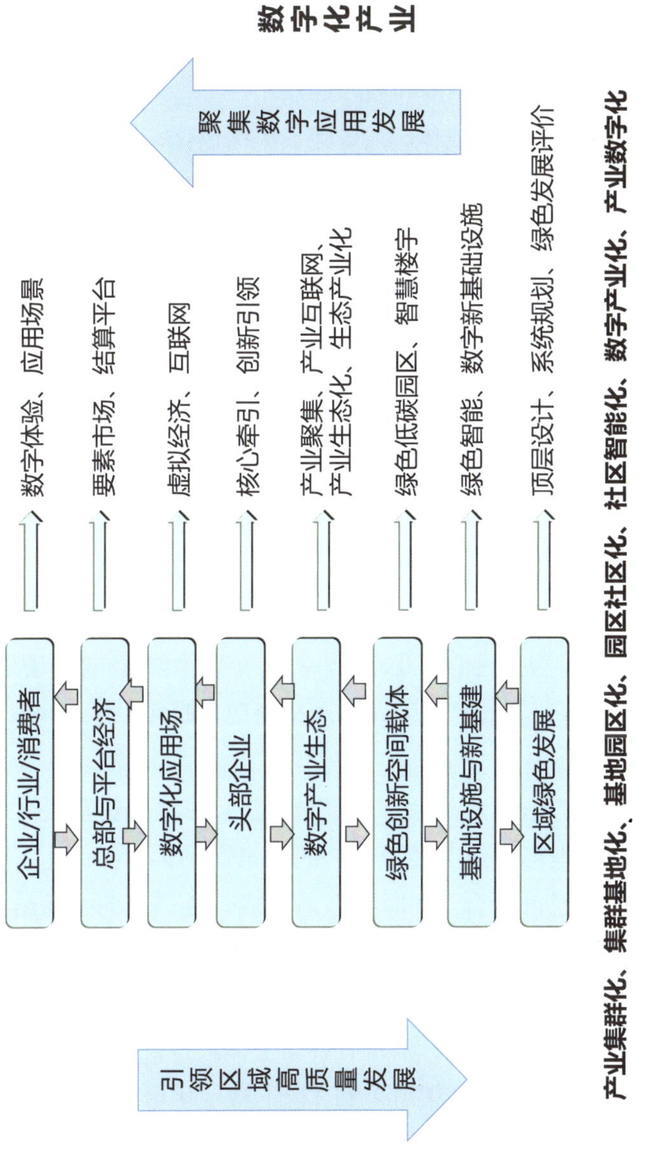

图 8-2 泛华集团促进区域发展和价值实现的“八层结构”

第二层是建设新型基础设施。在明确区域发展方向和发展动能的基础上，以全要素智慧城市理念为指引，完善新型基础设施建设，建设数字化、智能化城市基础设施，支持数字化城市治理和城市运营。

第三层是打造创新空间载体。通过建设集绿色化、低碳化、智慧化为一体的产业园区、产业基地，为产业发展搭建载体，为后续创新要素导入、产业资源导入和产业生态培育提供发展的“土壤”。

第四层是构建数字产业生态集群。围绕地方特色优势产业，导入数字经济，加速科技、创意、人才、金融等创新要素的跨时空连接，加速创新产业集聚，促进传统产业转型升级，催生新产业、新业态，重构区域产业新生态。

第五层以龙头企业为核心牵引产业创新应用。以龙头企业带动上下游企业集群、产业基地、产业链甚至产业生态圈的聚集，并发挥龙头企业在带动产业数字化应用中的引领作用，实现产业链、价值链、创新链“三链融合”。

第六层是依托数字平台打造数字化应用场。通过植入数字化产业生态育城运营平台，一方面，以“数字+产业”打通产业互联网，实现产业数字化协同；另一方面，通过数字新零售打通消费互联网，打造集聚“创新产品+场景消费+科创能量”的数字化应用场。通过产业互联网承载消费互联网，打造区域产业数字化应用的新动能空间。

第七层是在地方形成总部经济与平台经济。通过产业互联网与消费互联网的有效对接，在当地形成线上线下结合的要素市场、产品市场、服务市场，成为辐射区域的赋能总部平台。同时在当地形成特色产品的交易结算平台，实现特色产品种植养殖在外、生产加工在外，但在当地结算，实现地区生产总值、税收留在当地。

第八层是带动企业、行业、消费者各类主体。为企业、行业提供数字化应用场景，为消费者提供从产品到渠道再到体验的数字化场景，重构传统产业与消费者的沟通模式，建立符合最终消费者需求的体验经济和粉丝经济。

通过“八横七纵”体系的打通，自下而上以顶层设计解决区域发展方向与路径问题，释放区域产业生态与发展动能，实现区域数字化应用发展；自上而下从以经济发展为主体的数字应用需求出发，推进场景构建、产业发展、载体建设，进而实现区域高质量发展目标。打通区域发展“八层结构”的过程就是帮助区域发现价值、创造价值的过程。通过“点”的企业集聚和产业载体建设，并连“点”成“线”，形成数字化的产业链；通过搭建“面”属性的数字化运营平台，推动产业数字化转型，并形成平台经济、总部经济和结算经济；最终形成与区域经济结合的“体”，形成虚拟产业园和实体产业园融合的数字孪生体，成为全要素智慧生态产业示范区。通过形成“点—线—面—体”的区域创新发展格局，实现产业集群化、集群基地化、基地园区化、园区社区化、社区智能化、数字产业化、产业数字化，带动区域高质量发展。

第二节 要素导入：六大中心构筑区域创新发展赋能总部

在“双碳”目标引领下，聚焦区域绿色优势产业，以数字经济为驱动，通过产业生态育城运营平台（国家中小企业公共服务示范平台）为区域发展导入科技创新、创意设计、人才教育、数字协同、金融服务、检测认证等全产业链创新要素，落地运营科技创新中心、创意设计中心等六大中心模块，成为城市转型升级新动力源、数字经济要素创新中心和新基建应用体验中心，构筑区域创新发展赋能总部，全面聚能助力区域经济绿色低碳高质量发展。

一、科技创新中心

围绕绿色低碳转型、乡村振兴等领域的应用场景建设科技创新中心，聚集全球最先进的技术成果、知识产权、科技经纪人才等，重点突破低碳、零碳、负碳、能源存储、循环利用以及绿色产品创新与研发等方面的技术难关，通过平台要素进行资源市场配置及创新服务，与人才、资本等关键要素联动，消除科技创新中的“孤岛现象”，打通科技成果转化的“最后一公里”，以市场需求为导向，培育形成科技成果的孵化场、转化场、加工场，推动科技成果高质量转化，促进新产品、新产业、新业态、新企业孵化加速落地，创新驱动区域能源和碳资产实现智慧化运营管理，助力区域经济绿色低碳转型发展。

重点建设运营科技要素交易中心、科技经纪人俱乐部、绿色低碳领域科技企业孵化器、区域低碳技术联合实验室等，打造引领全国生态产业化和产业生态化科创要素聚集场、交易场、应用场和体验场。具体运作包含以下几个方面。

①科技创新全要素融合协同，打造科技成果转化的“梦工场”。积极构建科技经纪人、科技专家学者、金融资本和产业资本的专业交流与成果孵化平台，形成科技成果转化的“梦工场”。一是打造科技经纪人队伍和转化人才，让有企业家思维、懂产业懂科技的青年科技人才作为科技经纪人来对接科技领军人才与企业家，成为凝聚科技人才的“强磁场”。二是建立新型科技投资机构，围绕科技创新的全生命周期形成金融和产业资本支持体系，如天使投资、风险投资、金融资本及产业资本等。三是培育一批代表现代科创实力的优质科创企业，打造科技创新的市场载体，积极鼓励科技专家以知识产权入股的方式成为企业合伙人。最终从科技转化的角度与专业化运营的角度实现新产品、新业态、新模式的孵化，形成科技、人才、资本和信息的全要素融合协同的生态，促进科技成果转化。

②围绕产业链部署创新链，需求牵引促进创新成果转化。单个技术、单个企业很难实现科技的成功转化，一定要从产业发展的全要素、全环节、全链条出发，加强纵向联动创新和横向协同创新，围绕产业链部署创新链，构建科技集成体系，发挥科技创新对产业转型的支撑作用，按照产业链的上中下游和终端的不同关键节点，梳理科技谱系，构建核心技术、专用技术、通用技术等技术体系，构建上中下游研发主体协同合作的技术创新生态，引导产学研建立更紧密的创新伙伴关系，在技术攻关与应用实践中持续提升供给质量。围绕产业链打通科技成果交易、转化、应用、发展全过程。将需求牵引和创新驱动结合，形成从源头创新到技术、到产品、到商品创新的转移转化，推动产业价值链的高端跃升。让知识、技术、信息、数据等新生产要素合理流动、有效集聚，最大限度地发挥其放大社会生产力的乘数效应，促进知识和科技成果产业化和价值实现。例如：在农业领域可围绕单品育种到种养殖、生产、加工、流通的全产业链体系，构建相关科技体系；在绿色建筑领域围绕绿色设计、绿色建造、绿色施工及建筑装配集成和绿色智慧运维等相关科学技术体系，构建上中下游研发主体协同合作的技术创新生态，并形成科技成果转化，赋能产业发展。

③搭建科技合作平台，全球配置科技资源。一是全球科技资源检索和科技成

果资源本地配置：围绕本地的特色主导产业需求，对全球的相关科技资源检索、盘点，积极推动国际技术转移，通过建设若干科技合作平台，打造线上线下的科学、技术、资本和产业融合与交流平台。并以集聚全球科技创新资源、引进国际重大创新成果为目标，架设全球科技创新资源与产业发展的桥梁，实现全球科技资源、本地科技成果的转化。二是打造"数字化的科创飞地"，实现科技成果输出：打破时空限制，打造线上线下结合的科创飞地。在飞入地，政府要主动出击，通过线上数字化平台，为飞出地提供数字赋能服务的全生命周期一站式平台，如科技成果转化、产业孵化和科创大脑等板块，聚焦"飞入地"的重点产业和重要单品提供专业化科创服务。

④围绕区域特色主导产业，打造科技成果转化的应用场景。积极申请创建"绿水青山就是金山银山"实践创新基地、国家农业科技示范展示基地、国家农业科技园区、农业食品创新产业园、"星创天地"、产业转型升级示范区、产城融合示范区等试点项目，形成科技创新应用场景体系，实现全产业链科技成果集成落地。

总之，打造科技创新中心，需要运用产业思维和系统思维，充分发挥市场作用，通过科技、人才和资本 3 个核心关键要素的联动，围绕产业链和创新链，形成"点—线—面—体"科技创新应用场景，并积极融入数字经济，实现创新要素跨时空连接，搭建科学、技术、资本和产业融合与交流平台，形成线上线下相结合的产品市场、要素市场、服务市场，实现科技、产业与市场、资本和产业空间的有机融合。

二、创意设计中心

聚焦产业绿色低碳转型和区域生态系统建设，以绿色发展理念为核心，围绕创意设计、产品设计、包装设计、工业设计、工程设计、绿色设计六大关键领域，以要素聚集、平台建设、协同设计服务、成果转化应用、结算经济构建等路径打通创意设计加工厂的运营逻辑，建设创意设计中心。全面整合国际国内创意资源要素，形成国际创意资源要素整合加工厂，中国创意"新物种"策源地和科创城创意场景体验地。为区域新经济、新产业、新生态发展提供全生命周期、全流程创意设计赋能支撑，加速推动科技成果在区域产业应用中的转化，改善产品和服务品质，满足市场多样化需求，这些做法有利于催生多业态，推动产品升级，促进区域绿色发展和生产力再造。

创意建设中心的建设运营，要从战略高度出发，充分研判区域政府与市场需求，聚集多尺度创意要素，整合创意人才、资本和科研成果，促进多方位的场景应用。具体来讲，就是要通过系统网络架构的搭建，建设品牌赋能中心、创新设计中心、产业协同设计中心、创客育成中心、ODM[①]设计中心等，从而赋能产品创意升级、工业流程再造、城市创意复兴等具体的应用场景，形成创意设计服务、创意空间建设与运营、创意数据资产运营服务等业务，满足地区生态产品价值转换、产业供给侧改革下产品价值再造和产业升级的需求（图 8-3）。

图 8-3　创意设计中心五大功能

①品牌赋能中心。对城市文化进行挖掘、对地方特色产业和名特优产品进行梳理，并通过城市形象设计等把文脉和商脉打通，重构文象和载体，构建城市的核心竞争力，从而实现产品创意化、创意产业化、产业产权化、要素交易化、交易无界化，打造城市品牌赋能中心。以平台引领，与合作伙伴开展深度合作，作

① 原始设计制造商。

为产业生态赋能核，赋能内容创意、产品设计、时尚创意、包装设计、工业设计、虚拟设计等重点领域，复兴区域产业价值与品牌价值。

②创新设计中心。以绿色产品创新设计为核心，以研发设计、流程设计及产品运营为主线，导入产品设计、包装设计、造型设计、结构设计等，聚集产品设计创意、设计师 IP 资源等要素，为产品升级、营销推广等提供优质设计资源，促进线下产业孵化速度与生产协同，吸引上下游企业聚集，驱动创新型设计企业生态孵化，提升市场竞争力。

③产业协同设计中心。打造智能制造 4.0 产业协同创新中心，推动建设数字孪生协同平台、装饰时尚 App①、装饰产业数智示范工厂等，整合地方政府信息、先进智能制造经验、院校师资和经验、创研团队等资源，以工业设计和绿色设计为引领，积极发展第三方设计服务，支持设计成果转化。鼓励企业加大工业设计投入，推动工业设计与企业战略、品牌深度融合，促进创新设计在产品设计、系统设计、工艺流程设计、商业模式和服务设计中的应用。通过工业设计、绿色设计推动区域制造向区域创造、区域速度向区域质量转变。

④创客育成中心。围绕设计师创客孵化、多维体验设计、时尚潮流育成等，将个人设计师 IP 资源与创意设计中心大平台结合，提供设计资源管理服务、供需信息服务、生产协同服务、数据共享服务，打造创客育成中心。

⑤ODM 设计中心。以绿色产品为核心，重点围绕产品 ODM 设计、创意产品中试与小试、数字设计协同等打造 ODM 设计中心，培育孵化创新产品。

三、人才教育中心

在数字经济背景下，区域发展要抓住产业人才教育这一突破点，以产教融合为方向，结合科技、产业、教育，打造数字教育空间载体，建设人才教育中心。要把握数字化、网络化、智能化等新经济手段，叠加科技、创意设计、产业、资本、生态、土地等要素，引领教育资源要素集聚、构建地方数字教育产业新生态，真正有效链接起院校端和产业端，共同培养新经济产业人才，最终实现“人在哪

① 手机软件。

儿，产业就在哪儿”，支撑区域新旧动能转换，重塑城市文化 DNA①，形成小空间大战略窗口。

图 8-4 为人才教育中心架构体系。

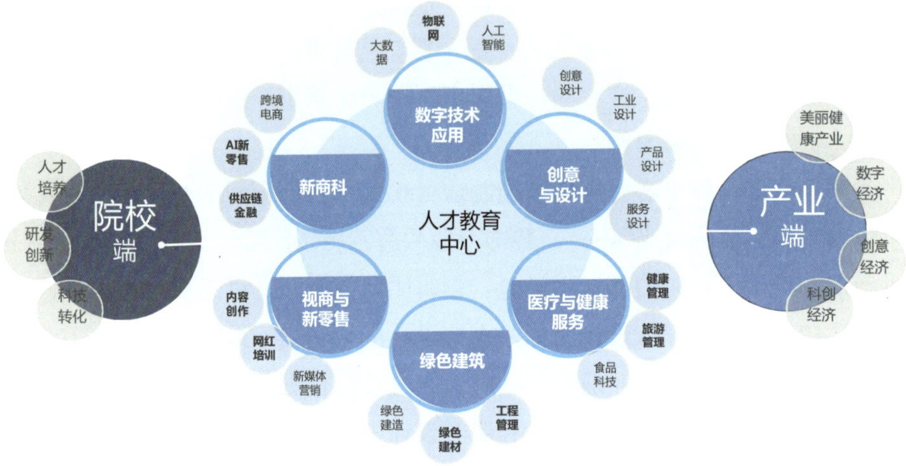

图 8-4　人才教育中心架构体系

围绕产业发展需求和人才短板，聚焦绿色低碳、数字经济、新商科、创意设计、视商产业、医疗健康、绿色建筑等领域，培养高技能型、产业应用型、学科复合型人才，打通“教育—实训—认证—孵化—服务”全链条，打造“学以致用”的人才输出平台，支撑区域产业升级。

绿色低碳产业领域：围绕绿色能源管理、碳管理、绿色制造等领域的职业教育，培养懂绿色低碳技术、生产、运营等方面的技能人才和管理人才。

数字技术应用领域：围绕大数据、人工智能、5G、AR（增强现实）/VR（虚拟现实）等技术应用领域的职业教育，培养懂行业融合应用的技术应用型人才。

新商科领域：围绕跨境电商、AI 新零售、视听新媒体、供应链金融等新业态领域的人才职业教育，培养满足新业态发展需求的融合创新人才。

创意与设计领域：与创意设计中心模块联动，围绕包装设计、产品设计、创

① 一种遗传物质。

意设计、工业设计、时尚设计、服务设计等领域，培养创意设计人才。

视商与新零售领域：围绕网络视听、在线直播、内容创作、社群营销、新零售、电子商务等领域的职业教育，培养网红达人、数字营销人才等。

医疗与健康服务领域：围绕在线诊疗、智慧医疗、智慧医疗装备领域的高技能型人才职业教育；围绕健康咨询、医疗健康服务、心理健康咨询、社区健康卫生服务、公共健康管理领域的职业教育，培养健康服务型、技能型、管理型人才。

绿色建筑领域：围绕装配式建筑、装饰时尚产业、智能家居、绿色环保材料等领域的职业教育，培育设计人才、技术工人。

四、数字协同中心

以数字化科技和信息为关键要素，依托产业育城平台加速实现海量数据汇聚，深化数据分析应用，以产品创新设计、创意内容生产、数字科创应用、数字虚拟工厂为核心内容，通过数字新零售引领新业态新模式，打造集聚“创新产品+场景消费+科创能量”的数字协同中心，成为区域产业互联网承载消费互联网的新动能空间，推动数字经济与产业经济、空间经济互联、融合发展，最大化“消费—创新—产品”协同效应，深度优化资源配置效率，促进提升全要素生产率，培育创新业态、应用场景与新兴市场，助力地方产业数字化提升，拓展区域经济发展新空间（图 8-5）。

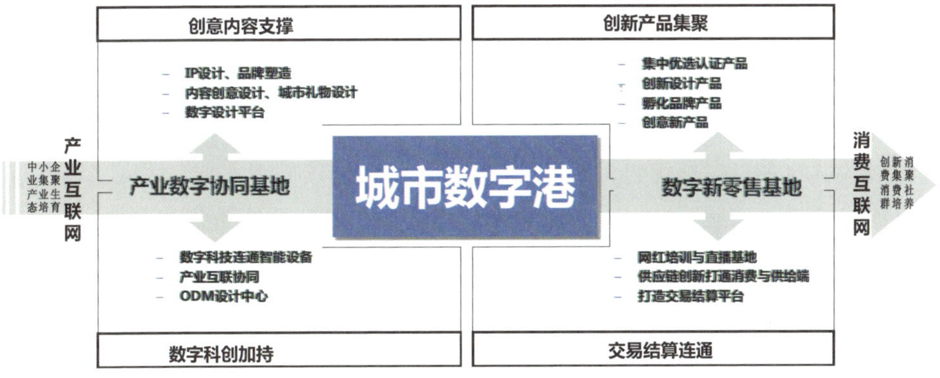

图 8-5　数字协同中心架构体系

数字协同中心需要重点建设数字新零售基地和产业数字协同基地两大模块，以数字新零售为牵引，通过需求端赋能供给端，倒逼产业链前端科技创新与产品设计升级，从而双向拉动产业链中间环节数字化转型，实现数字驱动、生产协同，助力区域从需求端发力，实现供给侧结构性改革。

数字新零售基地：以交易结算中心为核心重塑产业数字化新零售基地，以品牌设计、内容孵化、渠道推广、电商交易等视商产业为重点，联动 AI、AR/VR、5G 等新技术，打造场景化商业新空间，为城市提供新零售能量场。

产业数字协同基地：以数字科创工场为承载，以“数字科创+产业”为中心，打通中小制造企业设备互联，塑造集 ODM 设计中心、数字化虚拟工厂、供应链金融创新、认证溯源等项目于一体的产业数字化协同基地。

五、金融服务中心

围绕区域生态文明建设和产业绿色转型发展需求，以区块链、云计算、物联网等数字科技为手段，引导利用开发性金融、产业金融、供应链金融、科创金融、绿色金融等金融业态，通过“金融+数字科技”融合应用，打造结构化金融服务中心，有效链接资本需求端和资本供给端，重塑区域金融服务生态，赋能价值链、产业链、供应链创新，推动区域新经济、新业态、新产业发展。

金融服务中心重点建设开发性金融平台、产业金融平台、供应链金融平台、科创金融平台及绿色金融平台等（图 8-6）。配套建设运营市场信用数据中心、区域交易结算中心、金融科技创新中心、数字资产管理中心、产权交易中心等，支撑五大金融平台建设。

开发性金融平台：开发性金融平台的建设要充分利用开发金融服务国家战略及新兴领域的融资先导优势，聚焦科技创新、绿色低碳循环发展、区域协调发展、乡村振兴等重点领域，通过机制、资源确权和信用结构建设等方式，推动国家开发银行、其他金融机构、企业方建立良好的风险分担机制，实现长期、稳定、可持续、风险可控的金融支持。

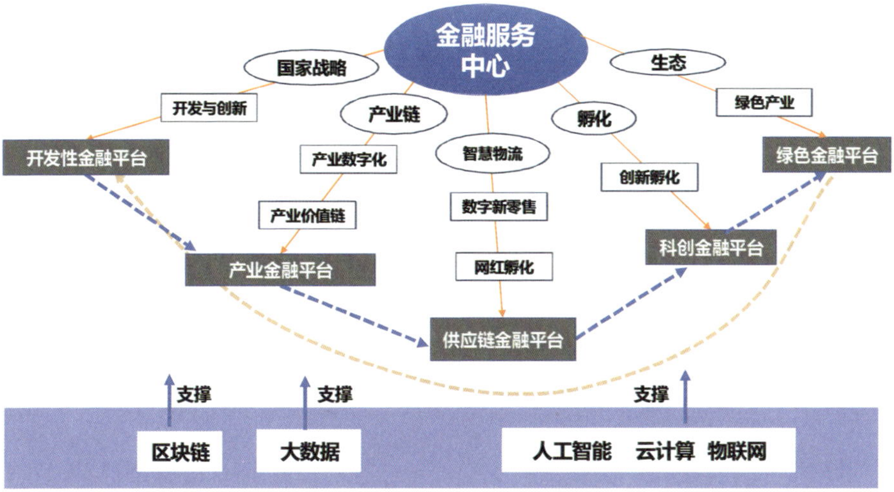

图 8-6　金融服务中心架构体系

产业金融平台：产业金融平台的建设以服务产业聚链集群发展为核心，构建产业生态与金融生态之间的枢纽，一方面为产业发展相关金融服务机构提供产业端的应用场景与数据入口，辅助金融机构设计出符合产业特性的金融服务产品，为金融机构赋能；另一方面为产业赋能，打造“金融+产业+生态”的新型模式，服务实体经济，助力产业升级和乡村振兴，如采用“产业基金+园区”模式，助力区域产业绿色转型。

供应链金融平台：供应链金融平台的建设以服务企业生产、采购、销售的全过程为核心，基于物联网，从产品前端认证溯源、生产协同、存储物流以及销售等环节，推动供应链资产数字化、标准化发展，在此基础上向以信息咨询、资产运营、资产交易、资金撮合为核心的数据驱动的金融服务模式转变，提升供应链资产的流动性和变现能力，助力打通多元资金渠道，精准匹配不同的风险资源与不同风险偏好的资金，提高金融资源的配置效率。

科创金融平台：科创金融平台建设主要以赋能全流程孵化体系为核心，围绕科技孵化器、产业孵化器、项目孵化器等全流程孵化体系，充分整合银行、担保、保险等不同类型的金融机构，以及资金出借方、借款企业、服务平台、第三方增信机构等诸多参与方，围绕科技创新不同环节，提供政策性贷款、创投、科技小额贷款、科技保险、科技担保、科技租赁等多种形式的金融服务，解决企业融资难题，助力科创型企业健康发展。

绿色金融平台：绿色金融平台的建设主要以服务区域绿色低碳转型为核心，利用“平台+产业+绿色金融”的创新模式，与各相关金融机构在企业结算账户服务、绿色信贷融资、存款产品支持、绿色产业引导基金、专项债券品种支持等多个方面开展深入合作，为绿色项目主体提供多样化、多维度、多层次、全生命周期的金融服务，提供绿色信贷、绿色债券、绿色产业基金等金融服务。

六、检测认证中心

依托产业育城平台，打造区域检测认证中心，为区域经济发展提供全过程数字溯源、检验检测、绿色品牌认证、绿色供应链检测等服务，帮助区域内企业实现生产、流通、销售、品牌一体化绿色低碳发展，从产业链和绿色供应链层面助力区域产业低碳转型。

检测认证中心重点建设溯源认证、检验检测、品牌认证等功能模块，为区域绿色产品提供产品溯源、质量检测、标准检测、产品测试、产品认证等全流程检测认证服务。围绕构建新发展格局、推动高质量发展，树立“大市场、大质量、大监管”的理念和“市场化、国际化、专业化、集约化、规范化”的发展目标，结合区域特色主导产业、文化、生态等资源优势，积极引入国内外相关专业领域检测机构、认证机构，应用认证和评价等手段，对区域内生态产品、绿色食品、绿色制造等产品进行有机产品认证、绿色产品认证等，赋能区域产品品牌建设，全面助力打造“区域制造”高质量品牌，提升产业链供应质量和消费品社会认知度，实现区域特色产品走向国际。同时，探索“产—检—学—研”一体化创新资源在“区域制造”中的推广应用，增强品牌竞争力，健全完善认证供给体系，提升地区企业提供一站式、全方位认证服务的综合能力。

第三节　空间承载：“港产城人”培育区域发展新引擎

一、全要素聚集，构建线上线下数字孪生体，以小空间承载大战略

围绕地方资源禀赋、存量特色产业、区域市场发展态势，落地建设、运营产业育城中心，导入泛华集团荣获的工业和信息化部首批“国家中小企业公共服务示范平台”——产业生态育城运营平台（IEOP），依托数字经济，导入创意设计、人才教育、科技创新、数字协同、金融服务、检测认证等创新要素，通过育城中心引导创新要素、资源有效配置，完善促进自主创新成果市场化应用的体制机制，形成支撑科技创新和新兴产业发展的线上线下融合互动的“跨边界虚拟产业集群+产业数字化空间载体”，推动成为区域经济发展的新引擎。

线下建设产业育城中心（ICBD）。积极围绕数字、产业、科技、人才、金融资本和土地等，打造数字产业生态综合体，依托创新要素，围绕产业链配置创新链，以打造创新设计工场、城市数字港、科创工场、产教育城学院、金融创新中心、检验检测中心为支撑，孵化围绕区域产业需求的 N 个垂直产业总部，如绿色产业总部、特色农业总部、绿色建材总部、检测认证总部等，构建“大项目—产业链—产业集群”的发展模式，推动企业集聚向产业集群转变，形成总部经济、结算经济、平台经济。用数字经济手段打造区域产业赋能中枢、新兴产业孵化器、高端科技创新研发中心及名特优产品商贸物流新高地。

线上搭建产业生态育城运营平台。依托线下产业育城中心，抓取线下数据流、产品流、人才流、资金流等，形成产业数据湖，打通地方经济数字智慧化供销体系，重塑“产品卖全球、结算在当地”的平台经济、结算经济模式。依托抓取、清洗、汇集、运算各类数据，形成行业大数据、生产大数据、交易大数据、消费大数据，推动线上反哺线下，打通消费互联网与产业互联网，进一步倒逼产业互联网提档升级。同时，围绕云计算、物联网等技术，绘制行业动态地图、产业图

谱等，实施战略精准招商，开展补链强链延链专项行动，促进创新要素、订单、流量、人才、产品的跨时空链接、跨区域流通、跨行业融合、跨部门联动，形成有序流动和合理配置，推动虚拟产业集群构建，共同参与供需互促、产销并进、畅通高效的国内大循环体系，进一步降低市场交易成本，发挥市场的规模效应和集聚效应，助力区域产业发展融入全国统一大市场发展格局。

通过线上线下两端互动互联，形成虚拟产业园与实体产业园融合的数字孪生体、城市数字港，围绕主导产业打造要素中心、结算中心、运营中心，实现全球要素、本地配置，本地产品、全球流通，进而带动人才队伍的聚集及消费能级的突破式提升，形成“港、产、城、人”四位一体发展。通过发展时空经济，持续推动区域产品在国内外市场高效畅通和规模拓展，构建区域发展产业新生态、新载体、新引擎，打造区域创新的“热土效应”，形成小空间承载国家大战略的空间载体。图 8-7 为 EOD 牵引下的“产业育城+全要素智慧生态产业示范区”全景示意。

在时空经济方面，泛华集团的深汕特别合作区是飞地园区创新发展的排头兵（图 8-8）。在寻求突破的过程中，泛华集团以创新模式为旗帜，以项目孵化器为重点，以构建生态发展联盟为平台，以产业为支点，以创新金融和信息化为手段，专业分工、业务合作、重构区域的商业生态圈和价值链。针对发展差距巨大的两地，泛华集团创新性提出：用深圳概念，跨区域合作进行体制创新，采用双方共建、产业导入、共同运营管理模式，收益及税收双方互利共赢。在规划、建设、管理和税收分配等机制方面进行创新探索，运用新技术、新业态推动区域发展新旧动能转换，为“飞地经济”发展注入新的活力，实现市场导向、优势互补、利益共享的集约化和可持续发展。深汕特别合作区通过抢抓“新兴产业机会、深港产业转移及城市功能拓展机会”，接轨国际产业链、聚合粤港澳大湾区资源，建设成为集“深港产业拓展区、科技创新转化区、体制改革试验区、现代滨海生活区、区域合作及产业转移示范区”五区一体的深·港产业新城。

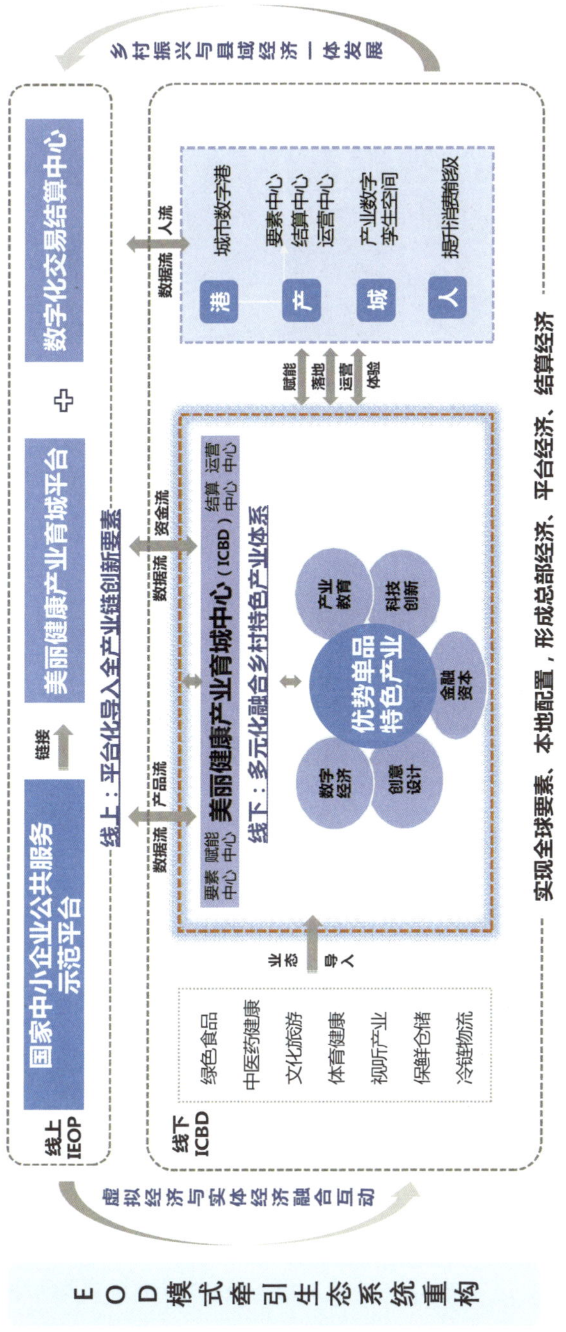

图 8-7 EOD牵引下的“产业育城+全要素智慧生态产业示范区”全景示意

（a）深汕特别合作区项目签约仪式

（b）深汕特别合作区项目启动仪式

图 8-8　泛华实践——探索深汕合作区“飞地经济”模式

2011 年 5 月，深汕特别合作区正式挂牌，泛华集团提出的制度、体制创新推进区域开发建设的方案成功实施。充分挖掘深汕特别合作区建设的示范价值、区域价值和产业价值，构建新产业、新业态、新模式，谋划深港产业新城，打造产业高地、生命绿洲、未来之城。

二、瞄准需求侧，推动供给侧改革，创新区域经济发展路径

习近平总书记高度重视数字经济发展，多次作出重要指示批示，强调要坚持以供给侧结构性改革为主线，加快数字经济发展，推动实体经济和数字经济融合

发展。在数字技术的催化下，新技术、新产品、新服务、新业态、新模式、新组织、新产业层出不穷，彰显这个时代快速演变的创新活力和蓬勃强劲的发展动力。而大量新的供给被创造，人们的生产生活正在加速变革，经济生产、流通、交换、消费正在被全方位重构。

数字经济时代的到来，使城市的发展必须从工业经济时代以金融资本为驱动的规模经济向以知识资本为驱动的范围经济转变，实现创新要素跨时空连接、产业跨界融合、全要素生产率提升。而影响城市可持续发展的要素，也在工业经济时代金融资本、土地、产业、人力、科技、生态、交通等生产要素的基础上，以数字要素为主旋律，叠加了数据、生态、平台、产业教育、区域经济、制度创新、空间等新型要素，从而实现了数据与创新要素的融合与变现，构建城市产业生态新模式。

从需求侧入手，以数字技术为手段，以产业育城中心为赋能载体，推动供给侧结构性改革（图 8-9）。全要素智慧生态产业示范区通过线上（产业生态育城运营平台）线下（美丽健康产业育城中心）两端互动，从需求侧入手，推动创新要素的跨时空链接、跨区域流通，给区域在土地发展、交通格局、文化挖掘与活化、人才培养及制度创新方面带来新思维，实现存量土地向产业聚集区转变，增量土地向产业新空间发展；引导区域以融入全国统一大市场为目标，谋划交通一体化发展蓝图；全面挖掘区域文化“DNA”，激活、唤醒区域文化印记，打造特色品牌；围绕区域特色产业和短板，培养专业性、学以致用型产业人才；从发展现状和需求出发，精准施策，制定多元、多维度的创新制度，推动多主体合作模式和利益链接机制的创新尝试。积极创建产教基地、科创基地、交易中心、认证中心、溯源基地、数创中心等，实现区域发展软硬实力互动并进、人才机制多维创新，进而逐步形成总部经济、结算经济、创意经济、体验经济和时空经济。以三产的数字发展辐射驱动二产智慧升级、绿色发展，创建 ODM 设计中心、数字化工厂、智慧物流基地等，进而带动第一产业规范化、科技化发展，积极开展智慧农业、数字农业、田园综合体等项目，逐步推动一产品质、品牌及价值的提升，最终实现以数字经济推动供给侧结构性改革。

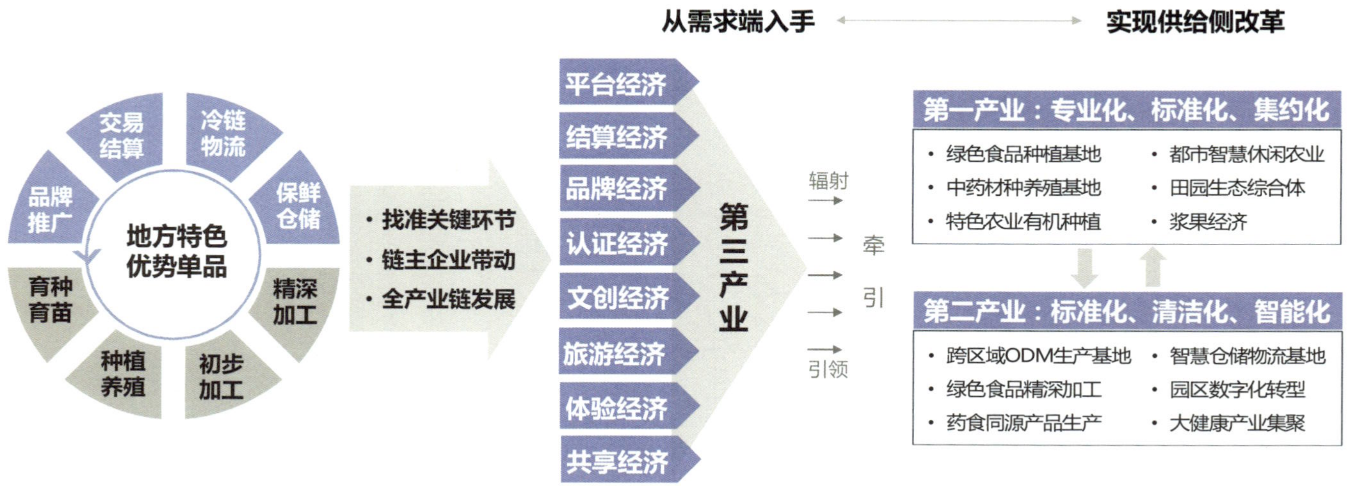

图 8-9 产业育城中心促进区域经济发展的路径

三、延伸产业链，提升价值链，重塑区域产业微笑曲线

中国已经成为世界第二大经济体，消费者要吃得饱，更要吃得好、吃得健康；要有得用，更要用得好、用得安全，随着国民消费能力与日俱增，人们对产品质量的要求也在不断提高，逐步形成倒逼产业提质升级的发展格局，提升标准，是高质量发展的应有之义，也是减轻对外依赖、减少社会总成本的有效路径。

生产端和销售端双向发力，推动产业链的延伸和价值链的提升，整体提升产业的微笑曲线（图 8-10）。泛华集团产业育城中心立足区域特色产品的特质、特性及特征，依托数字经济创新要素，通过科创平台、人才平台、设计平台、检测平台、数字平台、资本平台赋能地方的主导产业，从产品生产到销售的前后端双向发力，提升产业“微笑曲线”，促进产业结构升级。产业的“微笑曲线”包括科研、工业设计、制造、销售等环节，其拉升要从各个维度发力。在生产端方面，要围绕产品注入新功能，积极开展科技研发、品质认证、质量检测，以及创意设计、包装设计等工作，实现产品的品种培优、品质提升、品牌打造、标准化生产，以科技研发+数字赋能“双轮”驱动实现产品创新链、价值链升级。在销售端方面，围绕国内外需求市场的多元化、个性化、品质化和时效性要求，不断开展数字经济时代的创新销售模式，包括订单经济、品牌经济、体验经济、新零售、新视商等，全面实现供应链的提档升级，通过高品质、高时效、高适配的销售模式，推动“卖产品”向“卖风物”“卖文化”“卖体验”“卖服务”的转变。同时，在产品生产、销售的全过程中，依托线上产业育城中心，对生产全过程进行溯源认证及金融赋能，并链接全球要素，本地配置，推动“中国制造”标准逐步与国际接轨。

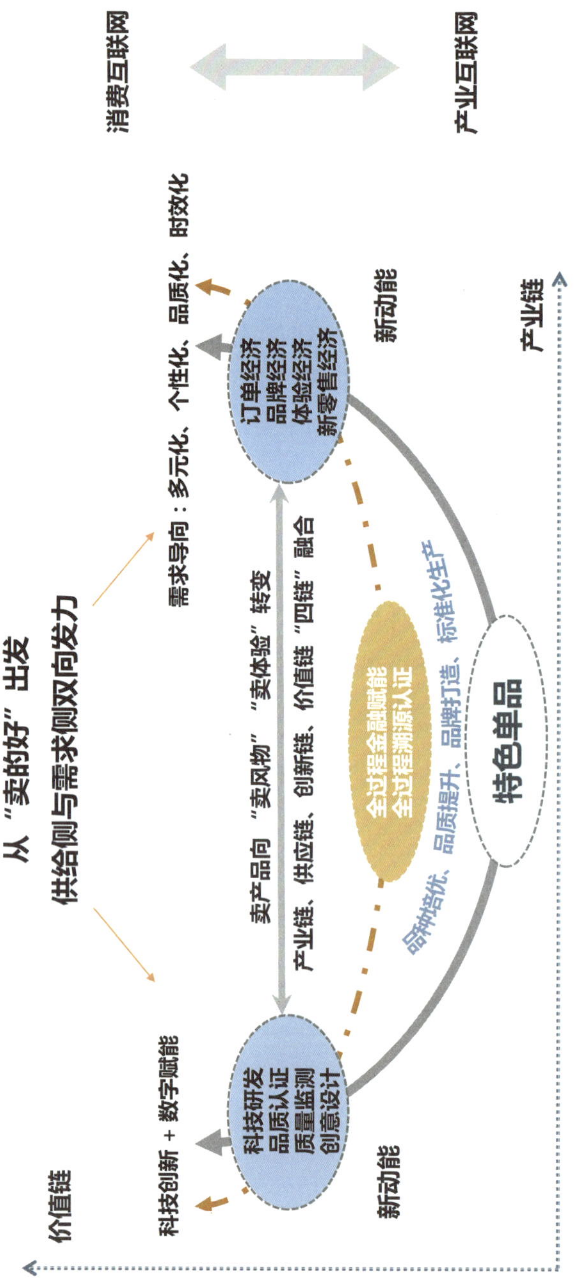

图 8-10 重塑区域产业微笑曲线示意

四、聚焦特色产业，依托育城中心，释放区域发展能级效应

2022 年 3 月，《中共中央　国务院关于加快建设全国统一大市场的意见》正式发布，该意见提出我国将从市场基础制度、市场设施等方面打造全国统一的大市场，打破地方保护和市场分割，打通制约经济循环的关键堵点。

大市场的建立将促进商品要素资源在更大范围内畅通流动，给市场主体更广阔的成长空间，进一步夯实国内大循环，推动国内市场和国际市场更好连通，促进要素跨境、自由、有序、安全、便捷地流动，形成对全球先进资源要素的强大引力场，进一步提高国际经济治理中的话语权，在国际竞争和合作中取得新优势。同时，加快建设全国统一大市场，也是实现科技自立自强推进产业升级的现实需要。通过统一大市场需求引导创新资源有效配置，促进创新要素在更大范围内有序流动和合理集聚，支持科技创新及相关产业业态发展，推动重大科技成果转化应用、提升产业链供应链现代化水平，推动将我国超大规模市场资源禀赋优势转变为强大竞争力，牢牢把握未来发展的主动权。为此，泛华产业育城中心以国家中小企业公共服务示范平台为核心，聚焦区域特色主导产业及特色单品，以创新设计为引领、数字经济为驱动、科技创新为动能、产业教育为支撑、金融创新全过程赋能，构建区域发展“五大赋能圈层”（图 8-11）：

第一圈层，即城市大脑。围绕地方主导产业应用场景，设立“泛华产业育城中心”空间载体，通过设计赋能、科创赋能、人才赋能、数字赋能及金融创新全过程赋能，积极发展数字经济、结算经济。创造第一圈层的城市大脑，从产业互联网端提升产品品质和附加值。

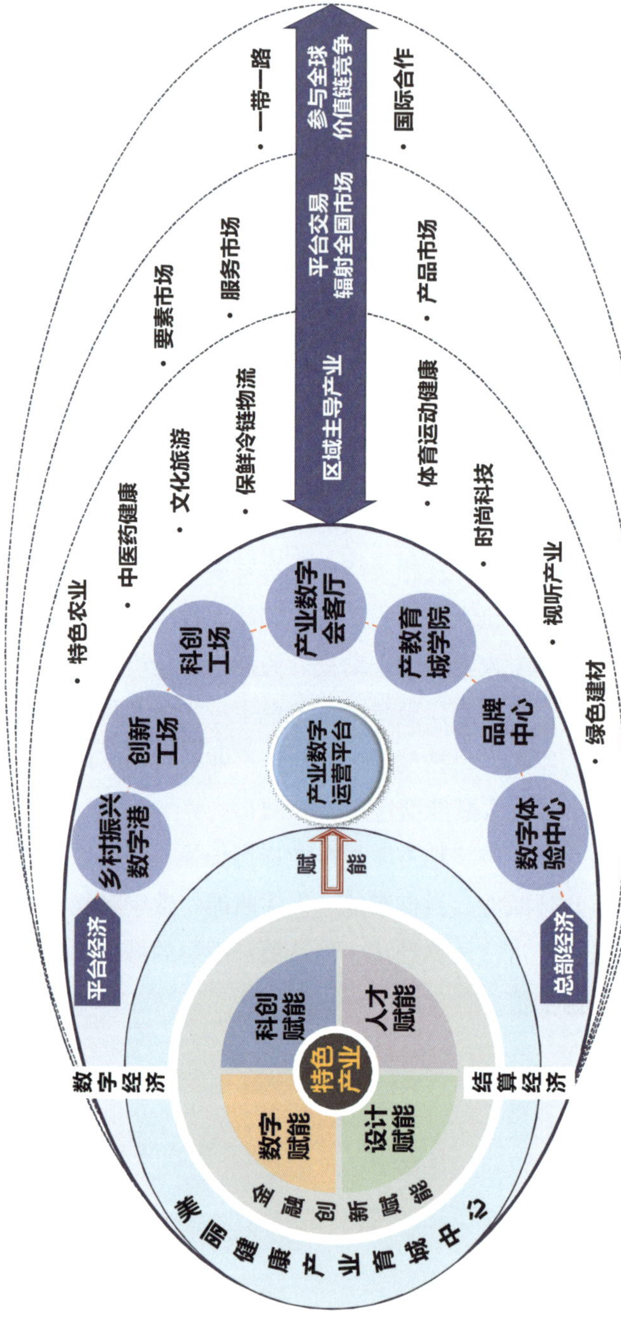

图 8-11 产业育城中心赋能圈层结构示意

第二圈层，即产业生态。结合第一圈层与第三圈层的地方主导产业应用场景，导入泛华集团六大核心强IP资源“创意设计、科技创新、数字协同、人才教育、金融创新及检测认证”，推动重构第二圈层的产业生态——城市数字港、创意设计工厂、科创工坊、城市数字经济会客厅、产业教育基地、创新金融中心和企业总部基地，为企业提供双创空间、场景体验、高端服务、产业大学、智慧社区，打造地方新的总部经济、平台经济。形成通过龙头企业带动，以产业集群构建为核心，把产业集群化、集群基地化、基地园区化、园区社区化、社区智能化，以科技创新、数字赋能重构产城融合发展新格局。

第三圈层，即地方主导产业。地方主导产业是新旧动能转换的出发点和落脚点，也是各类科技创新要素的承载体。通过科技创新引领主导产业转型升级，进而带动产业上下游资源要素优化重构，积极发展智能制造、时尚科技、视听产业等新兴产业，进一步形成数字化、智慧化的创新主导产业生态。

第四圈层，即线上线下要素平台。以智库引领，推动区域积极融入全国统一大市场，以产业育城激活产业发展内生动力，提升核心竞争力。通过第一、第二圈层的平台经济、创意经济、数字经济重构第四圈层的线上线下要素市场、产品市场和服务市场，打造“要素平台”，积极构建全球要素本地配置、本地产品“卖全球”的发展格局，形成以结算经济为核心的经济增长方式，进而辐射全国的市场，进一步参与全国统一大市场的建设、合作与竞争。

第五圈层，即国际大循环。随着“一带一路”等的深入推进，中国制造和中国创造不断以更高品质、更大竞争力占领国际市场。依托泛华产业育城中心对产业链的延伸、价值链的提升，助力区域产业高质量发展，参与全球价值链竞争，依托第五圈层产业生态，实现地方产业结构的整体升级。

最后，通过科技创新、创意设计、人才教育、数字协同、金融创新、检测认证六大赋能中心的支撑以及“五大赋能圈层”的要素聚集和叠加释放，重构地方绿色、智慧、健康产业新生态。站在为政府服务的视角，从区域经济的发展进行谋划，打造区域经济的比较优势，来重构地方的产业生态，积极推动产业育城中心落地、建设、运营，形成助力区域第三产业数字化升级、第二产业智慧化转型、第一产业规模化发展，进而推动一二三产业融合互动的空间载体。实现数字经济与实体经济高度融合，推动新旧动能转换，重塑地方产业生态，为全国统一大市场建设添能加油。

第四节 绿色运营：全要素一体化护航区域智慧化发展

顺应碳达峰、碳中和战略趋势，全国各地纷纷围绕“绿色发展”这一命题开展大量探索，蓄势待发，绿色运营将成为区域发展的鲜明底色。充分运用数字经济手段，将绿色运营理念贯穿区域规划、建设、发展全过程，融入城乡绿色化建设、产业绿色化发展、能源低碳化管理、居民低碳生活方式等方方面面，实现绿色低碳发展与智慧城市可持续运营紧密结合，打造绿色化、低碳化、智慧化发展示范。

一、绿色建设运营

2021 年 10 月，中共中央办公厅、国务院办公厅印发《关于推动城乡建设绿色发展的意见》（以下简称《意见》），对推动城乡建设绿色发展做出了系统部署。《意见》指出，城乡建设是推动绿色发展、建设美丽中国的重要载体。泛华集团在 30 年的发展过程中专注于新型城镇化建设，传统建设服务业务涉及房屋建筑工程、市政基础设施工程、新基建等各领域，提供策划、规划、咨询、勘察、设计、项目管理、监理、投资建设、施工、装饰装修、运营管理等项目全生命周期服务。泛华集团在多年城市建设的实践中，深刻认识到通过绿色化、工业化、智能化手段开展城市建设，通过搭建区域绿色建设运营平台改变粗放的城市建设方式，是实现城市高质量发展的内在要求。

多维度推动绿色城市建设：发展绿色建筑、绿色基础设施、低碳能源应用。建设绿色建筑，提高绿色建材应用比例，采用可循环和可再利用的建筑材料，构建绿色建材应用示范工程场景，倒逼建材生产的绿色低碳化。推广绿色建造方式，大力发展装配式建筑，鼓励政府投资的学校、医院等公共建筑项目优先选用钢结构装配式建造方式，推广应用钢结构装配式住宅。加强建筑低碳能源应用，鼓励利用太阳能、地源热泵系统、围护结构保温隔热、节能照明、自然采光等住宅节能技术，打造绿色低碳住宅。发展绿色基础设施，在发展绿色交通、分质供水、源头消纳（低影响开发）、黑臭水体治理、能源综合利用、生活垃圾分类、城市地下空间开发（综合管廊）等方面，探索以小型化、分散化、生态化建设方式降低基础设施建设和运营维护成本的方法。

信息化支撑绿色建设运营：搭建绿色建筑工程云平台，赋能建筑工程全寿命周期节能降耗。通过搭建“GIS+BIM+云大物移智”的绿色建筑云平台，围绕建筑工程的全生命周期，通过提供 SaaS（指软件服务层），帮助省市级管理者、大型建筑的使用者、物业管理者、施工方实施能耗管控，实现节能、节水、节地、节气、节材。①设计审核阶段，提供绿色低碳设计、BIM 建筑能耗模拟、管理节能咨询、节能数字审核服务。②绿色建材监测，提供绿色建材检测、测评和认证服务，并形成绿色建材供应商评价体系。③绿色施工阶段，围绕绿色施工“四节一环保”核心评价体系，通过利用工程物联网和传感设备，随时随地对施工过程中的能耗、水耗、施工噪声、施工扬尘等各项指标数据进行统计、分析、汇总和管控。④运行管理阶段，搭建区域公共建筑节能建筑平台，对医院、校园、大型商场和重要建筑进行能耗监测，逐时分类能耗数据和分项能耗数据，实现能源供给动态平衡与节能降耗。

试点化推进绿色低碳载体建设：创新零碳园区、低碳社区绿色运营手段。支持地方选择有基础、有条件的重点园区、社区率先打造零碳园区、低碳社区，开展零碳园区、低碳社区试点创建活动。通过智慧园区/社区体系，对园区和社区内的水电、光伏、储能等各类能源数据进行全面管理及趋势分析，整合碳管理模块。基于零碳操作系统，利用大数据、云计算、边缘计算和物联网等技术对采集数据进行聚类、清洗和分析，建立资源—能源平衡模型，实现企业和居民能源信息化集中控制、设备节能精细化和能源系统化管理。

图 8-12 为零碳智慧园区管理平台架构。

二、绿色产业运营

绿色产业运营是支撑区域绿色发展的关键所在。如何发展绿色农业、绿色工业、绿色服务业，积极培育新技术、新产业、新业态，推动产业绿色化转型与数字化升级，进而构建起区域绿色低碳循环发展的经济体系，是摆在各级政府面前的重要课题之一。泛华集团依托国家中小企业公共服务示范平台，为地方打造产业生态育城运营平台（图 8-13），从要素、生态、空间等多维度创新区域绿色产业运营路径，全面支撑区域产业低碳化、数字化转型升级。

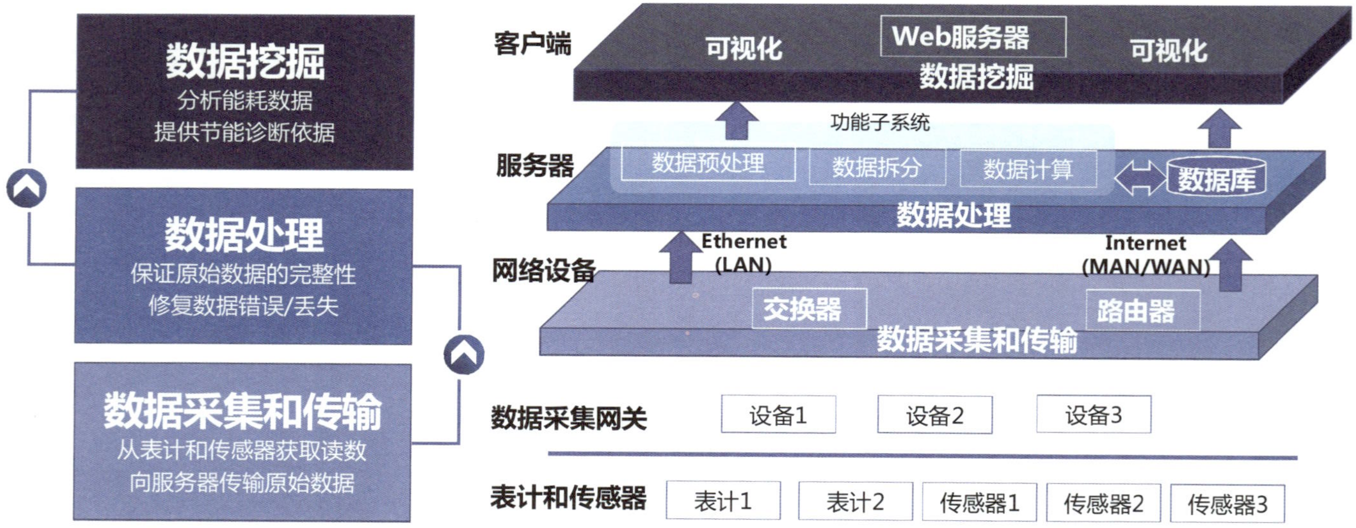

图 8-12　零碳智慧园区管理平台架构

注：LAN 为局域网；MAN 为城域网；WAN 为广域网。

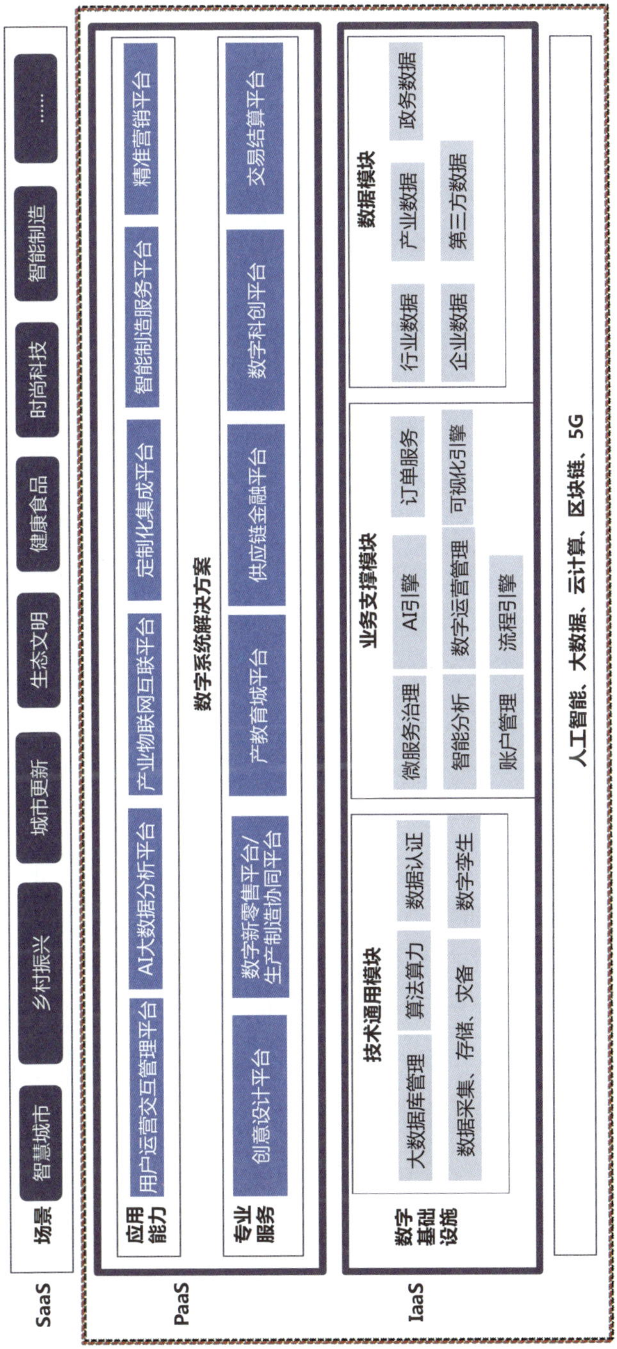

图 8-13　泛华产业生态育城运营平台示意

注：PaaS 为平台服务层；IaaS 为基础设施服务层。

①集聚产业创新要素，形成产业数字化生态赋能体系。围绕中小企业“不会转、不敢转、没资金、没人才、没技术”的现状，通过为中小企业量身打造产业生态育城运营平台，导入创意设计、数字技术、科技创新、职业教育、品牌包装、供应链金融等创新要素，形成以产业创新要素集聚为动力支撑、以产业生态育城运营平台为公共赋能载体的数字化赋能体系，为区域集聚数字化生产要素、构建产业数字化新生态、打造零碳园区和低碳社区、加速传统产业转型升级提供综合技术赋能。

②催生绿色发展新技术、新业态，推动产业数字化、低碳化转型。通过产业生态育城运营平台，一方面，搭建“产学研用”协同平台，形成绿色低碳生态技术研发和孵化体系，通过技术成果转化，催生出传感技术、传播技术、数据采集、生态监测技术等支撑产业绿色发展的新技术。另一方面，推动产业互联网向纵深发展，实现场景化数字生态与垂直产业融合发展，并综合应用数字化技术对垂直产业的生产、流通、销售、设计等环节进行全方位、全角度、全链条的改造，推动特色产业数字化、智能化、协同化融合发展，通过全过程溯源、检验检测、绿色品牌认证、绿色供应链等服务，实现垂直产业场景化应用创新，从而推动区域产业整体数字化、低碳化转型。

③促进物理空间和数字孪生空间融合发展，拓展产业发展空间载体。通过产业生态育城运营平台，集成不同技术对传统产业或物理空间进行描述、诊断、预测、决策，构建一个数字孪生空间，促进多种数字技术与传统产业协同、协作。数字孪生空间与实体物理空间融合，赋能、服务于政府、企业与个人，以数字孪生空间体系提升城市营商环境、优化资源配置，着重将产业与城市功能融合、与资本市场创新结合，不断构建数字科技创新集群。同时，塑造以科技创新为引领的产业生态环境，打造数字孪生空间和场景载体高度融合、智能互动的数字新生活服务体验，打造互联互通的未来城市发展新范式。

三、绿色能碳运营

能源是区域实现绿色化、智慧化运行的基本动力。在绿色低碳发展之路上，要围绕加快能源结构优化调整，聚焦工业、建筑、交通等重点领域的节能减排和能效提升，建立区域能源综合运营管理平台，集成能源智能监测数据，建立企业低碳云账户，探索源网荷储一体化，引导企业开展碳资产运营，共同为区域绿色能碳运营和绿色高质量发展勾勒出一幅美好蓝图。

（一）“智慧+区域能源”，重塑能源供给消费生态模式

当前，数字化变革正在不断重塑能源供需模式，包括中国在内的世界各国，正经历着前所未有的智慧能源转型：技术创新不断推动降低可再生能源度电成本，分布式能源应用成为趋势，互联网技术下崭新的能源画卷正慢慢展开，未来如何积极拥抱数字化，依托人工智能物联网（AIoT）技术，构建智慧区域能源系统，以数字科技创新驱动能源生产、传输、消费清洁化和低碳化。

基于这一认识，泛华集团正在建立统筹策划、规划、投资、建设、运营全过程的智慧区域能源综合服务体系。主要包括三方面内容，即构建全链路协同的区域能源系统、搭建云化的区域能源综合服务平台、创新智慧能源管理应用场景。

图 8-14 为区域能源综合运营管理平台示意。

（1）构建全链路协同的区域能源系统

如何打破传统能源系统烟囱式分立架构和孤岛式管理，泛华集团认为，构建全链路协同的区域能源系统是关键。未来，要通过创新驱动、科技引领以及物联网+互联网，实现对电力、工业余热、热电联产、可再生能源、风能等各种能源的创新存储、集成利用，重点发展储能这个智慧能源系统中的“心脏”，助力实现综合智慧能源管理和全链路协同。

（2）云化的区域能源综合服务平台

构建“线上+线下”的综合能源服务生态体系，助力各类能源服务全产业资源汇聚，赋能各省、市电力公司业务发展，实现电力公司和综合能源公司建立区域综合能源服务入口，服务政府、能源消费者、能源服务商、能源供应商、设备制造商和金融机构等生态圈伙伴。

①面向能源的供给端——搭建相关能源交易平台。例如，开展碳交易、电力交易、能量交换等活动，通过平台实现各种能源子系统连接，提供能源要素共享、资本要素共享、商品供需对接、产能共享交易等新型生产全要素共享服务，创新“拼能源”模式，构建能源池。

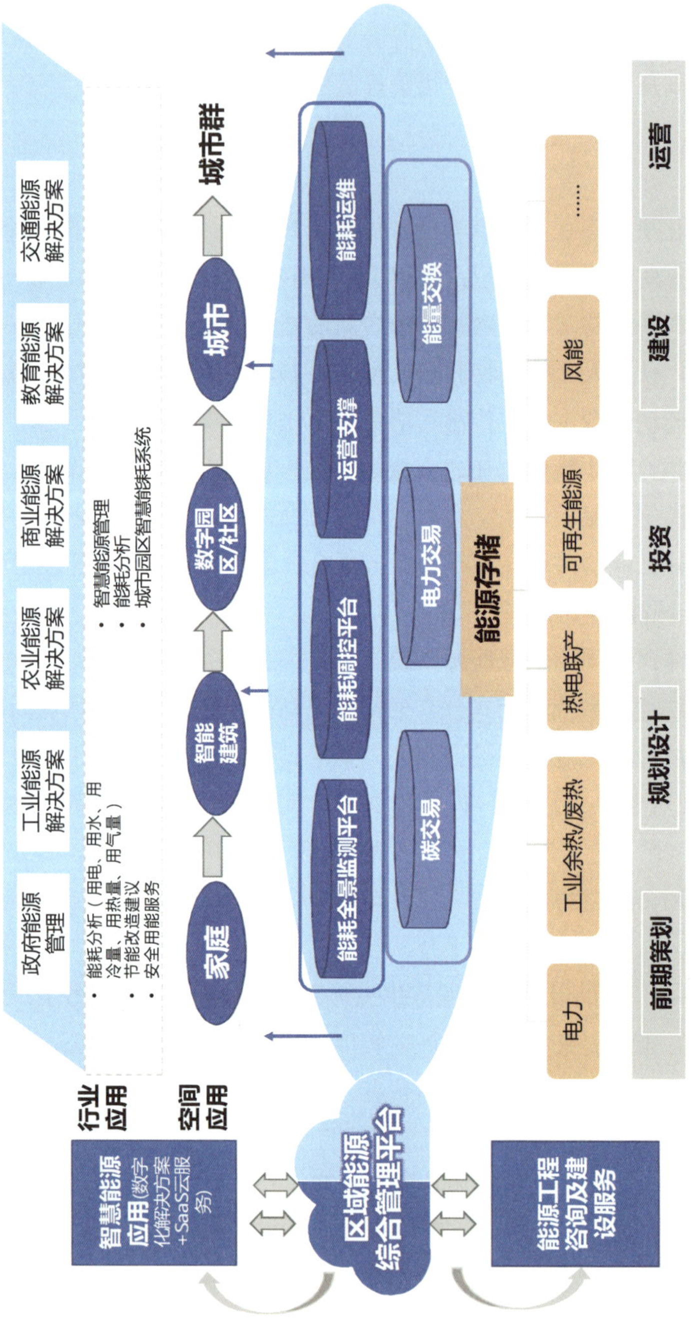

图 8-14 区域能源综合运营管理平台

②面向能源的需求端——打造能源监控和运营平台。以“能耗全景监测”为核心，采用大数据、云计算、AI、区块链等互联网技术，搭建实时化、信息化智能监测系统，解决碳管理、能耗监测等核心难题，并通过精准、高效的数字化管理，实现区域内的决策分析和督办协同，进而为客户提供低碳能源服务。实现分布式光伏、储能、空调、供暖、制冷、照明、给排水等指标的信息采集、环境感知与系统控制，通过AI算法挖掘和智能决策，优化客户侧能源系统运行策略，保障能源供给，降低用能成本，履行“双碳”承诺。并面向建筑楼宇、工业企业及园区、社区、家庭等用能场景，实现能源规划、控制、监测、分析、运维、管理、交易等功能，实现需求传导和数据贯通。

（3）创新智慧能源管理应用场景

依托“云—网—边—端—芯—智—链”的信息通信全产业链体系，满足能源运营商或服务商、能源消费者、能源产品商、政府等用户的综合能源需求，打造智慧楼宇、智慧园区、数字城市及工业、农业、商业等场景的“智脑+神经系统”，通过数字化解决方案和SaaS服务平台，赋能客户侧能源系统安全、高效、低碳运行。

（二）碳资产运营拓展区域资产绿色运营

碳资产是指在强制碳排放权交易机制或者自愿碳排放权交易机制下，产生的可直接或间接影响组织温室气体排放的配额排放权、减排信用额及相关活动。碳资产成为继现金资产、实物资产、无形资产之后第四类新型资产，其本质是基于国际金融活动而形成的碳金融资产。据碳定价高级别委员会估计，要想低成本高效益地实现《巴黎协定》温控目标，二氧化碳定价在2030年前需达到50～100美元/t。

构建城市碳中和监测平台。通过构建城市碳中和监测平台，助力中小型企业便捷、高效率、低成本地进行碳资产管理。城市碳中和监测平台采用大数据、物联网、碳排放预测模型等技术手段，结合国家政策与地方特点，构建覆盖地区人口组成、能源生产结构、终端消费量、重点行业、规模及以上企业碳排放、用户碳足迹、碳交易和碳吸收等综合维度的智能监测管理平台。平台充分发挥数据驱动优势，搭建碳中和远景规划分析模型，从能源侧、企业侧、用户侧、管理侧提出切实可行的建议和实现途径，促进能源结构转型，优化重点行业生产用能结构，加快去碳化进度，促进“碳中和”相关政策的落地实施。

图 8-15 为城市“碳中和”监测指挥平台局部展示。

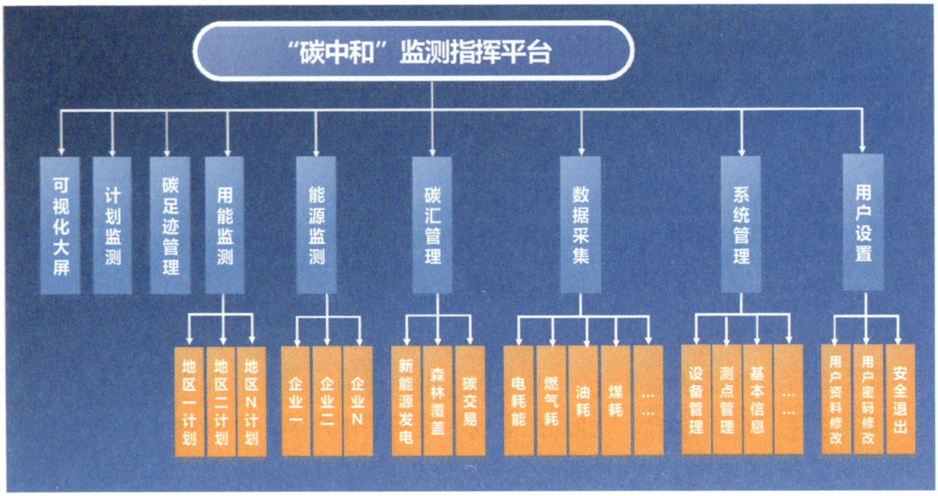

图 8-15 城市“碳中和”监测指挥平台局部展示

设立碳资产管理机构。该机构的主要任务是对企业碳资产开发、碳市场分析、碳配额管理、排放报告编制、质量控制、审核风险控制、碳交易运作等进行实时跟踪，反馈企业管理过程信息，提出解决方案。同时，机构还应该根据重点功能节点设置数据分析、报告编制、审核质控、交易管理等子部门，这些子部门将分别与企业其他专业部门进行信息对接与方案评估改进，通过跨职能部门的水平整合和优化合作，提升综合管理能力以获得减少碳排放的最大潜力。

引导企业开展碳资产管理。在企业的低碳发展过程中，通过监测排放数据，设定适合的碳排放目标，制定企业的碳排放策略，根据企业的实际需要储备用于履约的国家核证自愿减排量（CCER）和配额。如果重点排放企业存在配额缺口，可以根据市场的供求情况，进行价格预测以获得最大收益；非重点企业可以选择适当时机出售 CCER 以获取资金。

第五节　聚力发展：营造共建、共享、共赢新局面

一、政府牵引，开启绿色改革新篇章

政府全方位全过程推行绿色规划、绿色设计、绿色投资、绿色建设、绿色生产、绿色流通、绿色生活、绿色消费，统筹推进高质量发展和高水平保护，深化推动绿色低碳发展领域制度改革创新，强化绿色发展领域法规支撑，健全绿色收费价格机制，引导金融制度创新，培育绿色交易市场机制，完善绿色标准、绿色认证体系和统计监测制度，落实绿色人才保障，支撑构建绿色低碳循环发展经济体系，开启绿色改革新篇章，引导区域高质量发展和经济社会发展全面绿色转型。

强化法律法规支撑。推动完善促进绿色设计、强化清洁生产、提高资源利用效率、发展循环经济、严格污染治理、推动绿色产业发展、扩大绿色消费、实行环境信息公开、应对气候变化等方面的法律法规制度。强化执法监督，加大违法行为查处和问责力度，加强行政执法机关与监察机关、司法机关的工作衔接配合。

健全绿色收费价格机制。完善资源价格形成机制，推动生态产品价值实现机制取得重要突破。完善污水处理收费政策，按照覆盖污水处理设施运营和污泥处理处置成本并合理盈利的原则，合理制定污水处理收费标准，健全标准动态调整机制。按照产生者付费原则，建立健全生活垃圾处理收费制度，结合本地实际情况，实行分类计价、计量收费等差别化管理。完善节能环保电价政策，推进农业水价综合改革，继续落实好居民阶梯电价、气价、水价制度。

引导金融制度创新。积极申创气候投融资试点，通过制订气候项目标准、完善气候信息披露标准、建立气候绩效评价标准等，充分发挥标准对气候投融资活动的预期引导和促进作用。创建国家绿色金融改革试验区，出台系列绿色金融改革创新的激励保障与约束政策，引导金融资源向绿色低碳产业配置。积极开展绿色信贷绩效考核评价，将结果纳入金融机构评级等中国人民银行政策和审慎管理

工具。引导银行、保险机构加强产品服务创新，加大绿色信贷投放力度，有序推进绿色保险。紧抓注册制改革机遇，积极支持符合条件的绿色企业发行上市，支持已上市绿色企业通过定增、配股、发行可转债等形式进行再融资，降低融资成本。

完善绿色标准、绿色认证体系和统计监测制度。开展绿色标准体系顶层设计和系统规划，形成全面系统的绿色标准体系。加快标准化支撑机构建设。加快绿色产品认证制度建设，培育产生一批专业绿色认证机构。加强节能环保、清洁生产、清洁能源等领域的统计监测，健全相关制度，强化统计信息共享功能。

培育绿色交易市场机制。健全排污权、用能权、用水权、碳排放权等交易机制，降低交易成本，提高运转效率。加快建立初始分配、有偿使用、市场交易、纠纷解决、配套服务等制度，做好绿色权属交易与相关目标指标的对接协调；探索建立“碳汇+”生态产品价值实现机制；积极参与全国用能权、用水权市场交易。

落实绿色人才保障机制。加大绿色教育改革力度，创新技术人才培养模式，培育绿色低碳领域管理、技术、商业等复合型人才，优化人才结构调整，深化产学研融合发展；通过实施优惠的住房政策、优质的公共服务、奖补政策等吸引国内外绿色低碳领域高层次人才，提升区域经济绿色转型发展的软实力。

实施绿色发展攻关行动。践行“绿水青山就是金山银山”理念，实体化运行“绿水青山就是金山银山”银行，示范带动农户、企业等参与生态价值有效转化路径的探索；围绕节能环保、清洁生产、清洁能源等领域布局一批具有前瞻性、战略性、颠覆性的科技攻关项目。培育建设绿色技术国家技术创新中心、国家科技资源共享服务平台等创新基地平台。强化企业创新主体地位，支持企业整合高校、科研院所、产业园区等力量建立市场化运行的绿色技术创新联合体，鼓励企业牵头或参与财政资金支持的绿色技术研发项目、市场导向明确的绿色技术创新项目。

二、多维共建，营造区域发展新氛围

在政府机制保障和政策引导下，激发各类市场主体转型动力，充分发挥协同作用，凝聚以政府为主导，企业、科研院所、社会媒体等多元主体共同参与的多方力量，普及推广绿色低碳发展新理念，营造区域发展新氛围，共同推动区域经济绿色转型。

首先，企业在绿色转型中充分发挥市场主体作用，为绿色发展注入强大动力。企业作为重要的经济活动承载主体，应主动承担环境责任和社会责任，履行绿色低碳责任，积极构建科学的企业社会责任评价体系，进一步完善绿色低碳发展下的企业社会责任目标。加快研发和利用节能减排技术、清洁生产技术、低碳技术、洁净煤技术、碳捕获和封存技术等，降低能源消耗、减少碳排放和资源浪费，提高资源利用效率，创造条件推动产业生态化和生态产业化转型发展，为持续改善生态环境、建设美丽中国助力。同时要充分运用大数据、云计算、区块链、人工智能等数字技术，为产业的低碳转型发展赋能，催生绿色低碳发展新业态、新模式、新行业。

其次，科研院所、高校等机构积极发挥科技研发优势，攻克技术难关，推动科研成果转化。把握智能制造、节能环保、清洁能源、碳达峰与碳中和等方向，解决和突破工业绿色转型科学问题和核心关键技术难题；探索新模式新业态，为产业链升级、区域低碳发展转型提供在设计、研发、工艺、算法、运营等方面专业性和综合性强的科技服务；选择有条件的企业开展产学研合作，推动科学技术成果与生产深度融合，促进区域绿色发展。

最后，各类新闻媒体做好宣传推广，营造区域绿色发展新氛围。讲好区域绿色低碳循环发展故事，大力宣传推广绿色低碳循环发展理念，积极宣传生态产业化和产业生态化的典型案例，适时曝光破坏生态、污染环境、严重浪费资源和违规盲目发展高耗能、高排放项目等负面典型，凝聚社会共识，营造良好氛围。

三、全民参与，强化社会发展新思维

区域经济绿色高质量发展不仅要发挥政府与市场的双重作用，引领全社会形成绿色发展思维及行为方式，也需要公民转变角色，广泛参与，达成全社会的共识。从低碳发展涉及的组成部分看，其基本出发点离不开满足公众需求；而公众在日常行为中的价值偏好和行为选择，也将通过市场传导机制或影响政府决策等方式，影响区域绿色转型发展。当地政府应深入开展全民行动，发挥群团和社会组织的作用，提高公民环保意识，倡导简约适度、绿色低碳的生活方式，以绿色消费带动绿色发展，以绿色生活促进人与自然和谐共生，加快形成人人关心环保、人人参与环保、人人监督环保的大环保格局。

提高全社会生态环保意识。加强生态文明教育，将生态文明纳入国民教育体系，开展生态环境科普活动，创新生态环境保护培训方式。繁荣生态文化，加大生态环境宣传产品的制作和传播力度，利用世界环境日等重要时间节点，广泛传播生态文明理念。

践行简约适度绿色低碳生活。推进全民绿色生活、绿色消费，积极践行“光盘行动”，坚决革除滥食野生动物等陋习，严格限制一次性用品的使用，鼓励地方采取补贴、积分奖励等方式促进绿色消费。全面推进绿色生活设施建设，大力推进绿色出行，深化公交都市建设，健全完善绿色交通体系，推进城市社区基础设施绿色化，强化社区垃圾分类投放的宣传与推进。营造宁静和谐的生活环境，加强声环境功能区管理，落实建筑物隔声性能要求，严格夜间施工审批，加强对文化娱乐、商业经营等社会生活噪声源热点问题的日常监管和集中整治。践行绿色生活方式，命名节约型机关、绿色家庭、绿色学校、绿色社区、绿色商场等。

开展生态环保全民行动。健全节约能源资源管理制度，推行绿色办公，加大绿色采购力度。充分发挥各类社会主体作用，鼓励工会、共青团、妇联等群团组织制定措施，动员广大职工、青年、妇女积极参与生态环境保护。强化公众监督，完善例行新闻发布制度和新闻发言人制度，推进信访投诉举报工作机制改革，充分发挥信访投诉举报信息“金矿”作用，畅通群众参与生态环境监督渠道，保障公众的知情权、监督权、参与权。

第六节 泛华集团在行动：以项目全生命周期系统解决方案，绘就区域高质量发展“作战地图”

泛华集团诞生于激情燃烧的改革开放年代，作为“92 系”企业，自始就带着时代的深深烙印投身到改革浪潮中，经历了中国经济生存大挑战中的激烈博弈，见证了当代中国的一次次精彩跨越。历经30年的探索，泛华集团顺应中国城镇化进程趋势，始终牢记为城市创造价值的使命，积极推动中国城市的可持续发展。30年来，泛华集团认真践行“劳作、创新、升华，为城市创造价值”的核心价值观。从创业初期积极探索建设行业工程总承包改革，开创建设业务系统集成的新空间，进而打造城市建设全产业链联动创新发展下的城市发展、投资运营、工程建设与海外发展的业务体系；到以系统思维总结提出切合中国城镇化发展进程需求和城市建设行业创新趋势，提出具有自身特色的“中国新型城镇化发展创新模式”；再到率先推进建设行业数字化转型，创新提出“产业育城中心”，构建以产业互联网生态平台为载体的城市数字化转型赋能体系，落实推进中国新型城镇化、城市更新、乡村振兴战略，推动中小企业数字化转型，培育数字化生态共同体，促进城市数字化转型，助力城市打造高质量发展与生态文明和城镇化相融合的全要素智慧生态产业示范区。泛华集团始终主动拥抱时代变化，以创新为使命担当，在30年的发展历程中，紧跟国家战略、行业发展脉络，追求卓越，与时俱进，调适企业发展战略、产品体系，努力做时代的企业。

在数字经济引领高质量发展的时代，泛华集团提出以生态文明建设为依托，以数字经济为驱动，产业互联网思维贯穿项目全生命周期。以乡村振兴为点，生态文明建设为线，生态产业化构面，产业生态化筑体，点、线、面、体“四维融合”构筑泛华集团基于国家战略及新型城镇化的创新发展模式，即“EOD+产业育城+全要素智慧生态产业示范区”创新开发模式。第一，聚焦特色产业，落地运营产业育城中心，导入泛华集团荣获的首批“国家中小企业公共服务示范平台”，以线上（产业生态育城运营平台）线下（产业育城中心）两端互动，构建数字孪生体，助力城市智慧化、数字化升级。第二，推出建设产业育城、美丽健康产业育城、能碳运营、数字运营、“育城汇”五大产品体系。第三，形成了以智库为牵引，为城市和企业提供顶层设计；以投资运营为抓手，提升城市经济“造血”机能，激发内生活力；以产业运营为根本，赋能地方产业升级与新旧动能转换；以数字经济为平台，助力城市、行业与企业实现数字化转型，高质量发展；以建设服务为支撑，打造精品标杆项目，建设美丽中国的“五商”服务体系。

时间的车轮从未停止，百年未有的改革宏图正在徐徐展开，泛华集团与国家、民族携手共进，以时间为尺度，以创新为坐标，从系统的视角感知新时代的脉动，探寻新趋势的发展路径。征途上的泛华集团作为中国新型城镇化的创新领跑者，自觉承担起新时代赋予的新使命，始终以领航时代、开拓创新为己任，三十而立的泛华集团经历了从“本体论”到“系统论”再到“生态论”的迭代和提升，不惧风雨、砥砺前行，已成长为以智库牵引、生态重构、项目包装、产业运营、投资建设、数字运营，真正为客户提供数字化、可操作、可持续、伴随式、强运营系统落地解决方案的数字投资建设集团。未来，必将以信心凝聚力量，以雄心续写华章，为客户创造价值，与城市共同成长，前途路长，未来可期，泛华集团一直在路上。

第九章

泛华生态文明建设及 EOD 模式实践案例

第一节 陕西省略阳县“绿色健康产业融合发展”国家级 EOD 试点实践案例

助力陕西省略阳县申创国家第二批 EOD 模式试点是泛华集团 EOD 模式实践的典型案例之一。泛华集团受略阳县人民政府委托，为略阳县提供 EOD 模式培训、试点评估、项目包装、实施方案编制等全过程、系统化服务。2022 年 4 月，生态环境部、国家发展改革委办公厅、国家开发银行办公室联合印发《关于同意开展第二批生态环境导向的开发（EOD）模式试点的通知》，“嘉陵江略阳县城段生态环境导向的开发项目”成功作为全国 58 个试点项目、陕西省 3 个试点项目之一获生态环境部审议通过。

一、从经济社会环境多维度审视试点基础

（一）试点范围

略阳县位于秦岭南麓，陕西西南部，汉中西缘，地处嘉陵江上游、汉水北源陕甘两省交界地带，宝成铁路纵贯南北、十（堰）—天（水）高速公路与 345 国

道横穿东西，是汉中的“西大门”和陕甘川三省重要的物资集散地之一，总面积 2 831 km^2，总人口 17.7 万人。

试点区域为陕西省汉中市略阳县县城，总面积 570.3 km^2，辖两个街道、一个镇：兴州街道、横现河街道、接官亭镇，共 29 个行政村 180 个村民小组和 13 个社区居委会，总人口 7.2 万人。略阳县城位于嘉陵江流域，地处嘉陵江、八渡河、东渡河三水汇流之地，具有“三水交汇、五山环抱”的独特地理环境。

（二）略阳县经济社会发展概况

略阳县是国家乡村振兴重点帮扶县。“十三五”时期，略阳县县域经济稳定增长，地区生产总值年均增长 3.9%。2020 年，略阳县全年实现生产总值 63.83 亿元，完成地方财政收入 1.32 亿元，全社会固定资产投资 21.26 亿元，社会消费品零售总额为 25.33 亿元，农村和城镇居民人均可支配收入分别达到 11 545 元和 33 285 元，分别增长 7.6%和 4.9%，城镇登记失业率 3.58%。“十三五”期间，累计脱贫 1.77 万户 5.97 万人，2020 年顺利实现整县脱贫“摘帽”。

生态环境良好，是国家重点生态功能区、南水北调水源涵养保护区。略阳生态优美，自然环境良好，气候温润，降水丰沛，森林覆盖率 70.01%，是国家森林城市，被评为“中国天然氧吧”。水资源丰富，略阳县县域河流均属长江流域，分为嘉陵江和汉江两大水系。流域西部为嘉陵江水系，面积 2 014.6 km^2，占全县总面积的 71%，涉及 12 个镇办。东部煎茶岭以东是汉江水系，为汉江一级支流沮水（又名黑河），其流域面积 816.4 km^2，占全县总面积的 29%，涉及 5 个镇办。根据水利普查数据，略阳县境内流域面积 50 km^2 以上（有长流水）的河流共 22 条；流域面积 100 km^2 以上的河流有 15 条；流域面积 1 000 km^2 以上的河流有 4 条。

生物资源丰富，是全国“杜仲之乡”“天麻之乡”“猪苓之乡”。略阳山川形胜，气候宜人，生物资源丰富，是中药材的适生地优生区。全县有药用动植物 176 科 1 221 种，常用药材 479 种，素有“天然药库”和“生物基因库”的美誉。略阳杜仲、天麻、猪苓、黄精、乌鸡获得国家地理标志保护产品认证，全县中药材地存面积 70 万亩，是陕西省中药现代化科技示范县。

矿产资源丰富，素有“富山盛矿”之美誉。略阳县矿藏资源种类多，分布广，储量大、品位高、易开采。已探明金属和非金属矿藏 41 种，矿体及矿点 134 处，中型以上矿床 28 个，其中铁矿、镍矿、蛇纹石、白云石等矿储量居陕西省之首。黄金资源尤为丰富，已探明黄金矿床 10 个；黄金储量 49.26 t，列陕西省第二位，占陕南“金三角”（宁略勉三县）地区总量的 84.1%；其矿物价值超过 400 亿元；位于其中心的煎茶岭镍金矿，储量达 21 t，镍金矿床为全国第三大镍金矿床。

文化底蕴深厚，被称为“故道明珠”“秦蜀襟带”。略阳县有国家级文物保护单位灵岩寺，保存有“汉三颂”之一《郙阁颂》石刻和我国古代交通规则石刻《仪制令》，拥有长江流域保存完好的羌文化建筑群江神庙、始建于唐代中叶的灵崖寺等众多历史文化遗存，是氐羌文化、秦蜀故道文化的汇聚地，是国家羌文化保护实验区。县城以北 34 km 处的五龙洞国家森林公园（AAAA 级），集奇山、茂林、险洞、秀水于一体，景色优美，自然景观独特。

图 9-1 为略阳县生态环境现状。

（三）略阳县生态环境建设面临的挑战

略阳县城频遭洪水灾害，是陕西省防洪重点城市、全国防洪薄弱县之一，防洪体系亟待完善。略阳县城位于“三河交汇、五山环抱”之地，嘉陵江干流穿城而过，由盆地、坝子、宽谷和峡谷相间分布的串珠状河谷地貌组成，特别是县城以下有长约 4 km 的卡口地形。加之在长达 2 200 多年的建城史中，受地形限制，“人水争地”突出，目前县城建基面普遍较低。这种独特的地形地貌，造成略阳县城区频遭洪水侵害。据《略阳县志》记载，1448—1949 年，略阳县共发生特大洪水 24 次，平均 20 年发生一次特大洪灾，因洪水冲塌而大规模重建或补建约有 8 次，1949—2020 年有 24 次大水入城，特别是 2018 年、2020 年县城发生两次洪涝，对略阳造成较为严重的损失。

图 9-1 略阳县生态环境现状

略阳属于资源成熟型城市、传统矿业城市，尾矿库治理、矿山生态修复以及固体废物综合利用任重道远。略阳县矿产资源丰富，开发利用历史悠久，是全国现有 262 座资源型城市之一，县域经济中冶金矿产占比高达 70%，全县有 34 座尾矿库，约占汉中市尾矿库数量的一半。矿产开发的同时，对生态环境造成了一定的破坏。据不完全统计，全县矿山占用和破坏土地约 5.34 km^2。由采矿引发地面塌陷、滑坡、泥石流等地质灾害造成的经济损失达 600 多万元。调查资料显示，全县 53 家矿山企业总面积 7 396.13 hm^2。区内产生矿山地质环境问题主要包括：矿山地质灾害有崩塌、泥石流、采空区地面变形等；土地资源压占与破坏有露采、采空区地面变形、废渣堆场、矿山工业用地对土地的压占与破坏等；地形地貌景观破坏有露采、废石堆场对地形地貌的改变及破坏等；地下水的破坏及影响；生态环境的污染；等等。因此，矿山修复、污染治理、生态复绿、资源综合利用等，将是摆在略阳县面前一项长期而艰巨的任务。

环境基础设施建设相对滞后，城镇排污管网建设有待加强。略阳县城市排水系统的改扩建取得了长足的进步，但排水系统等城市基础设施仍不能满足现有需求。由于缺少污水处理设施，污水排放对嘉陵江等水体造成了一定的污染，并对周边生态环境、居民生活产生了影响。

二、深度挖掘试点创新亮点与示范意义

一是满足保护大秦岭生态环境的政治需要。守护秦岭生态是国家一项重大政治任务，略阳全境位于秦岭生态保护区，按照当前国家和陕西省关于秦岭生态环境保护相关政策要求，如何促进秦岭生态保护与经济社会和谐共进是当前各级政府的重大课题。采取 EOD 模式使生态环境修复治理引领产业发展，能够促进秦岭生态环境保护区生态治理和经济发展“双轮并进”，推动大秦岭生态环境保护取得成效，守护好中华祖脉。

二是保障一江清水“永续北上”的需要。略阳位于汉江北源，是国家南水北调中线工程重要的水源涵养区。长期以来的矿产资源开采遗留了大量的矿山生态环境问题。矿山生态环境需要进行修复治理，但县级财政根本无力承担治理费用。EOD 模式能够有效解决当地生态环境修复治理投入不足的难题，进一步加快水源

地生态环境治理，提升水源水质，为一江清水送京津提供有力保障。

三是资源型城市转型发展的先行示范需要。目前，全国有262座资源型城市，略阳作为其中之一，转型发展成为时代要求。在当前“双碳”要求、能耗双控等政策背景下，略阳申报的EOD模式试点项目可以为资源型城市的绿色转型发展探索出一条新的道路，若申报成功便可以作为资源型城市绿色转型的先行试点，加快探索创新生态环境导向开发模式的实现路径，为全国资源型城市的绿色循环转型发展提供借鉴和经验，示范带动资源型城市转型发展。

四是加快略阳绿色循环转型发展需要。略阳属于资源成熟型城市、传统矿业城市，当前县域经济中冶金矿产占比高达70%，有34座尾矿库。随着国家粗钢限产、能耗双控政策趋紧，“双碳”要求进一步明晰，传统工业型城市绿色转型势在必行，略阳县作为地处秦岭区域的县城之一，根据“十四五”规划的明确要求，建设陕西省绿色循环转型发展示范县，打造绿色食药首位产业。而采用EOD模式是推进绿色转型的重要途径和有效手段。

五是县域经济高质量发展典型示范的需要。积极探索生态环境修复治理与绿色产业融合发展新路径，加快生态修复治理进程，推动生态环境资源化、产业经济绿色化发展，把“绿水青山”转化为“金山银山”，是实现新时期县域经济高质量绿色发展的必然选择。略阳申报EOD模式试点，需要统筹流域治理与矿山修复，兼顾绿色食药等绿色循环产业，从而推动县域经济高质量发展。

略阳县地处秦岭生态保护区，是国家重点生态功能区、南水北调水源涵养保护区，以及陕西省防洪重点城市，也是国家乡村振兴重点帮扶县、全国资源型城市。略阳EOD模式试点紧扣略阳总体发展战略，针对略阳“流域防洪治理”“矿山生态修复”两大生态环境治理突出问题，结合略阳中药材资源和绿色食药产业优势，依托“两山银行”试点建设基础，以“绿色健康融合发展”为特色，将生态环境治理与绿色健康产业发展有机结合，探索生态产品价值转换方式与途径，并通过一体化实施，构建生态环境治理与产业发展的反哺机制和长效运营机制（图9-2）。

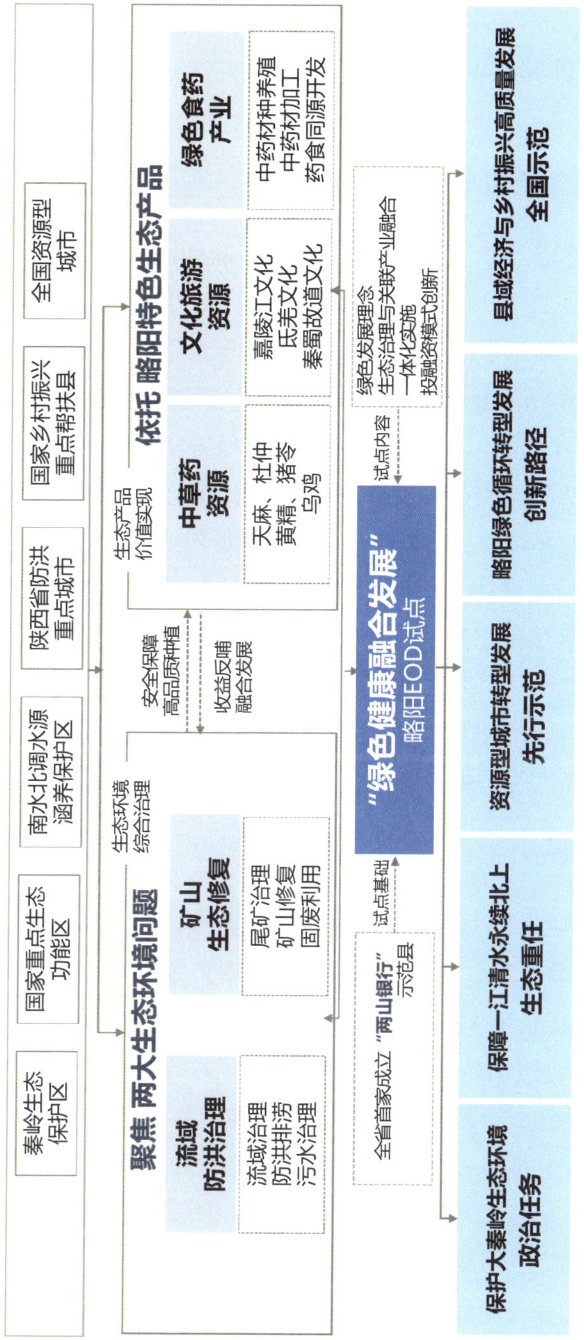

图 9-2　略阳 EOD 试点基础与亮点示意

三、以绿色健康融合发展构建 EOD 试点总体思路

（一）生态产业融合发展思路

坚持生态治理和生态产品价值转化“双轮”联动，紧紧抓住国家乡村振兴重点帮扶县的政策机遇，围绕“一立四振兴”战略和“活力开放、绿色转型、康养乐居”3 个略阳建设目标，紧扣“绿色循环转型发展示范县”的目标定位，充分挖掘略阳县中药材资源优势和绿色食药首位产业基础，高质量打造略阳县“绿色健康产业融合发展示范区”，通过组建一个联合实施主体，统筹实施生态环境治理项目和绿色健康产业发展项目，构建生态环境治理与产业发展的反哺机制，加快绿色循环发展步伐。通过探索生态环境修复治理与生态产品价值转换及绿色食药产业融合发展新路径，推动生态环境资源化、产业经济绿色化发展，推进“生命、生产、生活、生态”融合发展，给区域生态修复、一二三产业融合发展、塑造中药品牌、发展绿色循环经济、改善城市营商环境、增加就业和改善民生，以及实现乡村振兴和巩固脱贫成果等各方面带来综合效益，树立以 EOD 模式助力资源型城市绿色转型发展、带动乡村振兴高质量发展的样板示范。

（二）关联性分析

一方面，坚持生态优先，通过开展“流域防洪治理”与“矿山生态修复”两大迫切生态治理修复工程，保障流域居民生命财产安全，为中药材等生态产品的优质安全生产创造优良环境，并重构区域生态网络，整体改善城市环境和营商环境，促进产业发展。例如，开展嘉陵江河道治理、城市内涝治理工程，城镇排污管网建设，统筹解决水灾害、水资源、水环境、水生态问题，实现环境治理和生态系统修复，为中草药种植、绿色食药产业发展以及健康旅游产业业态培育创造良好生态基底，为区域居民的生命安全、生活质量、生产发展提供全方位保障。乌鸡产业园防洪河堤工程是乌鸡产业园的配套基础工程，具有重要的防洪安全保障功能。乌鸡产业园位于嘉陵江右岸，河道属于无堤段，边岸土质松散，洪水期岸坡崩塌现象严重。通过防洪河堤工程建设，确保乌鸡产业园免遭

20 年一遇及以下量级洪水的破坏，保障园区的生产建设。开展尾矿库治理工程，统筹生态修复治理与固体废物资源综合利用，延长资源利用产业链，发展绿色循环经济，将生态本身做成产业。

另一方面，依托略阳中药资源，导入绿色食药优势特色产业集群，延伸发展健康旅游产业业态，多维度探索生态产品价值转化路径，以产业发展收益反哺生态治理投入，为生态环境建设提供持续动力。通过对水、土壤、大气等环境要素进行污染治理，持续改善区域生态环境，打造略阳“一方净水”“一方净土”“一方净气”，为天麻、杜仲、黄精、猪苓等中药材的绿色、优质、安全生产奠定基础。天麻、杜仲、黄精、猪苓、乌鸡本身就是生态产品，通过开展生态产品深加工、药食同源开发，做大做强绿色食药产业。通过“中药+文化+旅游”拓展延伸健康旅游业态，增加旅游产业收入，真正从多维度实现生态产品价值转化，“绿水青山”向“金山银山”的转化。同时，通过中药材绿色种植、绿色养殖倒逼生态环境改善，带动尾矿库土地复垦利用和生态复绿。这些收益性较好的关联产业项目，可将获得的多元产业收益、经营性资产收益等经济收益反哺给生态治理支出，构建起产业收益反哺生态治理投入的良性机制。

（三）实现路径

以“治水”为先导，兼顾流域防洪能力提升与城镇水环境改善。略阳县是陕西省防洪重点县城之一，城区防洪体系建设不仅是事关略阳安全和发展的项目，更是解决略阳心腹重患的民心项目。因此，以治水为先导，全面提升“水系、水面、水质、水岸”整体水环境质量和水生态健康水平，筑牢绿色生态基底，建设“美丽略阳”。通过实施嘉陵江三河坝至灵岩寺段河道拓宽工程和河道卡口拓宽、河道疏浚等措施，提高城区河道行洪能力和防洪标准，有效缓解城区的防洪压力。通过实施荷叶坝乌鸡产业扶贫示范园项目防洪河堤工程，建设堤防、涵管、踏步等工程，提高乌鸡产业园区的防洪能力，为促进略阳县经济发展及巩固脱贫攻坚成果提供可靠保障。通过实施略阳县城市内涝治理项目，对现状山洪沟进行清淤疏浚，对局部天然土渠段进行硬化，采取增设盖板，优化、改造排水管网和排洪渠道等防内涝工程措施，提升略阳县城市排洪设施泄洪能力和内涝治理能力。通过实施略阳县城区排污管网建设项目，有效完善城区排水设施，提升污水收集能力，减少污水对区域内水体的污染，有效改善城市排水防涝条件和城市环境。

以“治矿”为载体，统筹矿区生态修复与固体废物资源综合利用。通过实施略阳县嘉陵江上游尾矿库治理项目，对县城区域范围内的7座尾矿库进行环境风险评估，分析其环境污染问题，同时开展“一库一策”治理，针对每个尾矿库提出环境污染治理、生态恢复、资源化利用的任务和措施，推动完成略阳县嘉陵江上游尾矿库污染的综合治理，系统化解环境安全风险，改善尾矿库影响区的生态环境，促进矿山绿色转型与循环经济产业发展。

以生态修复为基底，以中药材资源为支撑，导入绿色食药和健康旅游产业，探索生态产品价值实现路径。以生态价值体系重建引领产业价值体系重构，围绕“建设绿色循环转型发展示范县”总体定位，因地制宜打造略阳“绿色健康产业融合发展示范区”，采用“生态+绿色食药”“生态+健康旅游”产业导入方式，构建以绿色食药为特色的产业价值体系。通过实施“治水”“治矿”等一系列生态修复类项目，有效提升县城防洪排涝能力，加快矿山修复与绿色转型，整体提升城市生态环境和人居环境质量，拓展生态旅游业态，为产业绿色转型、绿色循环经济发展创造条件。通过推进“生态+绿色食药”“生态+健康旅游”的特色化、绿色化、生态化、融合化发展，真正落实“生态治理产业化、产业发展绿色化”的EOD试点要求，打造全县域产业绿色转型样板。

四、统筹包装规模适宜、有效反哺的依托项目

EOD试点项目的策划包装、规模设计要考虑3个方面的因素：一是生态类项目与产业类项目具有强关联性，且各类项目均已完成项目可行性研究或备案工作；二是项目投资规模设计要考虑项目实施主体（如政府平台公司）的信用评级、经济实力、融资能力等；三是要保证产业项目的收益能有效覆盖项目整体的债务本息。

基于以上考虑，略阳EOD模式试点依托项目包括生态环境治理类和产业开发类共10个项目，涉及金额21.88亿元，其中生态环境治理类项目约7.76亿元，产业开发类项目14.12亿元。10个项目已完成投资额2.18亿元。该试点项目空间分布情况如图9-3所示。

序号	类型	项目名称
1	生态类项目	嘉陵江三河坝至灵岩寺段河道拓宽工程
2		略阳县荷叶坝乌鸡产业扶贫示范园项目防洪河堤工程
3		略阳县城市内涝治理项目
4		略阳县城区排污管网建设项目
5		略阳县嘉陵江上游尾矿库治理项目
5.1		略阳县火地沟尾矿库“一库一策”治理项目
5.2		略阳县木瓜沟尾矿库“一库一策”治理项目
5.3		略阳县青林沟尾矿库“一库一策”治理项目
5.4		略阳县王家沟尾矿库“一库一策”治理项目
5.5		略阳县辛家沟尾矿库“一库一策”治理项目
5.6		略阳县陈家渠尾矿库“一库一策”治理项目
5.7		略阳县古墓坑尾矿库“一库一策”治理项目
6	产业类项目	略阳县现代中药产业示范园建设项目
7		略阳杜仲黄精生态功能产品研发生产项目
8		药食同源食品（黄精）加工项目
9		略阳县乌鸡产业园区项目
10		略阳县绿色循环现代农业产业园建设项目

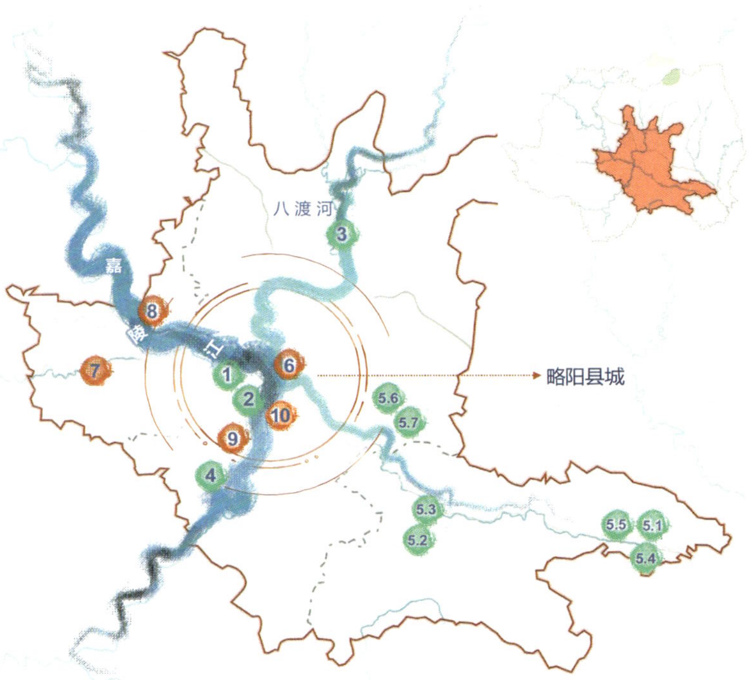

图 9-3　试点项目空间分布

五、机制创新和路径创新，保障 EOD 模式试点有效实施

（一）生态环境治理投融资机制

与传统生态环境治理方式相比，EOD 模式能够为投融资机制创新注入市场活力，改变以往以政府为主导的单向的生态投入方式，推动建立灵活、多元的生态环境治理投融资机制，实现生态环境治理可持续发展。EOD 模式以习近平生态文明思想为引领，以可持续发展为目标，以生态保护和环境治理为基础，以特色产业运营为支撑，采取产业链延伸、联合经营、组合开发等方式，推动公益性较强、收益性差的生态环境治理项目与收益性较好的关联产业有效融合、统筹推进。略阳 EOD 模式试点将治水、治矿两类生态治理项目与绿色食药产业进行一体化开发，建立产业收益补贴生态环境治理投入良性机制，提升生态环境治理项目自身“造血”能力，有利于探索政府债券、政府投资基金、PPP、组建投资运营公司、开发性金融、环保贷等多种投融资模式。

（二）保障环境治理成效

EOD 模式通过利益机制创新，能够规避生态治理的无效投资行为。传统模式解决生态环境和经济发展之间矛盾的主要方式是控制人类活动和实施污染治理与生态修复工程项目。工程项目的实施主要是通过用经济发展积累的资金去支付环境修复和污染治理相关费用实现的。各利益主体寻租等行为，往往导致相关生态项目盲目建设，单纯为生态建设而进行生态建设，无法体现生态项目的经济效益。在后期产业项目开发过程中，仍然需要按照相关建设需求，对生态环境进行再次修复治理，从而造成资源的不必要浪费。略阳县 EOD 项目通过对绿色食药产业项目与治水、治矿等生态治理项目进行一体化开发建设，将后期的生态维护费用纳入盈利性产业运营过程中，有效地减少重复建设，获得生态和经济的双重效益。

（三）推进路径和组织管理方式

EOD 模式在推进路径和组织管理方式方面更为灵活有效。传统生态环境治理

的推进路径和组织管理方式较为固定，往往由单一部门申报实施，由财政资金保障，责任部门、属地乡镇作为主体独立、分散实施，市场参与不足。EOD 模式鼓励打破行业、企业、所有制界限，积极引入综合实力强、专业化水平高的市场主体参与项目建设。略阳县 EOD 试点采取由略阳县人民政府牵头，以政府城投平台公司为依托项目承担单位，联合市场化主体的方式进行统一实施，对 10 个项目在管理机制、运营机制、收益分配机制等方面进行统筹管理，能够打破原有开发模式下条块分割的局面，调动各市场主体的主观能动性，激励相关主体进一步拓展产业链，提高项目开发效率和运营效率，保障生态环境持续改善。

第二节　河南省信阳市上天梯非金属矿生态修复及绿色矿山开发 EOD 试点项目包装、策划与落地实施案例

泛华集团以泛华 EOD 创新理念和创新路径为指引，参与并运用到上天梯相关生态、产业类项目的规划、设计和建设过程中，助力上天梯国家 EOD 试点项目的实施。

一、发展概况

信阳市位于河南省南部，是我国中原南部重要水源涵养生态地。根据河南省的自然区域特征，参照《中原经济区规划（2012—2021 年）》，将全省划分为太行山地生态区、伏牛山地生态区、桐柏大别山地生态区、平原生态涵养区和沿黄生态涵养带、南水北调中线生态走廊和沿淮生态保育带，形成“四区三带”的区域生态网络。信阳市上天梯非金属矿管理区位于信阳市平桥区和罗山县的接合部，是保护和构筑大别山生态安全屏障的关键节点。该管理区成立于 1998 年 12 月，是信阳市委、市政府的派出机构，行使市级委托和县级管理职能，辖区总面积 36 km^2。

上天梯区位交通优势较明显。北距郑州 300 km，南距武汉 180 km，东距合肥 300 km，是 3 个省会城市间最具发展潜力和活力的核心区域。交通便捷，京港澳

高速、沪陕高速、大广高速及 106 国道、107 国道、312 国道呈十字形在此交会；京广铁路、京九铁路、宁西铁路三大干线在此近距离“对接”，距上天梯非金属矿矿区 5 km 处有货运站，距该矿区 10 km 处建有非金属矿产品装卸铁路专线；往南 1.5 h 可到达武汉天河国际机场，往北 1 h 之内可到达信阳明港机场、2.5 h 可到达郑州新郑国际机场。

上天梯非金属矿产业管理区是河南省首批产业集聚区（图 9-4），位于信阳市区南 10 km 处。上天梯非金属矿的非金属资源储量丰富，蕴藏特大型矿床，素有“亚洲第一矿”“世界矿都”的美誉。已探明非金属矿储量 8.67 亿 t，主要拥有珍珠岩、膨润土、沸石、瓷石 4 种矿石，广泛应用于节能、环保、建材、化工、装饰、食品、航空、冶炼等 40 多个领域。目前年综合开采加工能力 150 万 t。产品销往全国各地，出口到欧洲、美国、日本、韩国和东南亚等国家和地区。近几年，信阳市上天梯非金属矿管理区的经济发展呈现良好态势。2020 年，上天梯非金属矿产业集聚区地区生产总值达到 56 亿元，初步形成了非金属矿科研、加工业集群和仓储物流等产业集群。

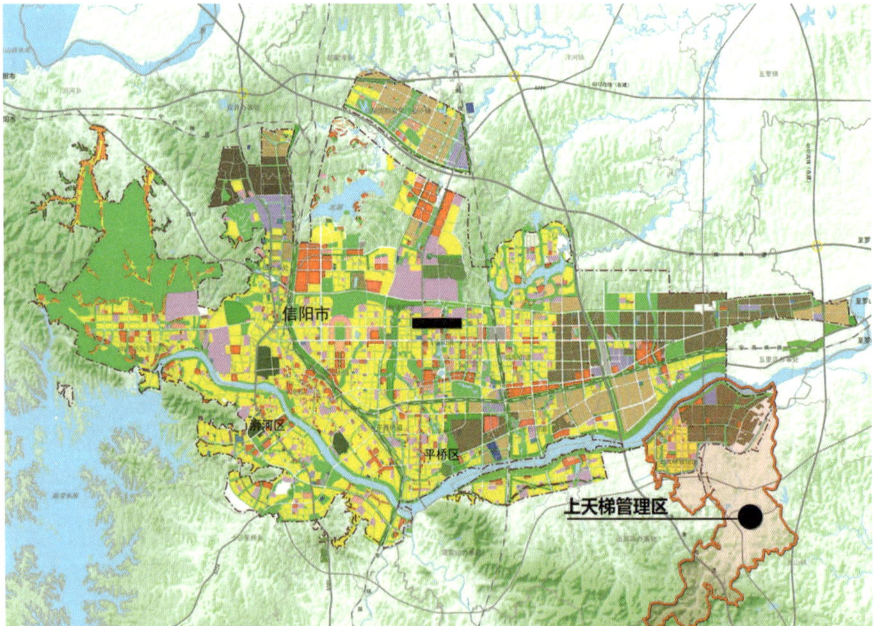

图 9-4　上天梯管理区（即信阳市上天梯非金属矿管理区）在信阳市位置示意

二、生态特征

上天梯非金属矿管理区地处淮河一级支流浉河流域，区内主要河流有浉河、肖河、小溪河等。上游 8 km 处有库容 16 亿 m^3 的南湾水库，西北约 30 km 处有即将开工建设的库容达 34 亿 m^3 的出山店水库，拥有丰富的优质水资源。

上天梯非金属矿管理区动植物资源丰富。管理区森林植被类型主要为针叶林、阔叶林、混交林、灌丛和灌丛草等，共有维管植物 175 科、784 属、1 879 种。其中蕨类植物 29 科、64 属、142 种；裸子植物 6 科、11 属、21 种；被子植物 140 科、709 属、1 716 种。该管理区维管植物科数、属数、种数分别占河南植物总科数的 88%、总属数的 68%、总种数的 47.2%。动物有哺乳类 60 种，鸟类 169 种，爬行类 35 种，两栖类 23 种，共有各种陆栖脊椎动物 287 种，占河南省陆栖脊椎动物总种数的近 3/4。该管理区东南部有 1 297.26 hm^2 的区域位于董寨国家级自然保护区内。

三、生态瓶颈

上天梯非金属矿管理区内矿点众多，且均采用露天开采，虽然近年来矿产资源整合效果显著，矿山企业数量减少，但遗留大量露天采坑，大部分采坑有积水。这些采坑有些是计划经济时期私挖滥采遗留的，有些是近几年无证开采形成的，还有一些是生产矿山无序开采形成的，且已形成连片的露天采坑群，造成植被损毁、土地压占，严重影响矿容矿貌。同时，长期的粗放式露天开采，导致当地地形地貌满目疮痍。农田、道路、坑塘、植被、河流、房屋、桥梁等均遭到不同程度的破坏；露天采矿剥离排土和爆破开采形成的飞石、冲击波，直接破坏地表土层植被和地质岩体结构，改变地貌并引发自然生态景观的变化，毁坏了一些良田和部分基础设施，对当地人居生活环境造成严重破坏；水源涵养、水土保持、生物多样性保护、生态系统安全保障等生态环境保护功能面临严峻挑战。

四、发展思路

上天梯非金属矿管理区结合国家和省委、省政府相关政策要求，坚持生态优先，践行绿色发展理念，开展 EOD 模式试点，力求探索将生态环境治理项目与矿山资源、产业开发项目有效融合，推动实现生态环境资源化、产业经济绿色化发展，提升环保产业可持续发展能力，促进生态环境高水平保护和区域经济高质量发展，建立生态与经济社会的协同机制。具体从以下 3 个方面探索 EOD 模式的可持续发展路径。

①全面改善区域生态环境质量。通过区域生态修复提高生态环境质量，进一步消减历史生态欠账，增强区域生态服务功能，将环境效益和资源合理利用有效联动，坚持在保护优先、生态优先的前提下有序合理利用资源。

②提升资源高质量开采利用效率。以习近平生态文明思想为指导，走循环经济之路，形成资源开采产业链的延伸和闭合，提高高附加值产品产出和整个区域产业水平。

③完善产业基础设施建设。提高产业发展质量，通过绿色发展和配套环境设施建设，促进区域产业发展，以产业发展收益反哺生态环境治理投入，形成保护与利用的良性循环。

五、发展重点

上天梯非金属矿管理区地处中部水源涵养功能区内和重要成矿带上，具有生态功能和资源禀赋优势，且具有重要意义，在保护生态的前提下合理利用矿产资源，在增强生态服务功能的同时发挥资源禀赋的最大价值，协调环境保护和经济发展是区域开发与建设的核心工作。在开展 EOD 模式工作中，主要采取矿山生态环境修复治理、绿色矿山建设、新材料产业构建相融合的区域综合开发模式，通过“理念融合、主体融合及项目反哺补偿长效机制”等途径和措施，有序推进生态环境保护与产业开发项目融合发展。

（1）产业生态化和生态产业化融合发展

结合地区资源禀赋条件和地方特色，按照产业服从生态、产业服务生态、产业提升生态的思路，在 EOD 模式中构建的“三位一体”产业生态化和生态产业化融合发展体系包括“山水林田湖草”生态保护修复、非金属矿产资源开采、生态修复及碳中和示范园区建设。主要包括：①生态治河工程。对珍珠河 5.97 km 的河道及肖河 14.06 km 的河道进行全面清淤疏浚，选取 14.56 km 的河道险坡段进行生态护岸加固处理，保证雨季河流排水通畅，预防洪水对两岸设施造成的破坏；为了便于农田灌溉取水，选取 4 个水流平缓的河段修建溢流堰，提高河流水资源利用能力；规划新建 30 m 桥梁 1 座，便于河岸两侧交通通畅。②水污染防治工程。沿流经生活区的河道设置 2.3 km 的截污管，阻断生活污水、矿山开采产生的废水对河道的污染；沿流经矿区及部分水土流失较为严重的河段设置 15.84 km 的植草沟；同时在生活区及矿区铺设 3.9 km 的砂砾石河床，用以过滤净化污水水体。③水生态修复工程。采取生物修复治理的方式沿河道分别种植面积 7.12 万 m^2 的沉水植物，12.15 万 m^2 的挺水植物。沉水植物种类包括苦草、金鱼藻、菹草、狐尾藻，挺水植物种类包括香蒲、千屈菜、美人蕉、菖蒲，种植的水生植物可以长期有效的净化水体，加强生物多样性保护。④景观打造文化提升工程。建设沿河景观步道 32.2 km，沿景观步道及河道进行绿化，绿化面积 19.5 万 m^2，为当地居民提供优雅的公共休闲空间。

（2）生态治理恢复与绿色农业发展

通过对绿色矿山地质环境进行恢复治理，提高区域生态环境质量，消除矿山地质灾害及隐患，增加林地、草地和耕地面积，利用新增的有效地发展绿色农业，进而促进生态产业化发展（图 9-5）。主要工程内容包括：建设高标准基本农田 843.98 hm^2；整修塘 263 座；整治沟渠 1.77 km；新修生态景观堰 22 座；建设农桥和景观桥 11 座，对肖河、珍珠河湿地公园进行环境整治；整治人居环境面积 21 563.79 m^2 等。通过土地平整、田间道路、灌溉与排水等工程实施，打造高效、绿色、生态农业的发展平台，提高农业产业化经营水平，增加农民收入，促进新农村建设，涵养水源、治理水土流失，改善空气质量，固碳释氧，提高农田生态系统的生物多样性。建立项目区水循环净化系统，改善南湾湖上游水质，提高土壤有机肥力，整体改变土壤环境。

图 9-5 绿色农业发展项目示意

（3）生态保护与上天梯生态经济带构建

保护生态，提升生态屏障功能，加强生态涵养带、防护林带建设及天然植被保护，加强生态保护与修复，强化湿地保护，推进森林生态建设，完善生态保护基础设施及监控体系，提高生物多样性和增强生态系统稳定性，通过践行“绿水青山就是金山银山”理念打造集经济效益、生态效益和社会效益于一体的上天梯生态经济带。主要内容包括：

①矿山开采项目实施非金属矿矿产资源开采与生态修复项目（图 9-6）。将开采结束的废采坑改为废石场、废渣场，填平废采坑后复垦造田，形成绿色可持续发展模式。加强矿山管理，预防和减轻矿山生态破坏，健全绿色勘查和绿色矿山建设工作体系，构建绿色矿业发展长效机制。对于生产矿山，选择建设条件好的矿山，并建成绿色矿山，带动全区生产矿山的升级改造，逐步达到绿色矿山建设要求，基本形成绿色矿山建设新格局。建设规模为 120 万 t/a，矿山产品为块度≤600 mm 的珍珠岩、膨润土、沸石原矿，运送至上天梯非金属矿管理区内的加工厂。实施工程包括：土地平整工程、挡土保水岸墙工程、排水沟工程、垫层和覆土工程、生物工程、道路工程、后期养护及标志碑工程等。

图 9-6 矿山生态修复项目示意

②新材料产业园区项目（图 9-7）。主要对基于开采的矿产资源进行绿色建材生产。矿产开采及加工的产品销售收入是本项目实现投入反哺的主要收益来源。强化传统保温材料、保温结构一体化材料、保温装饰一体化材料、装配式建筑新材料的优势，提高创新能力，扩大生产规模，增品种、提品质、创品牌。延长产业链，推广钢丝网架轻质保温一体板的应用，加强建筑部品、生态建材、市政建材、建材生产装备等新型材料的研发、推广与应用。积极对接中国建筑材料科学研究总院、清华大学、中国建筑科学研究院等国内知名材料研发机构，围绕被动式超低能耗建筑要求，加快联合研发，包括被动式建筑所需的装饰材料和专用材料、设备部品等。

（4）构建产业发展反哺环境保护治理的长效机制

通过构建和完善 EOD 反哺补偿长效机制，通过产业发展项目及其经营收益补偿补贴生态环境保护和治理类项目及其工作投入，进一步提升生态环境保护产业的“补血”和“造血”功能，资源开发行为与环境保护发展挂钩，产业收益部分按比例投入环境保护与治理工作，形成良性循环。

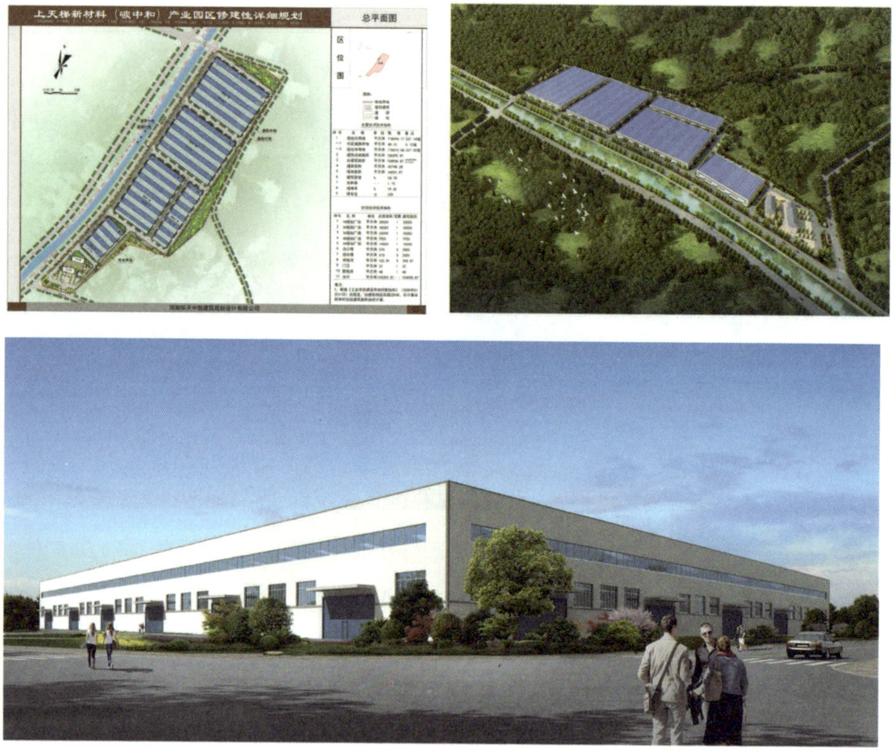

图 9-7　新材料产业园项目规划

六、建设成效

本次项目总投资为 14 亿元，其中，生态修复投资 3.5 亿元、绿色矿山投资 5.3 亿元、新材料产业园区投资 5.2 亿元。项目收益主要有两部分：一部分是生态收益转化为生态产品带来的收益；另一部分是非金属矿及其深加工制品的收益。

近两年，上天梯非金属矿管理区坚守矿权和环保两条生命线，全力攻坚资源整治、绿色矿山建设、环保整治等工作，积极构建良好的产业生态，促进产业基础高级化、产业链现代化发展。上天梯非金属矿管理区加大产业整合力度，关闭多家小作坊式工矿企业，保留 103 家企业，其中，规模以上企业 65 家（工业 63 家、服务业 1 家、贸易 1 家）。一系列整治提升工作，虽然导致 2018 年规模以上工业企业增加值大幅度下降，但 2019 年、2020 年、2021 年明显提升，上天梯非金属矿管理区转型升级、环境治理工作成效显著，发展后劲十足。

上天梯非金属矿管理区按照“植绿复绿密疏适当、高低错落，兼顾多样性、季节性，打造一个天然矿山公园”的目标，设计了生产矿山、政策性关闭矿山和责任主体灭失矿山治理方案，全力实施矿山生态修复工程。同时，高标准设计了绿色矿山建设方案，总投资 5.3 亿元，目前已累计投资 2.6 亿元（为自有资金），改变过去“大矿小开、一矿多开”的混乱局面，形成“一个矿区一个开发主体”的格局。目前，边坡修整工程、道路工程、绿化工程、土地平整工程、排水沟工程、环保改造工程、排危除险工程、安全改造工程、配套设施改造工程等各项工程建设，正在按时间节点高标准、高站位推进。该管理区绿色矿山建设荣获由中国绿色矿山产业联盟评选的“2019 年度绿色矿山突出贡献奖”。同时，全面推进矿山生态修复，积极打造矿山生态公园。

第三节　EOD 导向的生态工程实践案例

一、水生态案例

（一）“大东湖”生态水网构建创新实践

武汉市水资源十分丰富，多年平均降水量约 1 200 mm，年均水资源量达 7 000 亿 m^3 以上，水域面积约占市域国土面积的 25%，居全国大城市之首，被誉为“百湖之市”。

“大东湖”生态水网是由东沙湖水系和北湖水系的江、湖、港、渠构成的水网，位于武汉市中心城区，是国家级风景区，也是全国最大的“城中湖”（图 9-8）。该区域是武汉经济社会发展的重要地区，是武汉的铜铁、石化和高新技术产业区，是武汉大学、华中科技大学等国家重点高等院校集中地，因此，其相应的环境承载能力，尤其是水环境承载能力也必须同步增强。

图 9-8 “大东湖”生态水网布局

党中央、国务院对武汉城市建设发展和环境保护高度重视。2007 年年底，国务院同意武汉城市圈为全国资源节约型和环境友好型社会建设综合配套改革试验区。2008 年 4 月，中央政治局常委李克强同志视察湖北武汉，对“大东湖”生态水网构建工程建设作出了“研究、推进、落实”的重要指示。湖北省委、省政府将其列为建设武汉城市圈“两型”社会的重大项目。

“大东湖”生态水网构建的本质是对以湖泊群为重点的水环境生态系统进行综合治理和保护。按照国务院批准的武汉城市圈“两型社会”建设综合配套改革试验总体规划，本着遵循自然规律、恢复生态功能的治水理念，以及“生态修复，水网连通，综合治理，协调发展”的思路。泛华集团将城市的整体发展和治理工程建设有机结合，将工程措施与非工程措施结合，形成思想认识统一、城市布局科学、产业结构合理、工程措施到位、监督体系有效的综合治理体系，研究和探索城市经济社会和生态环境可持续发展的道路，力争在中部地区乃至全国起到示范作用。

（1）项目概况

“大东湖”生态水网项目区域跨武昌区、青山区、洪山区、东湖新技术开发区和东湖生态旅游风景区，区域国土面积 436 km^2，区域湖泊汇水面积 376 km^2，是以全国最大的“城中湖”——东湖为中心，由东沙湖水系、北湖水系、15 条港渠组成的江、湖、港、渠水网。

（2）工程内容——“三大工程，一个平台”

“大东湖”生态水网构建工程内容包括“三大工程，一个平台”，以污染控制为前提，以水网连通为措施，以生态修复为核心，以监测评估为手段，实现水网构建目标。

污染控制工程采取点面结合的方式，有效消减入湖污染物，工程内容包括工业点源治理、城市污水处理及污泥处置、城市面源治理、农村面源治理。

生态修复，因地制宜地构建良性水生态系统。生态修复是改善受污染湖泊水体的主要途径之一，不仅可以直接治理水体污染，还可以修复水生态系统，甚至可以解决其他手段无法解决的问题，目前已成为发达国家常用的环境污染治理手段。“大东湖”生态修复工程的主要任务包括重污染区域科学疏浚、湿地恢复与重建、河湖岸线改良、水生动植物群落重建等。

水网连通，江湖相通提升水体环境承载力（图 9-9）。水网连通对促进不同水体的水生态交流和水质改善有重要意义，“大东湖”区域有良好的水系连通基础和外部条件，结合区域水系特征，通过适当的工程建设，恢复“江—湖”连通和“湖—湖”连通。该工程在进行水利调度时，既要满足防洪排涝要求，又要减少能耗、节约资源，还要尽可能地自流引水，以有利于长江优良水生态系统恢复的方式自然引入。

监测评估研究平台。泛华集团提出，应该将“大东湖”区域内 6 个长江水质监测点、6 个污水处理厂水质水量监测点、6 个雨水径流水质监测点、14 个引水对潮水水质产生影响的监测点组成综合网络，建立可自动监测数据的数据库，在 376 km^2 汇水范围内构建整套“大东湖”水系全覆盖动态监测网络系统，为开展“大东湖”生态水网长期稳定的监控工作提供系统硬件与技术软件支撑。通过动态监测，为“大东湖”生态水网构建工程实施方案的修订以及生态水网绩效的评估提供依据。

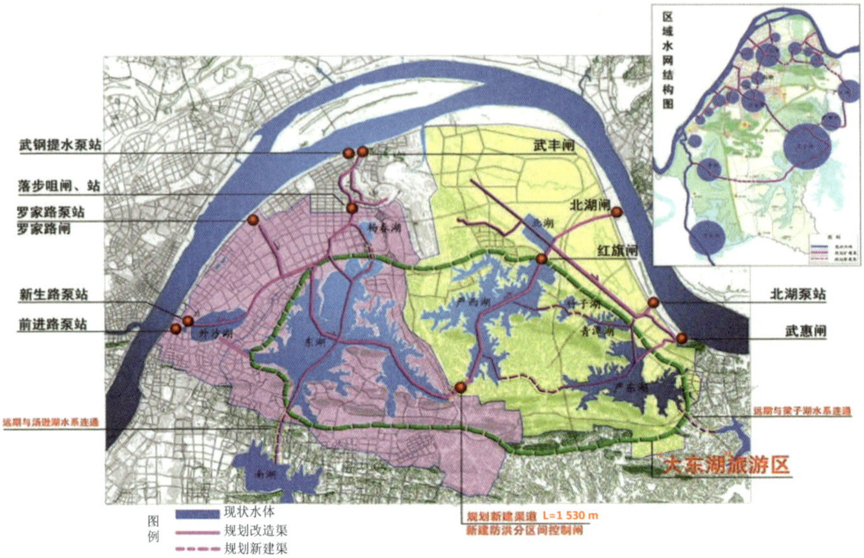

图 9-9 “大东湖”水网连通布局

（3）示范项目

东沙湖连通工程作为“大东湖”生态水网构建项目的启动工程之一，2010 年 7 月 16 日开工建设。该工程总投资约 17.8 亿元，包括长 1.7 km 的东沙湖连通渠（楚河）及长 3.2 km 初期雨水箱涵。2011 年 9 月底完成了东沙湖连通渠建设，实现了东湖与沙湖两大水系的连接，促进了区域内 1.7 km 城中村改造，成功引入万达集团打造国际一流文化商业区（武汉中央文化区），实践探索了“两型社会”基础建设与城市建设发展模式。

“大东湖”生态水网构建工程，有利于修复城市湖泊景观，形成以武昌“六湖”为景观核心，以湖泊周边湿地及绿地为屏障，以外围的山林、城市公园、大型绿地系统为基础，以连通港渠为生态走廊的城市生态系统。工程实施将修复湖泊水生生态环境，改善“大东湖”水质，环境效益显著。工程建设实现人水和谐，对提升城市形象、改善投资环境具有重要意义。

（4）特色与创新

泛华集团以生态水网为切入点，提出“大东湖”水生态的构建要积极探索“两型社会”建设模式；系统分析现状水网存在的问题，合理规划生态水网的系统构建；融合“四态合一”规划理念，以生态水网构建为规划指引，引导滨水区域的建设开发；建立监测评估研究平台，为生态水网的构建提供了技术支撑。项目建设实施时要因地制宜地构建良性水生态系统，提升了城市形象，改善经济发展和产业投资环境。该项目是 EOD 模式的一次创新实践。

“大东湖”生态水网是我国最大的城市生态水网，可为全国同类城市生态水网构建提供技术借鉴与工程示范。

（二）济源“全域海绵”创新实践

济源是一座与水有关的城市。一条古老的济水，曾与长江、黄河、淮河齐名。作为济水之源，济源因而得名。济源也是一座与山有关的城市，北依太行，西临王屋，城区 70%的区域为山区，古时都城以河为池、靠山而筑，因而也得名“山城”。济源还是一座有精气神的城市。家喻户晓的“愚公移山”的故事诞生在这里。千百年来，这片土地上勤劳、质朴的人们秉承着“愚公移山”的精神，坚韧不拔、敢为人先，使济源的面貌日新月异。2016 年年初，泛华集团受济源市政府委托，为济源市编制市域“海绵城市”建设总体规划。

（1）现状与需求

济源市地处太行山山地生态区，承接着生物多样性保护及水源涵养生态功能，是济焦新太行山山前平原农业生态功能区，也是济焦新矿区生态恢复及水土保持的重要生态功能区。以水命名，群峦叠翠的济源却是河南省水土流失最严重、生态环境最脆弱的地区之一，全市水土流失总面积 1 515 km^2，约占全市总面积的 80%，生态修复与保护成为重中之重。

图 9-10 为总体规划鸟瞰情况。

（2）规划总体思路

结合济源城乡生态特点，泛华集团提出扩大“海绵城市”研究范围，统筹全域“三圈四生”格局，以水为题、以“全域海绵”为理念，编制济源全域范围的《水系及海绵城市总体规划》。

图 9-11 为水系总体规划鸟瞰情况。

图 9-10 总体规划鸟瞰情况

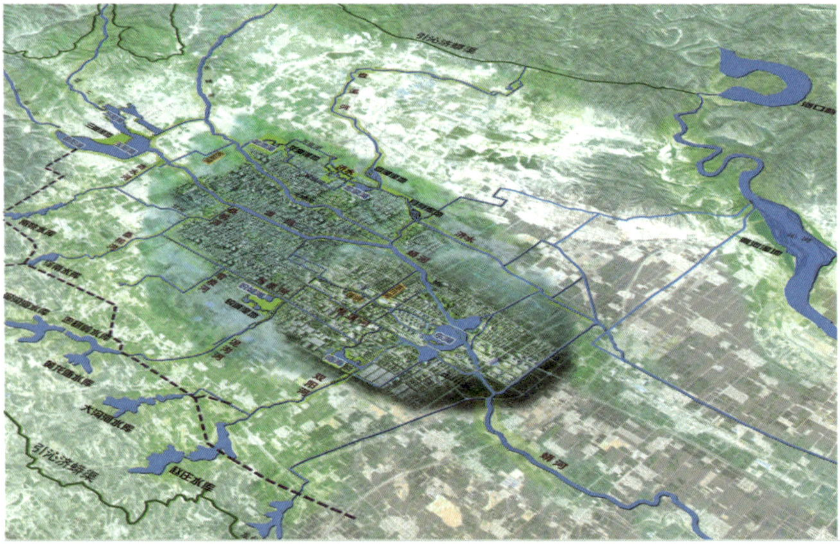

图 9-11 水系总体规划鸟瞰情况

对四大关键目标（水安全、水资源、水环境、水生态）进行分析，以济源全域的水污染、水土流失、矿井治理、水文化（乡土文化）复兴为研究重点，泛华集团提出济源“海绵城市”建设的重点需求在于水生态与水资源的建设；提出着重解决水资源总量偏小、地下水位逐年下降、水循环利用不足、水环境较差、水体自我修复能力较弱、生态破坏等问题，以“海绵城市”建设理念，解决控制点面源污染、促进雨水资源化利用、补给地下水、保护及修复生态环境、保护生物多样性等问题。

图 9-12 为济源生态系统分析情况。

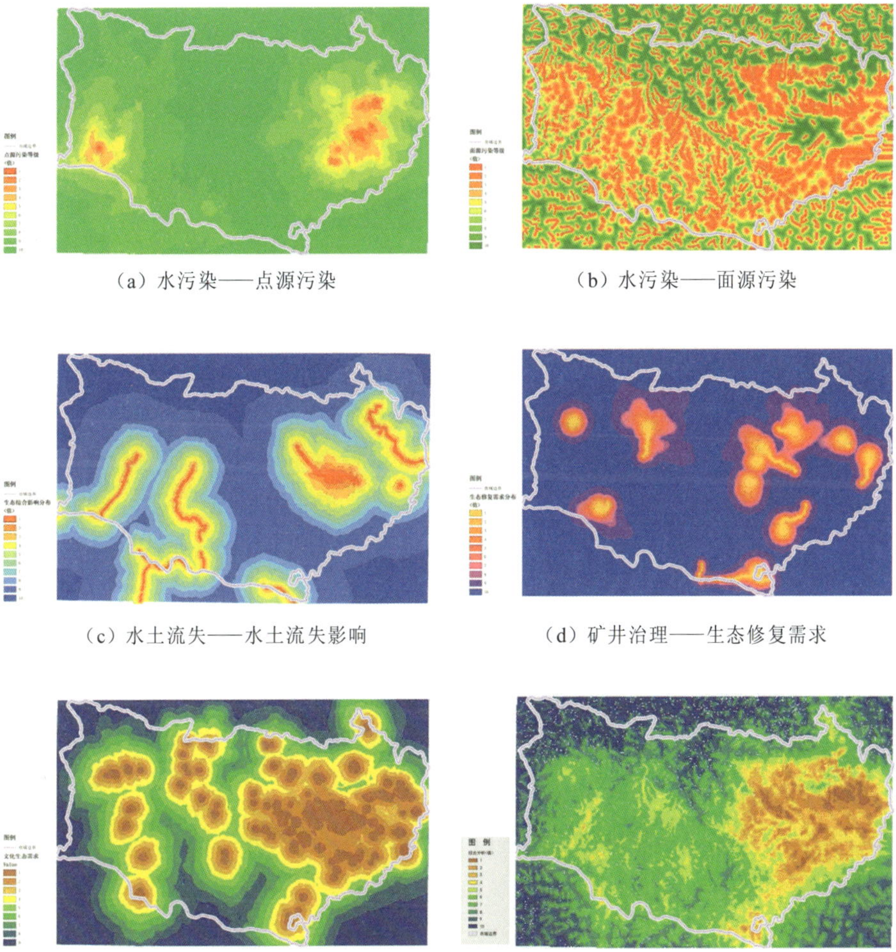

（a）水污染——点源污染　（b）水污染——面源污染

（c）水土流失——水土流失影响　（d）矿井治理——生态修复需求

（e）乡土文化——文化生态需求　（f）综合分析——建设区域等级分析

图 9-12　济源生态系统分析情况

（3）规划目标与策略

针对现状环境和建设需求，泛华集团提出五大规划目标和四大规划策略。

五大规划目标：

①水资源，控制地表径流总量，提高雨水下渗率，缓解水资源短缺问题；

②水生态，修复生态环境，保护生物多样性，重构水生态；

③水环境，减少点面源污染，提高管理标准，改善水环境；

④水安全，降低洪峰，减少内涝，保障水安全；

⑤水文化，保护乡土文化，构建文化廊道，打造水文化。

图 9-13 为“海绵城市”建设空间布局情况。

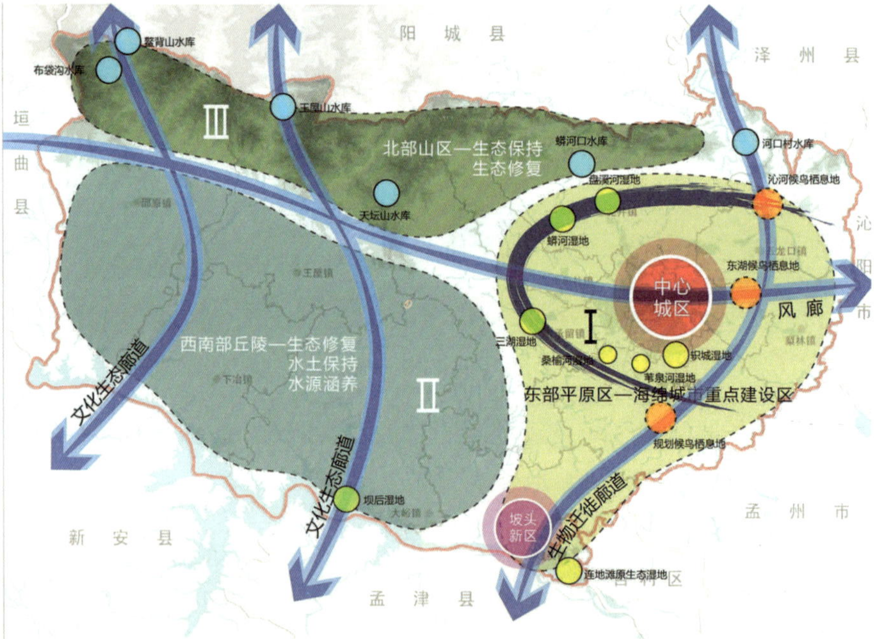

图 9-13 “海绵城市”建设空间布局情况

四大规划策略：

①建设“全域海绵”，打造“海绵国土”。从全域视角出发，以“海绵城市”建设为理念，结合小流域治理、区域生态修复及乡土文化保护等措施，构建山水林田湖自然生态格局。在全市村庄、乡镇、城区等地区的开发建设中全面推行低

影响开发（LID）措施。

②统筹“大海绵”与“小海绵”建设。以蟒河流域中心城区为建设重点，构建三级海绵体，统筹“大、小、微”三级海绵体建设。以引沁干渠连接太行山生态绿地，串联南部丘陵地区水库形成天然“大海绵”；以平原区河湖水系及绿地通廊构建“小海绵”；以建筑结合小区、城市道路、城市绿地、城市广场构成“微海绵”。

③源头减排、排水系统改造、末端调蓄及水体修复。通过提高土壤渗透能力、减少雨水径流总量、消减洪峰流量、延长峰现时间等措施从源头减少雨洪总量，有效缓解末端治理的压力。在原有排水系统的基础上，优化城市竖向规划，加快部分落后管渠的建设，实现绿色基础设施与灰色基础设施的互补发展。通过建设周边绿地、调蓄池、湿地等具有蓄积和净化功能的“海绵体”，进行末端调蓄并实现水体修复目标。

图 9-14 为城区外围湿地系统结构。

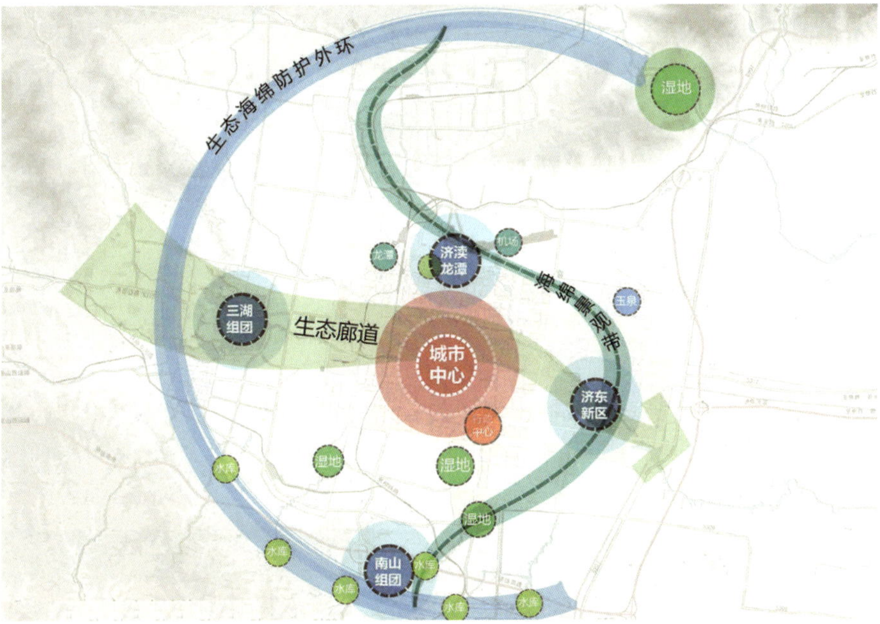

图 9-14　城区外围湿地系统结构

④分区域分类型实施控制，分批次分阶段推进建设。分区域分类型实施控制，将中心城区划分出区域，将控制总指标进行分解，形成各区的分指标，结合政策要

求进行控制；针对不同的用地属性制定不同的控制指标。分批次分阶段推进建设，老城区结合现状情况，2020 年以前改造机关、学校、绿地广场、道路、河湖水系等较易实施的公共区域和部分有条件的居住小区，逐步推进，条件成熟一批改造一批；新城区结合分期规划，划定近期示范区，分批次分阶段逐步实施。

通过“海绵城市”的建设，示范全域“海绵城市”建设理念；建设工业城市水环境综合治理示范区；探索“海绵城市”建设金融模式创新；树立城市新区水生态与水文化构建的典型。

（4）“海绵城市”3.0 版的创新实践

泛华集团认为可以将济源“海绵城市”规划内容统筹为五大部分，一是市域层面的统筹性规划，二是城区层面的体系性规划，三是示范项目层面的建设性规划，四是实施保障策略，五是结合济源“海绵城市”建设，进行持续性的谋划和长期跟踪服务，探索以“海绵建设”践行 EOD 模式的新路径。

①在市域规划方面：市域的统筹性规划分为市域基础性分析、“海绵建设”格局研究、中心城区建设指引、新区建设指引、乡镇及村庄建设指引、水系湿地构建、生态廊道构建、水系及“海绵城市”建设策略 8 个部分。

市域规划的内容主要从水系的工业点源污染、农牧业面源污染、矿井生态修复、水土流失特点及影响等问题分析切入。

②在城区规划方面：城区“海绵城市”建设体系性规划分为建设目标及控制指标、分区控制，重点区域建设识别以及城市竖向、水系、绿地、道路等“海绵城市”构成要素规划指引 4 个大类。

③在示范项目建设方面：该部分分为公共建筑、城市广场、公园绿地、住宅小区、道路改造五大类别。

示范项目——第二行政区项目建设案例

项目概况：第二行政区总占地约 16.86 hm^2，建筑基地面积 2.33 万 m^2，绿化率约 39%。作为济源市主要的对外行政办公区，除了办公职能，该区域还肩负着对外形象展示的重任。本次改造结合现状停车问题，在满足“海绵城市”建设示范要求的基础上，尽量减少工程量，调控配套停车需求，提升行政区景观品质。

控制目标：年径流总量总控制率不低于 85%，即日降雨量 30.5 mm 及以下时雨水不外排。设计区域内屋面、道路、广场的初期雨水必须经过处理，否则不得进行弃流排放。初期径流污染控制厚度为建筑屋面≥2 mm，路面、广场≥5 mm。

方案布局：①现状屋面、道路及广场的初期雨水经雨水花园过滤截污后下渗或回用。②绿地内雨水通过植草沟、雨水花园收集经下凹绿地等渗水设施进行滞留、下渗，补充地下水。③部分广场雨水经由透水铺装及线性雨水沟引至雨水花园过滤截污后蓄存，回补绿化用水。④规划设置地下蓄水设施。⑤所有设施超量排水通过相应溢流口收集后排入市政雨水管网。⑥针对地面停车难问题，建议在西北入口区引用社会资金，规划建设地下公共停车场，缓解城市停车紧张。

图 9-15 为第二行政区项目示意情况。

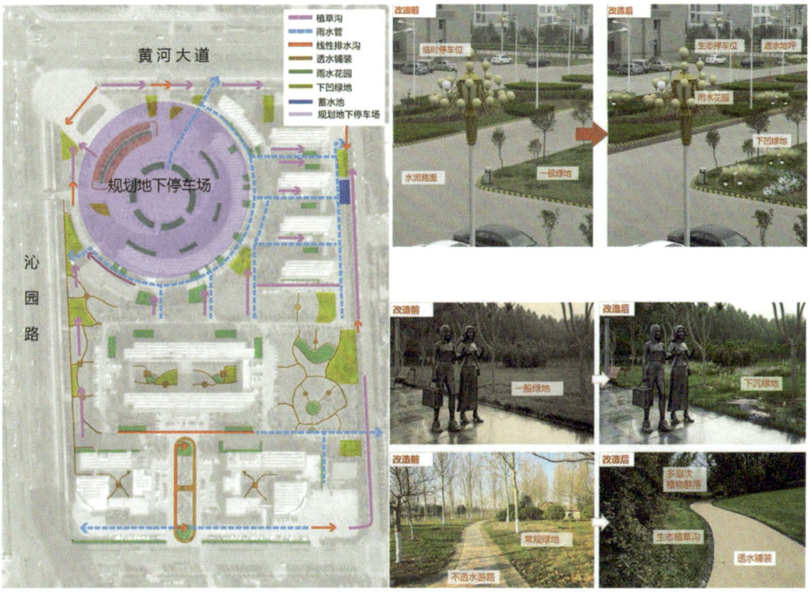

图 9-15　第二行政区项目示意情况

④在实施保障策略方面：建立规划引领、多部门联动、绩效考核机制，搭建融资运营平台，制定标准及导则指引建设实施。首先，“海绵城市”建设的理念、建设要求和相关技术措施应贯穿城市总体规划、专项规划、控制性详细规划和修

建性详细规划的全过程。在编制城市总体规划、控制性详细规划和专项规划等各类城市规划时，应安排制定专门的“海绵城市”建设研究和规划内容。根据实际需要，可单独编制不同层级的“海绵城市”专项规划。其次，为做好济源“海绵城市”建设工作，应由市政府牵头，市发展改革委、规划、建设、水利、财政、国土资源、园林、教育、文化和旅游等各部门以及各办事处组成专门的济源市“海绵城市”建设工作小组，由市主要领导牵头任组长，形成部门联动、各负其责、沟通协调、信息共享的机制。

⑤在持续谋划和长期服务方面：结合济源市全域属于黄河流域，位于河南省黄河流域中部上游的上风上水区域，是济水发源地，也是河南省重要生态涵养区的生态区位特征和太行山工业带传统的能源、化工、冶金工业资源城市的产业发展特征，提出围绕济源市“海绵城市”建设，以济东新区建设作为试点区域，以区域生态海绵基础设施建设和绿色产业发展作为两大主题，以海绵建设和生态环境治理带动区域土地价值提升，以土地增值收益解决“海绵城市”建设前期资金不足的问题，以城市绿色产业市场培育孵化绿色产业，集聚绿色产业发展要素形成产业集群，以平台经济思维拓展国际绿色产业市场，以绿色科技创新塑造绿色产业品牌，助力济源市打造黄河流域传统工业城市转型提质和高质量发展示范和国际化的绿色发展示范样板。

图 9-16 为济东新区“海绵城市”建设试点项目示意情况。

图 9-16　济东新区“海绵城市”建设试点项目示意情况

泛华集团之于济源的规划实践，不仅在全域“海绵城市”建设方面进行了创新与实践，更在整个城市的发展、建设、运营与管理等方面进行了深入的研究和参与，从战略到项目，从文化挖掘到产业落地，从理论、理念创新到组织机制创新，发现需求、创造价值，落地践行以生态环境为导向的开发模式，以生态保护促进城市可持续发展，协助推动了经济与环境保护协调可持续发展。

（三）长沙市梅溪湖国际新城水资源规划及水环境整治实践

梅溪湖国际新城位于长沙大河西先导区核心梅溪湖区域，集山、水、湖、城于一体，具有稀缺价值。梅溪湖国际新城项目总占地约 11 452 亩。根据长沙市政府创建梅溪湖国际新城“长沙未来城市中心”及“国际服务区、科技创新城”的要求，梅溪湖国际新城项目总体战略定位为中国国家级绿色低碳示范新城，华中地区“两型社会”的新城典范，湖南省和长株潭城市群最具国际化水平以及科技创新、以人为本、生态宜居、可持续发展特征的活力新城。

（1）项目规划与建设

2015 年，泛华集团承接了梅溪湖国际新城项目的水资源规划及水环境整治工程，该项目突破了传统的规划理念，以战略思维和系统思维为指导，提出了打造智慧生态、产城融合的智慧产业生态新城的目标，即将智慧、产业、生态等要素进行有机结合，站在城市运营管理的角度，进行理念创新、多层次切入、多手段综合治理，在最大限度地保持生态本底的前提下，对地块及周边水系进行综合规划；从梅溪湖水体内、外污染源治理及过程控制的角度入手，采取上游污染源治理、雨污分流改造、入湖撇洪渠治理、入湖雨水净化、环湖“海绵体”建设等措施，以及区域水系综合管理规划、制度建立等多种手段，提高了区域水系统的安全性、极大地改善了区域环境质量，有力地促进了梅溪湖国际新城的快速发展。在此项目的有力支撑下，梅溪湖国际新城正逐渐成为具有国际水准规划设计、山水景观、创新运营管理的新城。

梅溪湖水系包括面积为 3 000 亩的梅溪湖水面以及周边山塘、水系。本项目的水资源专项规划充分利用现有水系和规划水面，采取相互连通、打造滨湖生态廊道的方式，引入先进的水系规划理念，通过生态完善、雨洪利用、滨湖生态廊道的打造以及水环境保护，实现水系的“流畅、水清、岸绿、景美、宜居、繁荣”

等目标，同时支撑梅溪湖国际新城旅游休闲和生态宜居等功能提升。

在项目操作过程中，泛华集团提出，梅溪湖国际新城项目的规划应采用反规划的理念，首先对规划区进行生态本底规划，包括对水体、山体、绿地、景观等资源进行专项规划，然后对以上生态本底要素反提总规，在总体规划编制过程中对原有的生态资源进行充分保留。

（2）项目实践成效

梅溪湖国际新城项目全面引入优质文化、教育、商业、科技等产业项目，正在不断加快产业导入和人口聚集，截至目前，梅溪湖国际新城已入选首批“全国绿色生态示范城区”、首批“国家智慧城市创建试点城区”，获得“2014 年中国人居环境范例奖”和“全球人居环境规划设计奖”等国家级和国际级奖项。

图 9-17 为梅溪湖现状。

图 9-17　梅溪湖现状

（3）项目创新与突破

泛华集团自 2015 年承担该项目以来，坚持生态优先，践行绿色发展理念，探索将水生态环境治理与资源、产业开发项目有效融合的方式，推动实现生态环境资源化、资源资产化，积极践行 EOD 模式的开发理念与实践，推动项目发展理念创新与融合发展创新。

①发展理念创新。梅溪湖国际新城规划坚持生态环境优先，践行绿色发展理

念，构建生态产业化、产业生态化的生态经济体系，将生态环境优势转化为发展优势。

②融合发展创新。梅溪湖国际新城的规划首先对规划区进行生态本底规划，包括对水体、山体、绿地、景观等资源进行专项规划，然后对以上生态本底要素反提总规，在总体规划编制过程中对原有的生态资源进行充分保留。围绕生态环境治理需求，着力推动生态环境领域重大工程建设，释放环保产业有效需求，推动生态环境治理市场化与产业化发展。同时，因地制宜地实施生态环境关联度高、经济发展带动力强的产业项目，探索建立产业收益补贴生态环境治理投入的良性机制，实现生态环境治理与产业经济发展的充分融合。

③实施路径创新。项目在实施过程中不同程度地对实施路径进行探索创新，积极引入综合实力强、专业化水平高的市场主体参与项目工作，发挥市场配置资源的作用，提升了区域开发效率。

④投融资模式创新。项目实施、推进过程中要积极探索政府债券、开发性金融、环保贷等多种投融资模式，构建多元化投融资机制，为以生态环境为导向的国际新城开发拓展了多元融资渠道。

（四）顶层思维引导下，开封市水生态文明建设及“四水同治”EOD 模式创新探索

开封因水而美、因水而兴，古代的开封缘于有利的地形条件和充沛的降水，附近河流池沼密布，水系发达。水系作为自然要素在开封的城市发展史上发挥了不可忽视的作用。水系格局的演变与开封城市空间格局的演变相互作用、相互影响。随着城市的主要功能定位转变为发展轻工业和文化旅游业，城市水系建设日益受到重视。为了改善城市面貌和景观环境，开启城市旅游新的起点，再现古都汴河昔日的景象，给城市发展注入新的动力，开封市政府致力于城市水系恢复、水环境治理、水系整合、滨水景观建设等方面的工作。2019 年 6 月 10 日，受开封市政府委托，泛华集团作为牵头单位，联合河南省水利勘测设计研究有限公司开展《开封市水生态文明建设及四水同治总体规划》项目。

1. 现状需求

开封市全域河流分属黄河、淮河两大流域，其中黄河大堤临水侧滩地属黄河

流域，占开封市全域总面积的 4.5%；其余均属淮河流域，占开封市全域总面积的 95.5%。受地势影响，开封市河流均为雨源型河流，天然径流不足。随着经济的快速发展和城市化进程的加快，开封市河流出现水质污染和生态退化，地下水超采严重，河渠水质呈不断恶化趋势，水生态系统退化，河道丧失自我修复功能，河流调节流量和补充地下水等功能衰退，天然湿地水脉结构破碎化，水系文脉断裂或受阻，全区众多水体丧失供水功能等问题开始出现。同时，水系建设涉及多部门衔接，存在管理权限交叉、管理衔接不到位等现象，造成水工程建设和景观需求不匹配、河流需水和配水工程不衔接、产业发展和环境保护相矛盾、城市用水和乡村用水不统筹、水资源浪费等问题。

图 9-18 为开封市规划范围图。

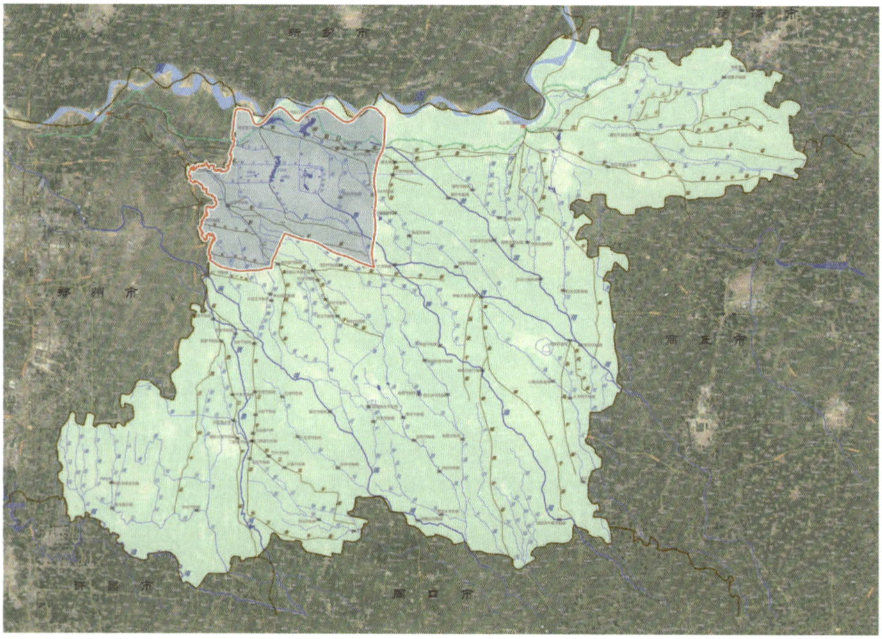

图 9-18　开封市规划范围

2. 规划总体思路

该项目规划面积约 6 240 km^2，核心范围 667 km^2。

通过对开封市现状水资源、水生态、水环境、水景观、水产业、水文化、水治理的综合研判，泛华集团提出应重点解决水资源、水环境瓶颈问题，其中位于上风上水的城区是治理关键，重点应解决系统性统筹“以水兴城”的水发展问题，立足开封水系本底优势和文化特色，坚持系统思维和流域统筹，以“生态优先、水城共融、人水共生、文水互荣”为理念，借势黄河流域生态保护与高质量发展和大运河文化带建设，按照“以水定城、以水定地、以水定产、以水定人、以水融文”五大原则，延续城市历史文脉，坚定文化自信，按照“水丰、水清、水活、水美”要求，系统梳理城市水系统，畅水道、通绿网、以水为脉构建全域生态廊道，系统提升水生态质量。在此基础上，布水营城塑造优质滨水公共空间，释放滨水区域活力，有效落实生态、生产、生活“三生融合”理念，推进水、城、市、人“四元互动”，促进开封市高质量发展。

图 9-19 为开封市水系规划效果。

图 9-19　开封市水系规划效果

3. 发展目标与战略

(1) 总体发展目标

立足开封市现有水资源状况、自然水系和水利工程基础，深入贯彻习近平生态文明思想，坚持系统治理和综合施策，通过打造河湖水网纵横、人口产业集聚、水绿空间交融的水生态文明建设新模式，使水资源得以高效利用，水生态得到系统修复，水环境得到综合治理，水灾害得以科学防治，确保开封市水生态系统的正向演替，确保由河湖及沿岸滩地、湿地、林带等组成的水生态系统良性循环，努力达成水生态健康、岸带生态多样、水生生物丰富、水质可控、人与自然和谐共生的目标，在古城内部再现开封历史上“水中有城、城中有水”的北方水城盛景，为这座千年古城实现跨越发展、重铸辉煌增添新的活力。

图9-20为开封市水系规划总体情况。

图9-20 开封市水系规划总体情况

（2）发展战略

结合发展目标及区域发展战略，泛华集团提出以水为媒，通过“内优外联”的水生态建设，联动产业、激活文化、提升形象、优化生态，塑造区域新型文化经济发展核心，同时明确了四大战略路径。

①区域联动，以水系建设联通区域经济，努力构建“命运共同体”（图9-21）。通过构建流域发展带培育新型空间增长极和产业增长极。以黄河流域生态治理和高质量发展带动区域融合；以涡河流域治理联动淮河生态经济带，统筹振兴城乡发展；以黄河、大运河、贾鲁河水系建设为载体积极融入郑州大都市区建设；以

生态、文化、创新“三轮”驱动，重点以文化、生态要素协助支撑郑州市国家中心城市战略和大都市区建设，协助打造河南省中部引领生态、文化、旅游产业发展的核心节点城市，协助推动郑汴港一体化高质量发展。

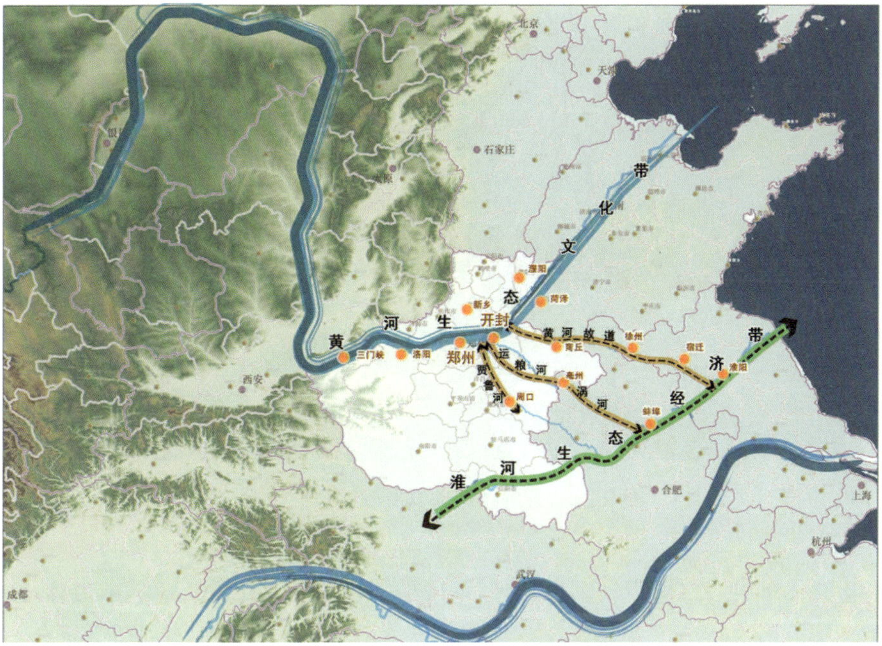

图 9-21 开封市区域联动情况

②绿色增长，以水生态建设统筹产业发展，实现城市高质量发展。坚持“创新、协调、绿色、开发、共享”五大理念，把绿色增长和生态文明意识深入融入经济、政治、社会、文化各方面。在城市内部，以开封市水生态建设为契机，统筹工业转型与技术升级，提升地区可持续发展能力，探寻供给侧改革新思路，实现创新发展、绿色发展、高质量发展，探索新旧动能转换的切实抓手。在城市外部，根据开封市源头型、季节性河流特征，划定河流源头保护范围，开展国土绿化行动，构建林、田、河、湖、湿地生态保护体系。

图 9-22 为开封市产业发展战略引导情况。

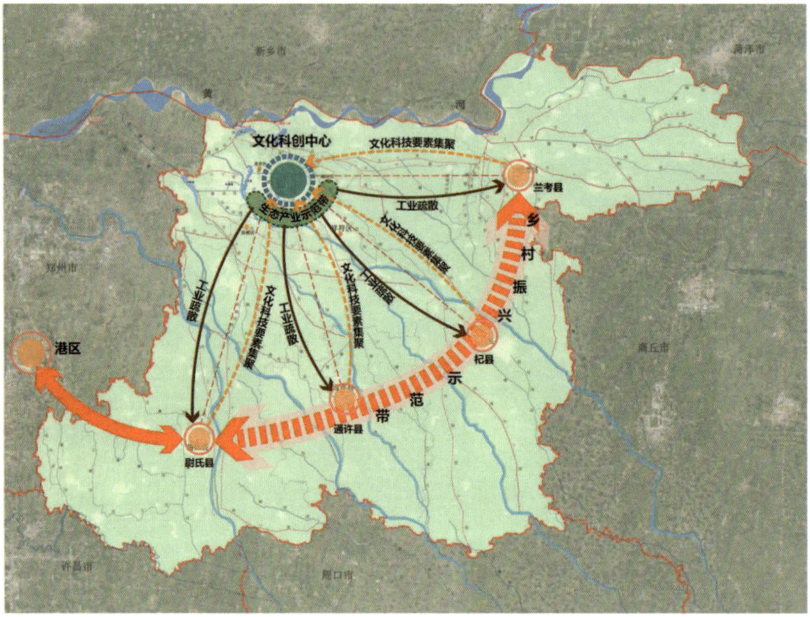

图 9-22　开封市产业发展战略引导情况

③文化融合，挖掘古今“水精神”，传承创新地域文化特色。以水为脉，以文为魂，传承历史特色，实施水文化恢复保护工程，以“一图（清明上河图）一词（宋词）一园（艮岳寿山）一河（黄河）一人（焦裕禄）一都城（宋朝首都）”为核心，在提升水质、保证水量和水安全的基础上，探索水系综合利用方式。发扬当代特色，深度挖掘开封“水精神”，以黄河利河文化，弘扬焦裕禄防风治沙的“红色水精神”，注重现代文化传承，提升城市精神面貌和政治生态环境。塑造现代特色，以“水绿文旅商”融合为核心，激活城市滨水活力，将水系建设融入“汴京（今开封）生活”，加强“人水和谐”关系，突出“北方水城”现代特色。

④水岸同治，以水生态建设引领区域发展，推动区域可持续发展。坚持生活、生产、生态互动的理念，统筹上下游、左右岸、堤内外系统治理，把流域内生产方式和生活方式的转变作为生态治理和生态保护的基础，明确区域发展重点，构建重点区域发展模式。

根据水系发展目标和战略要求，结合开封市域水系现状，明确“激活母亲河、联动贾鲁河、繁荣运粮河、提升惠济河”总体发展路径，以水为媒，全力助推开封市高质量发展。

4. 水生态建设与“四水同治”的创新实践

泛华集团以顶层思维，高点站位，全域统筹，流域协同，坚持“以水兴城、以水促产、以水悦人”城市综合效益为目标，统筹科学解决源头型城市水资源问题、旅游型城市水循环问题、平原型城市水生态问题、黄河沿线城市水安全问题，从战略到项目全过程、分市域和城区两个层次，从整体到专项全技术，从水空间、水产业、水景观、水安全、水资源、水环境、水生态、水治理全面落实“四水同治”技术要求和发展要求，协调地方九龙治水难题，满足城市经济发展和部门技术管控的双重要求。

（1）水空间

泛华集团从市域和城区两个层次统筹水空间建设，确定空间结构和重点发展地区，并明确空间管制措施，制定蓝绿线管控和生态绿线引导措施，全面指导水系空间发展。

在市域层面，根据现状水系特征和水系梳理，在开封市域规划形成“一带、四廊、六脉、六水源、七湿地、多调蓄”的整体水系结构（图 9-23）。

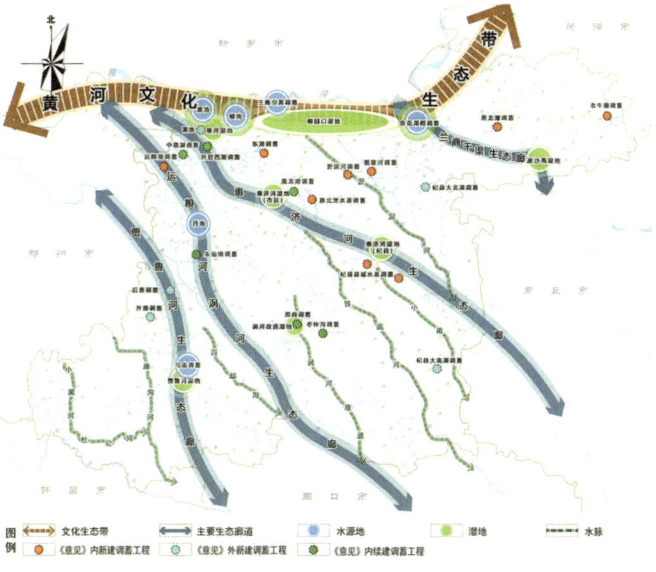

图 9-23　市域水系建设格局

注：《河南省引黄调蓄工程建设总体安排意见（2014—2020 年）》，图中简称《意见》。

在城区层面，通过对现状水系和水系互联互通的梳理，在开封城区规划形成“一河为源、两环、四横五纵、河湖互通”的整体水系结构。

（2）水产业

泛华集团从市域和城区两个层次统筹水产业发展，确定产业与水系建设重点协调地区，并明确产业发展管制措施，制定重点产业发展引导措施，全面指导水系沿线产业发展。在市域层面，构筑“一核三带五轴”的市域滨水产业空间格局，并对沿线产业发展进行整体布局引导，制定产业准入标准。在城区层面，以城区水生态建设为基础，构建“四带、多片区”的城区滨水产业布局（图 9-24）。

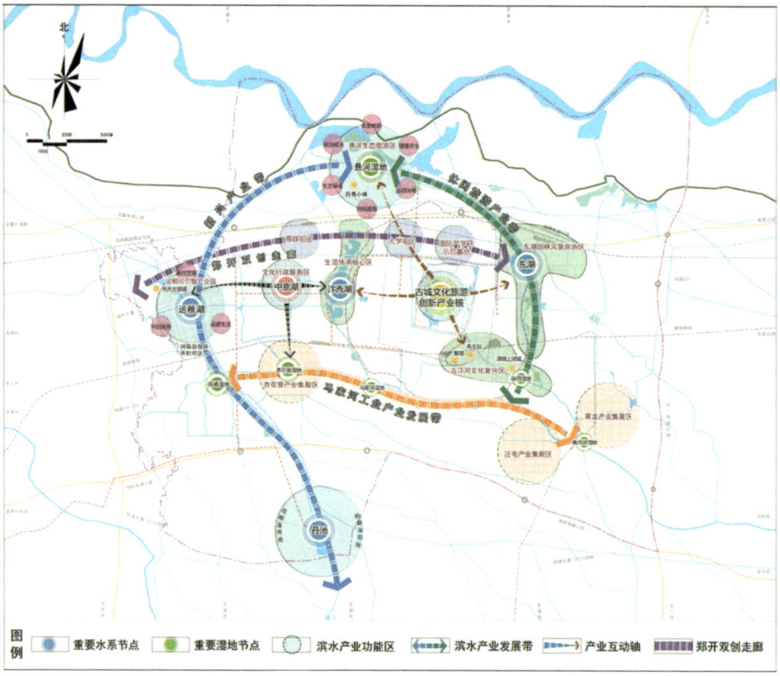

图 9-24　城区滨水产业布局

（3）水文化与水景观

结合开封市丰富的文化资源，泛华集团从市域和城区两个层次统筹水景观建设，明确景观建设主题和重点地区，提出文旅联动发展措施，充分挖掘水景观建设对社会经济发展、环境保护起到的促进作用。在市域层面，构建“一核二带三廊五区”的整体景观建设格局，明确滨水景观分区建设指引要求，谋划景观重点建设工程项目库（图 9-25）。在城区层面，构建“二带四廊五环多点”的水系景观结构，明确滨水景观建设指引要求，谋划景观重点建设工程项目库，策划重点景观建设项目。

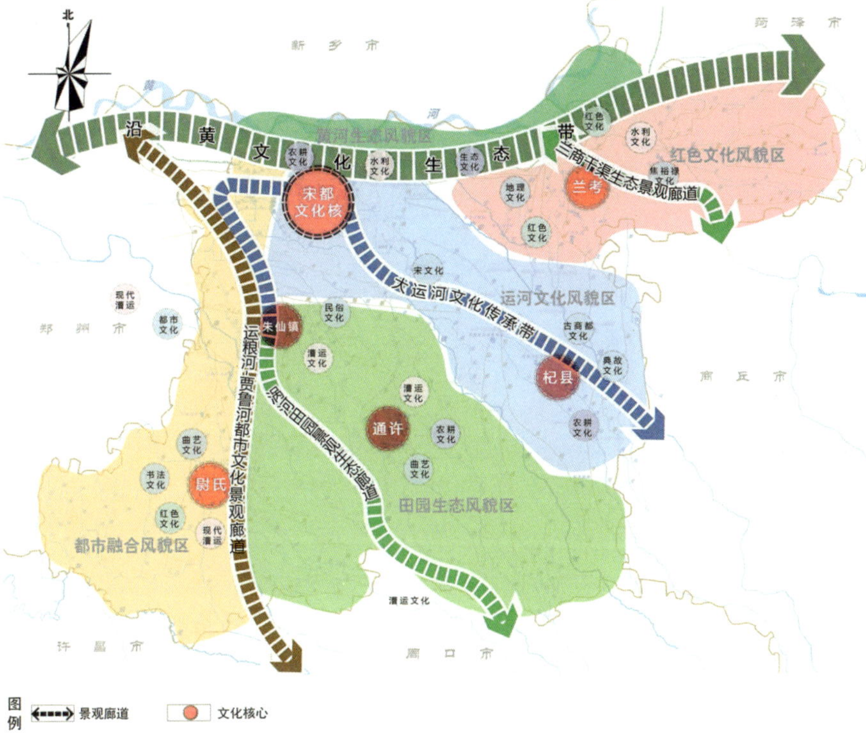

图 9-25　市域景观建设格局

（4）水安全

从市域和城区两个层次统筹水安全建设，重点解决防洪除涝、提高区域抗旱能力等问题，明确各县及城区防洪除涝与抗旱防灾建设标准，根据现状发展特征，梳理建立重大灾害工程项目库。

（5）水资源

从市域和城区两个层次统筹水资源建设，从水资源的供需分析入手，提出行之有效的节水方案，明确节水措施，规划设计引水重大工程，构建安全的区域供水格局（图 9-26）。

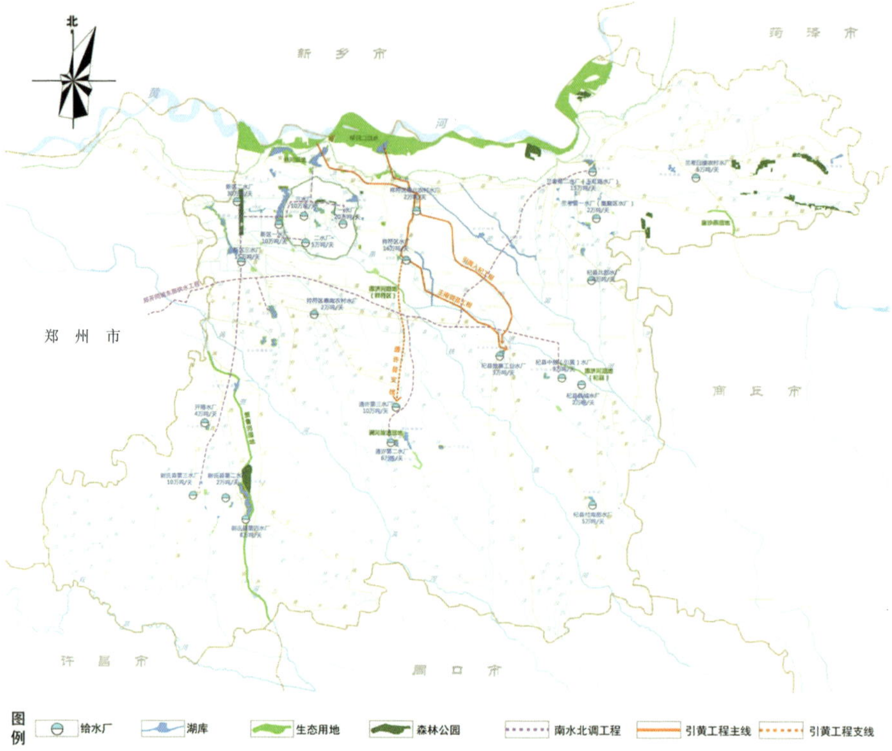

图 9-26　水资源工程建设布局

（6）水环境

从市域和城区两个层次，系统性梳理水环境容量预测，制定水质保护目标和建立污染控制体系，明确污染控制重点领域，探索尾水湿地建设，建立重大项目建设库，协助推动开封市水环境建设。

（7）水生态

从市域和城区两个层次构建生态安全格局，明确水生态空间管控分区，科学确定生态需水量，制定生态保护和修复策略，谋划水生态重大项目库，协助推动开封市水生态建设有序实施。

（8）水治理

重点应用数字化手段，按照水利信息进行统一架构和顶层设计，深度融合信息技术与水利专业业务，强化应用整合，实现信息资源共享与业务协同，建立具有智慧化审批、监测、预警、联动等功能的水务数字中心，构建开封智慧水利统一应用平台，提升效率、加强管控，高质量推进水生态和“四水同治”建设。同时明确近期建设项目库，统筹指导近期水系建设。

泛华集团之于开封的规划实践，不仅在水生态治理和“四水同治”建设方面进行了创新，更是站在顶层思维和系统思维的角度，以水系建设为引领，以可持续绿色发展为目标，综合考量城市的产业发展、开发建设、运营管理等多个环节，从战略到项目，从文化挖掘到产业落地，从空间布局到技术管控，从理论、理念创新到组织机制创新，发现需求、创造价值，落地践行“以生态环境为导向的 EOD 模式”，以生态引领城市可持续发展，推动区域新旧动能转换，提升全要素生产效率，带动开封市经济与环境保护协调可持续发展。

二、“绿水青山就是金山银山”实践案例

（一）江苏黄海海滨国家森林公园森林体验基地试点建设实践

为深入贯彻落实党的十八届五中全会精神和《中共中央 国务院关于加快推进生态文明建设的意见》，积极响应《国家林业局关于大力推进森林体验和森林养生发展的通知》（林场发〔2016〕3 号），2016 年 2 月，国家林业局森林公园管理办公室（国家林业局森林旅游工作领导小组办公室）启动了全国森林体验基地和全国森林养生基地试点建设工作。为落实全国森林体验基地的建设工作，江苏黄海海滨国家森林公园管理委员会邀请泛华集团编制了《江苏黄海海滨国家森林公园——全国森林体验基地试点工作方案》（简称《方案》）。

图 9-27 为黄海海滨国家森林公园总体情况。

1．项目基本情况

江苏黄海海滨国家森林公园前身为国营东台市林场，成立于 1965 年 11 月。2016 年年初，经国家林业局批准，成为国家级森林公园。该森林公园总面积为

4 156.93 hm^2，由海林片区与海滨片区两部分组成。

该森林公园坐落在江苏省东台市，位于太平洋西岸沿岸唯一一块未被污染的湿地之上，拥有全国沿海地区最大的平原森林，是江苏沿海平原最大人工林。

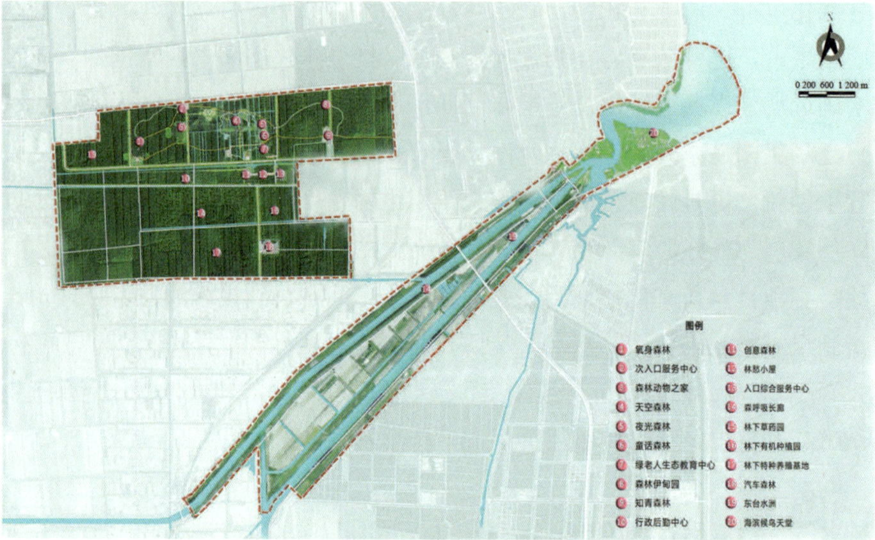

图 9-27 黄海海滨国家森林公园总体情况

2. 项目创建优势

江苏黄海海滨国家森林公园具有生态资源、经济区位、合理利用及务林人文化四大独特优势，非常适宜人们感受和认知海滨森林、人工森林及滩涂湿地环境，激发人们对自然的热爱，培养人们尊重自然、顺应自然、保护自然的意识。

①生态资源优势。该森林公园拥有江苏沿海平原最大人工林、东亚—澳大利亚最大的候鸟驿站、纯净无污染的海滨湿地，生态资源优势突出，适宜开展森林体验。

②经济区位优势。该森林公园地处江苏省中部，属于长三角地区，区域交通便捷，投资环境好，客源市场生态需求旺，有助于森林公园推出森林体验项目。

③合理利用优势。该森林公园地势平坦，并且海林片区为纯人工林，合理利用条件较好，适宜发展森林体验。

④务林人文化优势。东台务林人是森林守护者，孕育出独特的精神文化、物质文化，为森林体验项目发展提供了丰富的素材。

3. 项目实施方案

依托海滨森林大环境与特色资源，充分利用生态文化设施，围绕与“生长、生命、生产、生态、生活”相关的森林体验内容，开展“绿老人自然教育”“七感深度探森林”“东台务林人日记”三大系列特色森林体验活动；根据森林体验活动需要，结合现有森林项目，新建系列新项目，整体构建智慧森林、天空森林、迷雾森林、浪漫森林、夜光森林、科普森林、海滨森林、运动森林八大森林体验项目体系。

（1）森林“五生”体验

“生长”——神奇“生长”的滩涂湿地，体验滩涂湿地生态环境；“生命”——体验以候鸟驿站、植物群落演替为特色的生物多样性，森林公园因滩涂“增长”而有“生命”的奇妙。“生产”——从古至今的地域生产文化，体验历史上的地域生产文化的变迁。“生态”——困难地造林生态成果，体验盐碱地造林模式成果，生态改善的成果等。“生活”——包含知青文化在内的务林人文化，务林人文化是森林公园宝贵的人文财富。

（2）森林体验活动规划

“绿老人自然教育”。以东台“绿色老人”梅寿芝为原型，演绎出“绿老人”故事，培育“绿老人”IP，以生动活泼的“绿老人”为载体开展自然教育，让人们深度学习森林知识。包括举办专业生态讲解师培训、盐碱地造林研讨会、“绿老人”志愿者联盟、“绿老人”森林故事会等活动。“七感深度探森林”。强调打开心扉，动用所有感觉器官，去感受森林生态环境，改变目前游客重观光，轻体验的现状。培训一批自然体验引导师，引导游客深度感受森林。包括举办森林生存拓展教练员培训、“森林苦旅”生存拓展、迎日出与观星空、森林物产购物节等活动。“东台务林人日记”。务林人文化是森林公园生态文化的重要内容，也是人们乐于去体验、去感受的森林文化。包括开展务林人生产生活导师培训、知青生活体验引导师培训、回首知青路森林消防员体验等活动。

（3）森林体验项目体系

①智慧森林。该项目在智慧森林博览中心建立智慧林业中枢，重点在智慧旅游、智慧林业资源监管、智慧林场管理等方面有所突破或提升，主要包括智慧森林博览中心、森林体验专业人才培养基地等子项目。②天空森林。该项目以良好森林生态为基底，挖掘森林文化，以森林上空作为开发空间，打造极致森林空中

体验，集空中观光、空中休闲、空中漫步等功能于一体。其子项目有空中栈道、森林 FLY 探险乐园、森林之眼、森林天空之城等。③迷雾森林。森林公园晨中易有迷雾，迷雾森林是黄海森林公园的一大特色。该项目利用迷雾森林，丰富森林体验。其子项目有迷宫栈道、迷雾音乐、迷雾彩虹等；配套建设了林中小屋、休憩亭等设施。④浪漫森林。该项目对接国内婚庆市场，将森林生态环境与现代婚庆文化结合，开发极具个性的婚纱摄影与婚庆场地。其子项目有树教堂、甜蜜花园、森林烛光晚餐、生态摄影基地等。⑤夜光森林。该项目依托夜晚森林景观，举办森林晚会，开展森林夜游，除夜晚活动以及夜光景观外，划分出区域，让游客感受夜晚森林的神秘，提供森林夜游体验。其子项目有森林舞台、森林银河、木屋群落、蝉宝宝乐园等。⑥科普森林。该项目建设科普森林，让游客了解森林公园内栖息的各种动物、生长的各类植物，体验式、互动式学习自然知识，培养生态保护意识。其子项目有森林动物家园、自然观察示范小径、湿地长廊、森林课堂、少儿营地与神奇之旅等。⑦海滨森林。海滨森林是森林公园的主要特色之一。该项目依托海滨森林，让游客体验滩涂湿地的生态环境、观察东亚—澳大利亚鸟类迁徙现象等。其子项目有海滨植被演替带、观鸟台、候鸟基地建设等。⑧运动森林。该项目结合汽车、自行车、电瓶车、游船等各类交通工具，开展森林骑行、慢跑、徒步、泛舟、瑜伽、太极、舞蹈等各类活动。其子项目有“森呼吸”长廊、漫游换乘中心、竹岛、森林聚场、汽车营地、自行车俱乐部、泥地乐园等。

4. 项目实施效果

2016 年 6 月，江苏黄海海滨国家森林公园被列为首批全国森林体验基地试点单位。江苏黄海海滨国家森林公园以《方案》为指导，推进森林体验基地建设，其成果获得了高度认可，已成为东台市平原森林的文化新品牌、旅游新亮点、城市新名片，更好地向社会展示了江苏林业生态资源优势，提升了江苏林业生态旅游的吸引力和美誉度。

现在，江苏黄海海滨国家森林公园已开启了创建国家 AAAAA 级景区的新征程，下一阶段，将以获评国家森林康养基地为契机，推进“森邻里・艺宿空间”“迷雾森林”“森林木屋”等康养度假产品建设，提高游客体验度；结合森林、湿地、候鸟等元素，对接长三角地区中高端客源市场，打造二日游、三日游等深度康养旅游线路，进一步提升品牌吸引、康养产业、参观体验等功能，践行“绿水青山就是金山银山”理念，推动实现森林旅游持续健康发展。

5. 泛华集团实践创新

《方案》以展现独有特色、加强互动配套、注重寓教于乐、联动林业产业、探索开放合作”为思路，坚持生态优先、开发与保护并重，严守环境质量底线。同时，结合时代需求和东台特色文化，推动森林旅游业转型升级，带动江苏文旅产业发展，助力江苏黄海海滨国家森林公园建成多功能、全覆盖、高品质的长三角地区知名休闲康养胜地和全国独具特色的度假旅游目的地，深度挖掘森林资源的价值优势，切实将生态优势转化为经济优势，积极践行“绿水青山就是金山银山”理念，探索实践了 EOD 模式。

《方案》立足黄海海滨滩涂湿地、东亚—澳大利亚最大的候鸟驿站、银杏长廊、水杉长廊、务林人文化等资源，围绕“生长、生命、生产、生态、生活”这一主线，开展“绿老人自然教育”“七感深度探森林”“东台务林人日记”三大类森林体验活动，最终形成“三大类森林体验活动+八大森林体验项目体系+一个森林体验专业人才培养基地”的森林体验格局，让人们深度体验森林公园的滩涂湿地环境、生物多样性特色、困难地造林成果、地域文化与务林人文化，实现创新示范、科技示范，发挥首批全国森林体验基地的示范作用，弘扬生态文明理念、推动改善民生福祉。

（二）北京野鸭湖国家湿地公园保护与恢复工程

1. 发展背景

湿地生态系统保护与建设是《生态环保金融支持项目储备库入库指南（试行）》明确的八大生态类项目中重要的一项。湿地与森林、海洋并称全球三大生态系统，由水陆边缘效应而形成，与人类的生存、繁衍、发展息息相关。湿地是一部分动植物的栖息、繁衍之地，是自然界最富生物多样性价值的生态景观和人类最重要的生存环境之一，具有巨大的资源潜力和环境调节功能，因此被称为“地球之肾”“生物基因库”。湿地生态系统具有碳汇功能，对其进行保护可助力“双碳”目标实现，推动生态产品价值实现、“绿水青山”向“金山银山”的转化。

野鸭湖生态环境修复示意和植被修复示意分别如图 9-28 和图 9-29 所示。

图 9-28 野鸭湖生态环境修复示意

图 9-29 野鸭湖植被修复示意

伴随着城市的快速发展，生态资源变得紧缺，自然湿地面积不断下降，湿地生物多样性危机逐渐显现。与此同时，随着物质文明的不断进步，崇尚自然、返璞归真已成为现代都市人的主流取向，户外休闲活动成为人们生活的重要内容之一。建立国家湿地公园，可以保护湿地，为野生动植物提供理想的栖息环境，而满足人们的日常生活需求已刻不容缓。依托 2022 年北京冬奥会的举办，同时该项目的周边地区正处于城市加速发展的时期，观光旅游业和农业绿色经济在本地区目前占据了主导地位。

2. 区位概况

野鸭湖国家湿地公园位于北京市延庆区的西部、北京市与河北省的交界处，所处位置是北京与河北、山西、内蒙古经济交互的战略门户之一，是由官厅水库延庆辖区及环湖海拔 479 m 以下淹没区及滩涂、河流、库塘、沼泽组成的“自然-人工”复合型湿地。经过 50 多年的发展，该湿地公园形成了动植物资源丰富、生物多样性较高的湿地生态系统，成为北京乃至华北地区重要的鸟类栖息地之一，是北京最大的湿地自然保护区，同时也是北京首个湿地鸟类自然保护区。野鸭湖国家湿地公园总面积 283.4 hm^2，位于野鸭湖湿地自然保护区的实验区内。

野鸭湖湿地公园地理位置如图 9-30 所示。

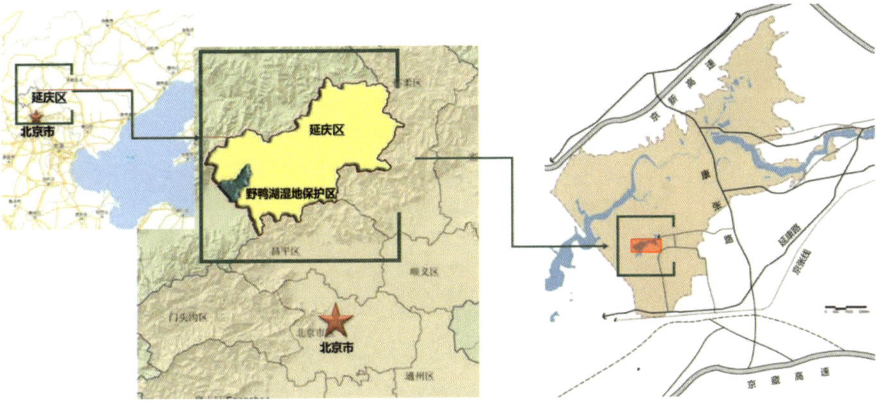

图 9-30　野鸭湖湿地公园地理位置

3. 发展思路

参照《 野鸭湖国家湿地公园总体规划》，公园规划分为 5 个功能区（湿地保育区、恢复重建区、宣教展示区、合理利用区和管理服务区），以及东侧的 1 个发展备用地。本次项目设计范围包括合理利用区（局部）与宣教展示区，建设面积共 78 hm^2，其中，合理利用区建设面积 39.8 hm^2，宣教展示区建设面积 38.2 hm^2。以 EOD 模式为牵引，以恢复生物多样性、水生态环境和湿地的生态涵养能力为核心，分别设置涉禽、游禽、攀禽栖息区、百草园区域；宣教展示区涵盖湿地植物展示区、湿地净化展示区、农事活动体验区（图 9-31）。

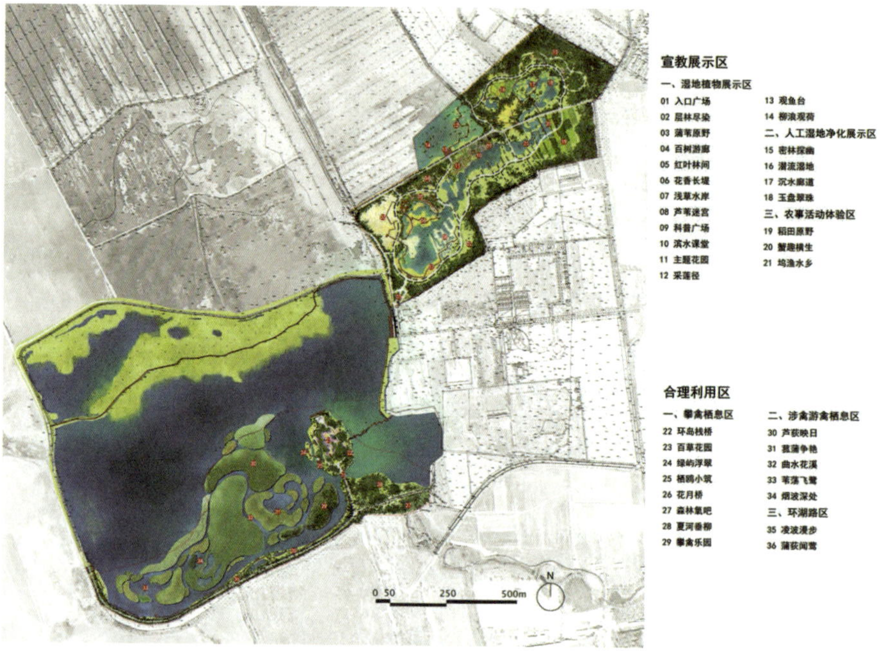

图 9-31 野鸭湖国家湿地公园总平面情况

野鸭湖国家湿地公园以 EOD 模式建设为指导，通过生态修复、植被恢复、水生态治理等工程，夯实“绿水青山”本底，打造具有生态性、景观性、科普性，集生态旅游、绿色出行、休闲娱乐、科普教育于一体的可持续城市湿地公园，探索“绿水青山”与“金山银山”的转化机制，推动实现生态产业化发展，积极培育高质量发展的绿色增长点。通过建立湿地多样游赏模式、构建湿地生态水网体系、丰富湿地生物多样性、增加湿地生境类型、丰富游客参与性体验等策略，构建生态良好、风景优美、特色突出的野鸭湖湿地“生态画廊”，使“醉美”野鸭湖“留住鸟，留住人”（图 9-32）。

图 9-32　野鸭湖湿地公园沉水廊道

4. 发展重点

野鸭湖国家湿地公园的发展秉持生态优先的理念，以 EOD 模式导向下的生态、产业平衡发展模式为指导，设置如下分区，构建多元生态产品价值转换路径和模式，全面推动实现生态产业化、产业生态化发展。

水鸟栖息区：水鸟栖息区位于合理利用区西部，包括滩涂区域、岛屿及周边水域，计划在原生湿地的基础上加入水岛和水泡，为游禽、涉禽提供了良好的栖息地及觅食环境。与此同时，水鸟栖息区为游客展现了集沼凝翠、烟波浩渺等景色优美的湿地景观。

林鸟栖息区：位于合理利用区东部，在原有植物种类的基础上进行乔灌木补植，推进自然林地的恢复。乔木以有色树种、食源树种为主，为鸣禽、攀禽营造舒适的栖息地，同时营造色彩斑斓的梦幻效果。水岸线以自然形式为主，自然融入湿地环境。

百草园：在保护现有良好生态环境的前提下，对植被进行补植，大面积补植草花地被，局部进行微地形设计，营造彩蝶缤纷、野花烂漫的大地景观。西侧设置小岛，增加生境的丰富性以及景观的多样性，小岛与百草园主岛以景观桥连接，丰富游客的湿地体验。

环湖路区：位于合理利用区南部，是合理利用区游客密度最高的区域。该区域内设计建有曲水花溪、柳堤等优美的自然景观设施，通过曲折蜿蜒的木栈道连接起来，使游客既可以瞭望远处的烟波浩渺，又可以感受近处丰富多彩的湿地水生植物景观（图 9-33）。

图 9-33 野鸭湖国家湿地公园柳浪观荷

人工湿地净化展示区：位于宣教展示区的东北部，内部设计建设复合垂直流湿地、植物氧化塘、生态氧化塘、表面叠流四个功能区域，共同构建了完善的人工湿地系统。水依次通过各个区域，通过沉淀、吸附、过滤、溶解、离子交换等过程实现污水净化。在人工湿地中，植物配置以净化功能强的水生植物为主，以组团群落模式构建湿地植物系统。

湿地植物展示区：利用现有野鸭湖水资源，结合现状地形，建设出一个丰富的、系统性强的湿地植物园，一个蜿蜒有趣的芦苇迷宫（图 9-34），一系列可观赏湖面美景的景观平台（图 9-35）。在湿地植物展示区，游客可以进行多种多样的湿地活动体验，同时园区内遍布着趣味科普牌，用生动简洁的语言标明植物名称、特征等，使游客在观赏植物的同时学在其中、乐在其中。

图 9-34　野鸭湖国家湿地公园芦苇迷宫

图 9-35　野鸭湖国家湿地公园亲水平台

农事活动体验区：位于宣教展示区的东南部，结合现有的特色田埂肌理和苜蓿景观，补植可观花、观果、供游客进行采摘的果树，在为宣教区提供局部大地景观的同时，使游客与自然进行更亲密的互动。农事活动体验区亦是湿地栖息鸟类、鱼类的觅食基地，可吸引它们在此停留。

5. 建设成效

野鸭湖国家湿地公园保护与恢复工程在设计工艺方面，整理采用绿色设计理念、绿色工程工艺及绿色建筑材料应用等，确保区域的生态优先性，将绿色发展理念贯彻到规划、设计、施工和材料应用全过程，筑牢野鸭湖“生态屏障”。

该项目于 2015 年开始设计，耗时 2 年完成。2017 年 5 月全面推进施工，进行不分期建设，2017 年一气呵成，于 2017 年 10 月竣工。目前已经成为为游客、居民提供集休闲体验、舒压康养、自然教育、亲水互动、亲子娱乐等功能于一体的著名地标性公园、城市发展的生态高地。同时，公园生态网络的构建为禽类等多种生物提供了良好的栖息环境，丰富了区域的生物多样性。

此工程设计获得了“2017 年中国特色小镇•美丽乡村优秀规划建筑设计奖”。

三、智慧生态城案例

（一）武汉经济技术开发区智慧生态城打造园区升级示范

武汉经济技术开发区位于武汉市区西南三环的外沿，东临长江黄金水道，始建于 1991 年，1993 年经国务院批准成为国家级经济技术开发区。智慧生态城城市设计范围 84.7 km^2，其中建设用地 25 km^2，是武汉经济技术开发区重要的新城发展空间，也是武汉市长江上游拥江发展的热土，助推武汉经济技术开发区转型升级，创建武汉智慧城市的示范窗口，支撑武汉国家中心城市的创建。该项目将以产城融合、高端产业发展带动构建大汉阳板块的动力核心，以产城一体为核心，发展创意研发、智慧服务等现代服务业，助推武汉经济技术开发区产业转型升级，优化武汉经济技术开发区的产业结构，强化城市核心功能培育和完善，努力成为武汉经济技术开发区转型升级的突破口之一，为武汉经济技术开发区的发展增添活力。

武汉经济技术开发区智慧生态产业示范城效果如图 9-36 所示。

图 9-36　武汉经济技术开发区智慧生态产业示范城效果展示

（1）智慧生态城的系统思维下的城市设计

武汉经济技术开发区的特点是城市设计范围大，地形地貌复杂，生态优良，有湿地、山体、江河、湖泊等复合资源，多种限制因素对场地分割严重，区域整体控制难度高，政府需求的复合性高，高端理念本土化落地的要求高。为此，城市设计提出一套综合解决方案（图 9-37 和图 9-38）：在城市发展、城市建设、城市运营的视角下，采用多专业协同的工作组织方式，形成了集城市功能定位、产业优化选择、智慧生态标准及示范构建、超前统筹规划、优化整合资源、城市形象打造、开发建设管理为一体的城市设计系统解决方案，形成了以规划方案调整为基础、以多层次城市设计引导为骨架、以生态指标体系及智慧城市技术方案等专项研究为支撑的统一框架，引导智慧城生态城建设的实施决策，特别是建设初期的开发引导。

其中规划方案调整目标是落实政府宏观战略，为城市设计打基础；通过多层次城市设计，塑造城市形象，确定城市空间控制法则，为控制性详细规划提供依据；通过制定生态指标体系以及构建智慧城市的技术解决方案，建立智慧生态标准和市级示范样板，指导智慧城市平台的建设。最终保证智慧城生态城建设产生生态、经济、社会、空间的综合效益。

（2）智慧生态城的城市设计路径

智慧生态城的城市设计采用系统综合的城市设计路径，最终形成了由 3 个体系构成的城市设计体系框架（图 9-39）。

①规划系统整合体系，形成规划整合调整方案，为城市设计提供基础；

②专项支撑体系，包括生态指标体系、智慧城市概念规划等 9 个专题。

③城市设计体系，包括总体城市设计、建设用地 9 个片区城市设计、2 个重点核心区详细城市设计，2 条主要道路景观设计、非建设用地概念景观设计；

规划系统整合体系：本项目通过多规融合的规划方案调整深化，落实政府的宏观战略，系统整合了约 30 项规划及法律规定，涉及宏观规划、战略规划、产业规划、总体规划、土地规划、专项规划、相关管理条例等，结合多项专题研究以及对现状及江河湖山等生态本底进行深入分析，经过与政府各部门的多次研讨，最终形成调整深化的规划方案。确定了城市发展目标，明晰了产业定位及产业布局，明确了城市空间结构、总体功能定位及分区，调整了用地布局。多规融合的规划深化方案，为城市设计打下扎实的基础。

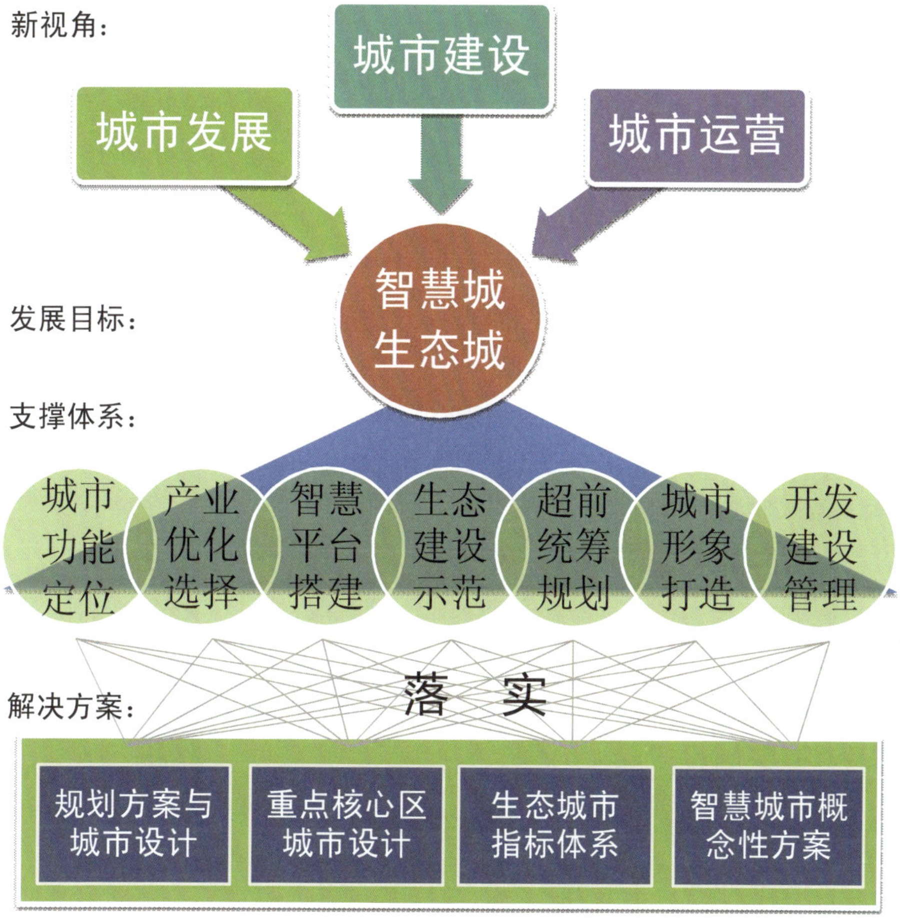

图 9-37 武汉经济技术开发区智慧生态城城市设计综合解决方案

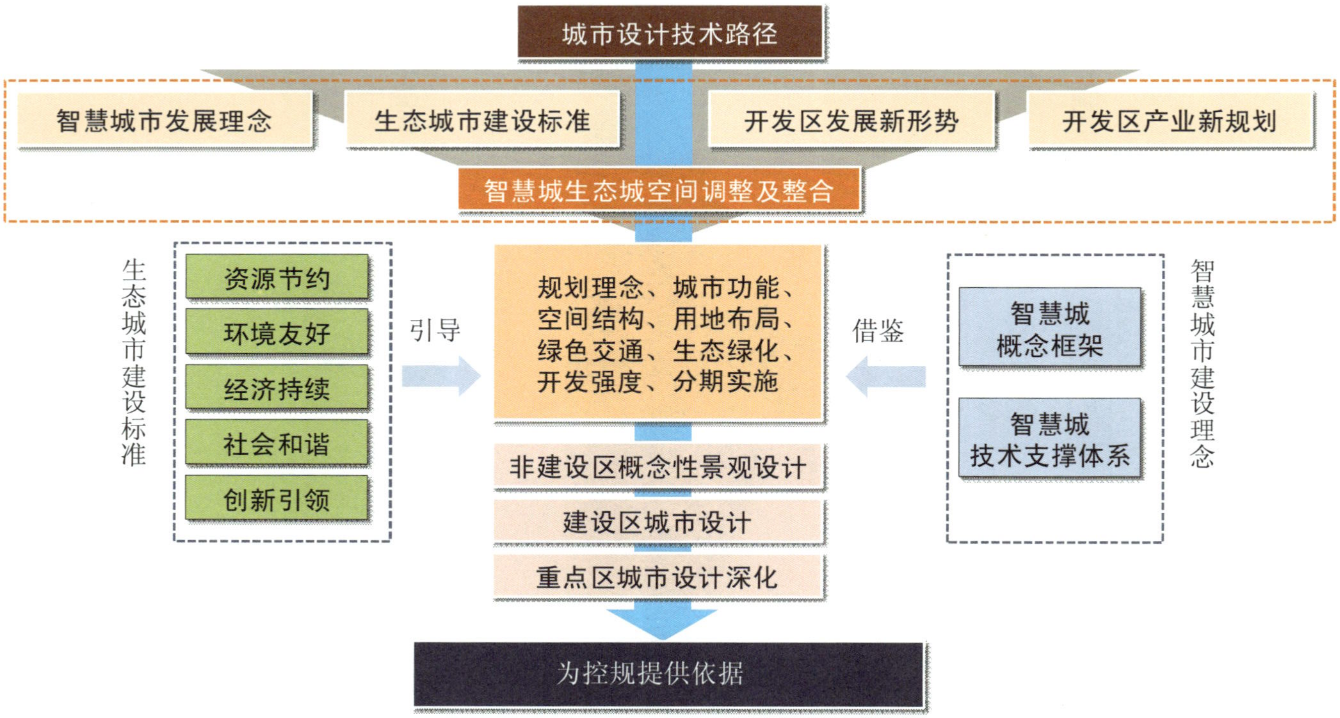

图 9-38 武汉经济技术开发区智慧生态城系统综合的城市设计路径

图 9-39　武汉经济技术开发区智慧生态城系统综合城市设计成果体系框架

多项专题研究：与此同时进行多项专题研究，包括生态指标体系、智慧城市概念等专项规划，以及战略产业研究、基地特征及历史文化分析、能源策略、投资与收益测算、规划与实施策略等专题，成为指导城市设计的重要支撑。以生态指标体系、十大智慧服务指导城市建设，以崭新的姿态引领未来潮流，成为创意之都的城市 T 台、时尚科技的探索之窗，引导开发区从制造向创造的转型。

城市设计体系：城市设计分级编制，形成不同深度和内容的三层城市设计体系框架（图 9-40），通过整体城市设计，明确城市空间生态格局，塑造城市风貌形象，提升城市价值，科学安排开发建设，保障未来城市长期高效运营，通过片区及重点核心区城市设计，建立城市控制引导机制，为控制性详细规划提供依据。

图 9-40　武汉经济技术开发区智慧生态城城市设计分级编制体系框架

（3）智慧生态城的城市设计创新

智慧生态城的城市设计秉承生态优先、“微城”发展、智慧提升、古朴与新韵融合的城市发展理念，以生态、智慧、文化、休闲四大主题，落实创建国际化智慧城示范区和慢生活休闲体验区的要求，以打造魅力智谷、生态新城为目标，形成高端人才聚集地、高端业态集聚区。智慧生态城的城市设计依据区内发达的交通网络，丰富的山水人文资源，拥有江河、湖泊、山体、湿地的复合生态本底，提出规划区将是一座“生长自绿叶的城市”，是一座以“微城”模式、智慧生态融合发展的绿色双城。形成“一脉、两城、双心、多廊道”的空间结构，重点打造 11 个功能片区。通过构建生态大框架、水系大框架、交通大框架以及“微城”整体空间形态的塑造，形成了“双城双江，五山环绕，水脉绿廊镶嵌”的“山、水、绿、城”交织互融的现代花园新都市的总体城市风貌。

图 9-41 为武汉经济技术开发区智慧生态城局部效果。

需要说明的是，不同城市，其区位交通、自然资源禀赋及历史文化特点、现状发展基础及产业功能、面临问题等均不同，城市设计应以问题为导向，在系统综合的城市设计框架下，根据任务重点，采用不同的工作路径，有针对性地选择重点研究内容，在此基础上进行城市设计，对于支撑体系内容也应因城施策，按照需要设计不同的支撑专项。

泛华集团运用系统思维，为生态智慧城提供城市设计综合解决方案，突破了以工程技术及城市空间形态美学为主的传统城市设计思维，集成各类城市的各种要素，为城市设计注入了灵魂和内涵，并将系统城市设计与信息化手段和城市规划建设管理结合，使终极蓝图式的城市设计变为可以持续动态管理的城市三维空间信息管理平台，将为城市规划设计管理审批、建设监管、招商运营提供动态管理模式，为落实城市设计，塑造特色城市形象、提升城市品质以及进行城市精细化管理创造更好的条件。

此外，泛华集团关于武汉经济技术开发区智慧生态城的设计，坚持 EOD 模式引领下的城市建设理念，利用生态城市理念下的“微城”空间营造，在充分保护城市生态基底和生态格局的前提下，从城市空间尺度和功能布局方面出发，重组城市空间要素，使其与生态要素融合，缓解城市发展与自然环境的矛盾，实现城市的可持续发展。

图 9-41 武汉经济技术开发区智慧生态城局部效果

（二）“乌海湖智慧健康谷”打造创新发展新动能

“十四五”时期乌海市乌达区经济社会发展的主要目标任务中提到，要加快工矿城市向生态城市、创新城市、智慧城市转型，推进绿色发展、创新发展、高质量发展，全力构建生态质量更高、转型步伐更快、创新动力更足、城市功能更强、生活品质更优的发展新格局。其中，“乌海湖智慧健康谷”是乌海市乌达区“十四五”时期的重点项目之一，其顶层设计主要由泛华集团完成。

（1）项目区域位置

乌海市地处“蒙宁陕甘”经济区接合部，是沿黄经济带的中心、呼包银榆经济区重要节点，也是引领“小金三角”经济区的区域中心城市。本项目坐落于内蒙古自治区西部的乌海市乌达区乌兰淖尔镇乌兰淖尔湖周边。

（2）项目承载使命

面对乌海市产业结构单一、资源依赖偏重、区域发展不平衡、老龄化加剧、医疗资源和医疗服务发展滞后、乌达区卫生基础设施薄弱、专业人才不足、养老设施和医疗服务滞后等问题，该项目将承载乌海市乃至乌达区提升医疗服务体系高质量发展，促进公共服务均等化发展，实现区域资源共享及医疗体系智慧化升级的诉求。

根据乌海市战略发展定位，“乌海湖智慧健康谷”作为乌海市乌达区“十四五”期间的重点项目之一，将有效助力乌达区转型升级、结构调整，力争将“乌海湖智慧健康谷”打造成中国一流的文旅综合项目。该项目建成后，将助推区域城乡融合发展，成为乌海市新旧动能转换示范区、健康产业先行区、城乡融合发展区。因此，该项目还承载乌海市城市转型发展的使命。

（3）项目范围与规划思路

该项目规划区用地面积 41.46 km^2，核心区用地面积 11.35 km^2。规划范围北至乌兰布和大街，南至神北一街，东至黄河西岸（乌海湖西岸），西至域内乌海市绿色生态产业园区西边界，核心区由滨湖路与五七干渠围合而成（图 9-42）。规划城乡总用地 4 156 hm^2，其中建设用地 653 hm^2，占城乡用地的 15.7%；非建设用地 3 504 hm^2，占城乡用地的 84.3%。

图 9-43 为该项目功能分区情况。

项目概况
规划范围
乌海市地处“蒙宁陕甘”经济区接合部，是沿黄经济带的中心、呼包银榆经济区重要节点，也是引领“小金三角”经济区的区域中心城市。
本项目坐落于内蒙古自治区西部的乌海市乌达区乌兰淖尔镇乌兰淖尔湖周边。
规划范围
北至乌兰布和大街
南至神北一街
东至黄河西岸（乌海湖西岸）
西至域内乌海市绿色生态产业园区西边界
核心区由滨湖路与五七干渠围合而成
阿拉善盟
乌兰布和沙漠
乌海湖
海勃湾区
乌海湖大桥
乌兰布和大街
滨湖路
核心区
11.35 km²
规划区
41.56 km²
绿色生态产业园
五七干渠
甘德尔山
神北一街路
乌达区
至乌达区城区

图 9-42　项目规划范围

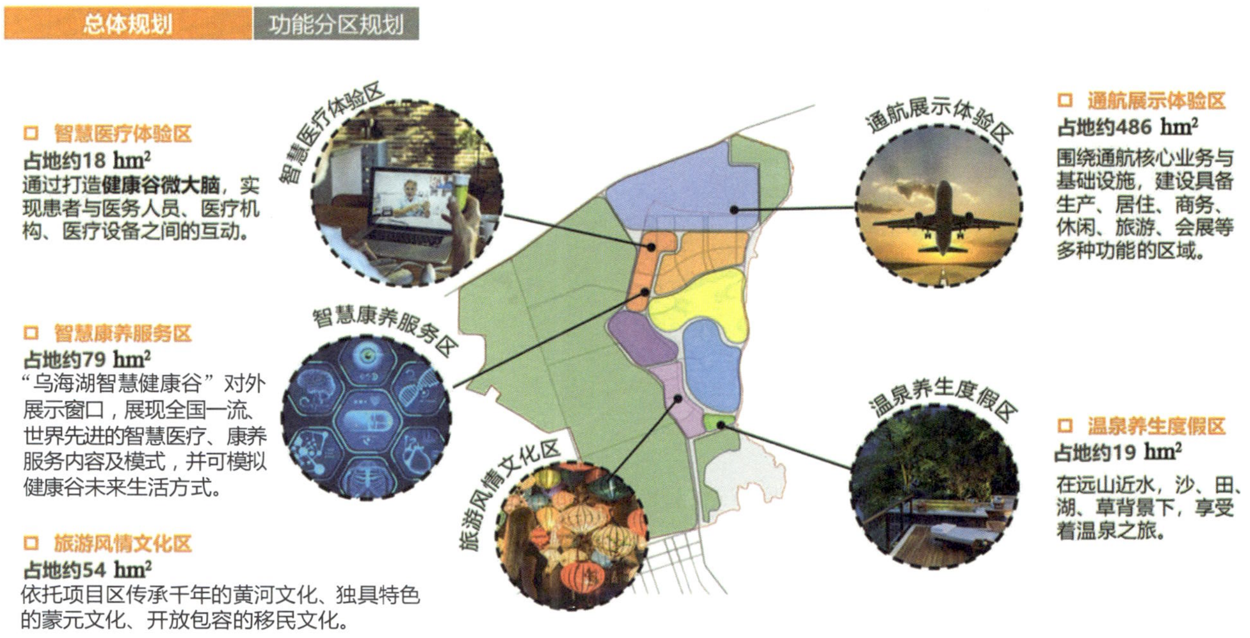
总体规划
功能分区规划
智慧医疗体验区
占地约18 hm²
通过打造健康谷微大脑，实现患者与医务人员、医疗机构、医疗设备之间的互动。
智慧康养服务区
占地约79 hm²
“乌海湖智慧健康谷”对外展示窗口，展现全国一流、世界先进的智慧医疗、康养服务内容及模式，并可模拟健康谷未来生活方式。
旅游风情文化区
占地约54 hm²
依托项目区传承千年的黄河文化、独具特色的蒙元文化、开放包容的移民文化。
智慧医疗体验区
智慧康养服务区
旅游风情文化区
通航展示体验区
温泉养生度假区
通航展示体验区
占地约486 hm²
围绕通航核心业务与基础设施，建设具备生产、居住、商务、休闲、旅游、会展等多种功能的区域。
温泉养生度假区
占地约19 hm²
在远山近水，沙、田、湖、草背景下，享受着温泉之旅。

图 9-43　项目功能分区

在中国大健康战略下，通过“乌海湖智慧健康谷”建立“一圈一集群”的动能架构，进行现有产业转型升级，谋划新赛道，依托“健康谷微大脑”打造以智慧康养、健康旅游为主导，以现代农业、通用航空为支撑，以科创服务为配套的“2+2+1”产业体系（图 9-44），通过产业组团相辅相成、互相支撑，形成智慧化、全产业链、全生命周期的大健康产业新生态，实现区域的转型升级，进而实现城乡融合发展的新路径。

五大产业体系（图 9-44）在科创服务方面，搭建集科技金融、中介、科研、商务及智慧生活于一体的科创服务平台，形成“高科技创新型龙头企业+中小微创新型创业企业”模式，打造科创服务生态体系。在智慧康养方面，依托乌海市优良生态环境，深度结合黄河、蒙元文化，与旅游、文化、农业等领域联动发展，重点发展中医药、智慧康养、健康旅游、健康食品等产业，打造西部健康服务的示范基地。在通用航空方面，推动通航与房车、温泉联动发展，打造陆海空一体的交通体系，同时通航为房车用户提供更加安全、稳定、快捷的航空救援服务。在健康旅游方面，发展思路为充分融入西部大开发、沿黄经济带发展战略，以本项目独特的山水资源、荒漠风光和多元文化等代表性资源优势为依托，聚焦健康旅游、运动旅游、自驾游、主题乐园、亲子游、休闲度假游市场，通过树立一个品牌形象、一个发展目标、两个支撑、三大王牌。以蒙医药膳养生、健康养生、体育运动、主题乐园、休闲度假为核心，通过多维联动，创新产业业态，实现旅游产业区域联动发展。在现代农业方面，通过打通“3—1—2”或“3—2—1”产业路径，推动产业融合发展；科创与品牌“双轮”驱动，使全产业链全要素城乡贯通；数字经济重构产业新生态，打造平台经济、结算经济；多维战略统筹联动并形成合力，共筑全要素智慧产业示范区等四大创新路径，助力地方加快推进乡村振兴、开创县域经济高质量发展新局面。

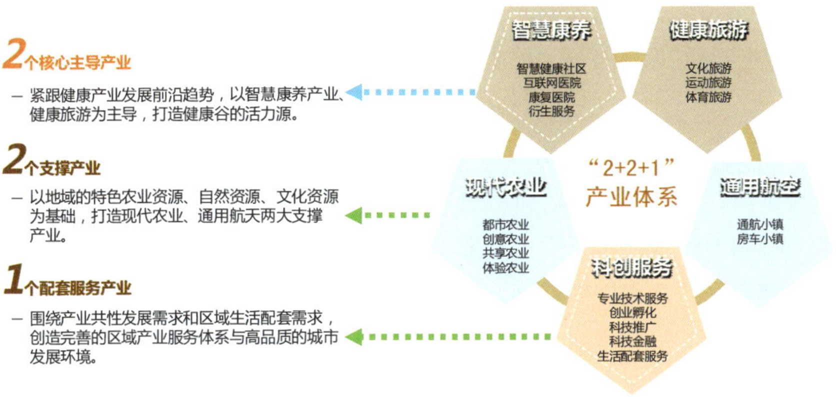

图 9-44 五大产业体系

（4）项目规划指导意义

在规划的指导下，“乌海湖智慧健康谷”将继续依托乌兰淖尔镇优质的自然资源，以乌海市社会经济发展需求为导向，以康养、文旅、农业、休闲娱乐等为主要功能，打造以健康产业为主线，集医疗康养、文化旅游、儿童乐园、通用航空、生态农业、中草药种植、研修会议、职业学校等项目为一体的智慧化新型园区，成为大健康战略的“重要承载地”、新型基础设施的试验地、贯彻内蒙古自治区高质量发展战略下的创新引领高地、落实乌海市资源型城市转型战略要求的引领区，使乌达区成为资源型城市转型发展示范区。

（5）项目创新与突破

泛华集团创新提出以生态智慧（生态优先、数字化支撑、智慧化赋能）为引领、五大产业（科创服务、智慧康养、通用通空、健康旅游、现代农业）为支撑、17 个项目为引擎，打造四大功能片区（智慧康养生活区、通航展示体验区、主题乐园休闲区、智慧农业创新区）的思路。坚持 EOD 模式开发理念，推动实现产业的生态智慧化、生态智慧化的产业。小产品大市场，小平台大产业；小载体大服务，小空间大战略。以此实现支撑体系智慧化、园区建设生态化、产业发展低碳化、功能布局集约化、服务配套人文化的目标。

四、区域能源案例：国家级自贸区能源系统解决方案横琴模式

2009 年，中央决定开发横琴岛。习近平总书记曾 3 次踏上横琴的土地。横琴从一个边陲海岛，变成瞩目的自贸新城。2012 年 12 月，在听取了横琴建设进展和产业发展情况汇报后，习近平总书记对横琴新区的开发建设给予了充分肯定。横琴开发要发扬敢为人先的精神，要先行先试，进一步扩大开放，勇于探索，勇于去闯，要在体制机制创新方面，为粤港澳合作做出贡献。

横琴新区位于珠海市横琴岛地，地处广东省珠海市南部，毗邻香港和澳门，2009 年正式挂牌成立，2015 年被纳入中国（广东）自由贸易试验区，横琴新区在粤港澳大湾区中占据了极其重要的区位优势和难以复制的政策优势。因其独特的战略区位优势，国家领导人多次视察横琴，其发展得到了省委、省政府及珠海市政府的大力支持，横琴新区综合智慧能源项目自“出生”起便带有重要的示范价值和战略意义。

（一）生态文明理念下，区域能源管理策略

以“绿水青山就是金山银山”的理念建设美丽中国离不开能源。时代的发展要求我国能源供应应向清洁低碳、安全高效转变。在“双碳”目标下，区域能源管理是实现节能、降碳的有效措施，是生态文明建设的关键举措，更是推动构建区域生态基地以及实现能碳管理、绿色运营、产业生态化发展的关键。横琴新区综合智慧能源项目是横琴新区的基础配套项目，由电厂、蒸汽热网、能源站及配套管网构成，采用多联供能模式，通过电制冷、蓄冰制冷、溴化锂吸收式制冷等方式，将 4℃冷水输送给用户。这个过程不但为用户节省了安装制冷设备的费用，还减少了有害物质的排放，既经济又环保。该项目致力于建设集电、热、冷、汽、水多联供的清洁能源基地，是横琴自贸区建设“生态岛”“低碳岛”的重要能源依托，为横琴新区建设和产业发展提供稳定可靠的区域能源系统解决方案。积极践行能源革命战略，成为推动粤港澳大湾区能源供给侧改革和生态文明建设的创新实践，成为能源革命战略承载地。

（二）打造全生命周期下可复制的"横琴模式"

"政府主导+协会引导+企业推进"三位一体有机组合的实施路径，是全生命周期下高能效和可复制的横琴模式的关键要素和核心竞争力；在 EOD 模式生态理念的引领下，泛华集团融入产业育城和全要素智慧城市建设理念，在产业生态协同、低碳智慧能源管理等方面不断创新与实践，积极创建新型能源发展模式的"综合智慧能源服务平台"，将区域能源与智慧、生态、互联网有机融合，全面助力碳中和落地实施。

横琴新区区域能源系统解决方案为我们呈现了这样的一幅蓝图（图 9-45）：纵横交错的地下管网，图中红色显示的是供热管线，蓝线显示的是供冷管线。横琴新区区域能源项目共划分出五大供冷片区，拟建 9 个能源站，总装机规模达 45 万 RT[①]，总投资近 50 亿元。一期 4 个能源站（3 号能源站投产使用，1 号、7 号和 10 号能源站正在建设）采用电制冷、蓄冰制冷、溴化锂吸收式制冷等方式，实现冷源优势互补和供冷四重保障。项目全部建成后，将成为全球最大的区域能源项目之一，在模式中引领行业的发展。

在横琴新区，无论是总部大厦、华融大厦、梧桐树项目，还是横琴小学、幼儿园或者人才公寓项目，美轮美奂的建筑外墙看不到一个空调室外机，漫长的夏季，全部依靠横琴新区综合智慧能源项目，通过遍布全岛的冷热管网，源源不断地为横琴输送着"绿色"的动力源。该项目投产两年时间，横琴能源公司已发展用户企业 80 余家，已服务用户 11 家（图 9-46），供冷需求已达 20 万 RT，专业化服务和精细化管理为用户提供超值服务和价值共享，践行了横琴模式暨区域能源系统解决方案的成效。

---

① 本书 RT 为美国冷吨。

图 9-45　珠海横琴新区综合智慧能源项目

图 9-46　珠海横琴新区综合智慧能源项目服务客户

（三）项目基本特点及经验

横琴新区综合智慧能源系统以 1 座燃气电厂、9 座集中制冷站为基础，开展综合能源供应开发与服务（图 9-45）。

①设计+运营“双核驱动”的模式创新。区域能源系统是对用能理念的延伸和创新应用，是一个相对独立的能源全生命周期的供需解决方案，该项目采用方案、设计、建设、运营和投资一体化的设计+运营“双核驱动”的模式创新，通过专业化运行和精细化管理试行高能效红利分享。

②确立了“以用户为核心”的综合智慧能源协同发展理念。与同方股份有限公司合作，进行区域综合能源消耗管理软件平台系统的开发。通过智能仪表和互联网，采集电、热、冷生产设备运行数据及用户侧各类用能设备的运行参数，经处理、聚集、分析并提供了节能运行控制策略，构建综合智慧能源管理平台。

③建立了一支在综合能源生产、传输、消费各环节为客户提供全覆盖、一站式服务的团队。

④科学的工程建设管理。根据横琴新区的整体开发计划，参考同类型项目的开发经验，为减少投产初期的经营压力，在确保满足供能需求的同时制定了“密切跟踪用户发展，能源站土建一次完成，设施和设备分期建设、分步安装”的工程建设方案。在设计方案落地阶段，为确保方案的顺利实施，采用了 BIM 数字化建模方式，对管道走向和结构空间布局进行了深度优化。

（四）中国首个区域能源项目（横琴新区）示范的重要意义

该项目地是能源革命承载地。该项目位于中国（广东）自由贸易试验区横琴新区，为横琴新区建设和产业发展提供稳定可靠的供冷、供热水和供电等区域能源系统解决方案；一期的 3 号能源站建成并投入使用，积极践行习近平总书记在 2014 年 6 月的中央财经领导小组第六次会议中提出的“四个革命、一个合作”。结合项目特点从能源消费、供给、技术、体制以及国际合作等方面进行实践并取得初步成效。

图 9-47 为多联供综合能源示范基地设备。

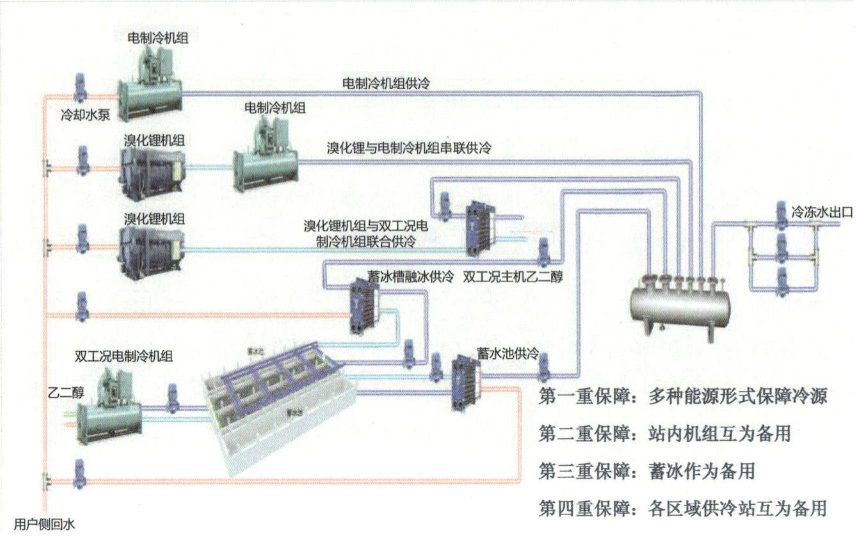

图 9-47　多联供综合能源示范基地设备

横琴岛陆地面积 86 km^2，横琴岛规划建设 9 个区域能源站，总供能面积约 3 000 万 m^2，建成后将会是国内乃至全球最大的区域能源站项目；一期建设 1 号、3 号、7 号、10 号共 4 个能源站，3 号能源站（4 万 RT）已建成并为用户提供稳定可靠的能源服务（图 9-48）；探索和总结可复制的商业模式和实施路径。

图 9-48　横琴新区区域能源项目 3 号能源站

多能互补助力横琴可持续发展。横琴区域能源项目基于能源禀赋和需求的供需平衡，应用多能互补［光伏、电制冷、溴化锂吸收式制冷（电厂余热）、水蓄冷和冰蓄冷等］和互联网技术集成实现能效的显著提升，从全生命周期的高能效助力横琴新区的绿色、低碳和可持续发展。

作为一个成功案例，横琴综合智慧能源项目无论是规模还是在大数据运用上都是全球领先的，意义重大。该项目展示了中国区域制冷设备的高端，以及最优秀的技术。珠海横琴新区管理委员会及珠海市委、市政府支持将智慧能源项目放在城市规划里提前布局，政府推动实施的做法，为全球城市可持续发展提供了值得借鉴的经验。

泛华集团认为，如何打破传统能源系统“烟囱式”分立架构和“孤岛式”管理的局面，构建全链路协同的区域能源系统是关键。未来如何通过创新驱动、原创技术、科技引领、微联网+互联网，实现对电力、工业余热、热电联产、可再生能源、风能等各种能源综合和创新存储，实现能源集成利用，重点发展储能这个智慧能源系统中的“心脏”，走向综合智慧能源之路，实现全链路协同。

在中国建筑节能协会主办的“CDEA•2017 第八届中国城市区域能源系统运营推广研讨会”上，泛华集团服务的珠海横琴新区综合智慧能源项目荣获“中国区域能源示范项目”的荣誉称号；珠海横琴新区管委会也因该项目的成功建设和高效运营被中国建筑节能协会授予“全生命周期绿色建筑节能园区试点”（图 9-49）。联合国环境规划署驻华代表处项目规划蒋南青博士和宜可城-地方可持续发展协会（ICLEI）低碳项目官员盛赞横琴新区综合智慧能源项目向世界展示了中国区域供冷系统的先进性和技术领先性，作为横琴新区“生态岛”可持续发展的实施路径，为中国城乡统筹和旧城改造的能源解决方案提供可复制的商业模式和技术路线。

图 9-49　珠海横琴新区综合智慧能源项目泛华荣誉

五、资源转型案例

（一）废弃矿山“美丽蜕变”的泛华路径

废弃矿山修复是 EOD 模式中典型的生态治理类项目。通过矿山修复实现土壤、空气、水污染治理，促进生态环境修复保护，创造生态环境效益；同时通过固体废物资源利用带动绿色建材等循环产业的发展，创造经济社会效益，是生态治理类项目中有可能实现投入与产出自平衡的项目类型。

我国是一个矿产资源大国，有着悠久的矿产资源开发史，矿山开发在促进社会经济发展和基础设施建设过程中发挥了重要作用，但随着经济不断转型，依靠矿产资源的发展方式逐渐被淘汰，枯竭矿山数量大幅度增加，给环境、生态和景观带来了一系列的危害和问题。许多废弃的矿山在社会发展中成为一个个“伤疤”，使生态系统变得更加脆弱，生物多样性减少、生态环境逆向演替严重。如今，矿山的生态环境恢复已成为社会普遍关注的问题之一，是城市生态环境建设的重要环节，也是 EOD 模式应用的典型领域。

1．系统思维，实现生态效益、经济效益、社会效益相统一

据国土资源部公布的数据，目前处于低效利用状态的城镇工矿建设用地约 5 000 km^2，占全国城市建成区面积的 11%，大量矿山未被有效利用，甚至被废弃，而很多地方政府对矿山治理难以有效推进，多半因为治理资金有限，对于很多地方政府来说，基于对经济发展速度的追求，对单纯的生态修复整体积极性不高。

传统的矿山修复都是由各级财政出资，对废弃矿山进行简单的降坡、植绿，形成各级政府为历史欠账“买单”的模式，生态修复变得特别被动，明显动力不足。因此，矿山修复要和效益结合，必须成为区域转型的动力，实现生态效益、经济效益、社会效益相统一，把治理工作与土地开发、产业发展、城乡建设有机结合。将治理工作与土地复垦、村庄整治、新农村建设、旅游资源开发、景观建设等结合起来，既可消除矿山边坡安全隐患，又可改善生态环境，实现生态、安全、土地三大效益相统一。

整体谋划，创新路径。不能就解决修复技术、修复方式、资金来源等问题破题矿山修复，而是要用系统思维通过区域谋划深入挖掘该区域资源禀赋、产业要素的经济价值、区域价值、战略价值，结合区域大趋势、国家大环境，谋划区域发展战略价值和定位、创新发展路径、寻找动力源、培育新载体、打造增长极，以区域谋划引领矿区修复的科学发展。

政府主导，市场化运营。通过专业手段摆脱当地人才、资金、能力不足的瓶颈，进行优质资源的整合，推动矿山修复，按照“谁治理、谁受益”的模式，采用市场化运作，探索打造政府授权委托，企业运营管理，优势互补，合作共赢，从前期规划、建设和运营的全过程参与到矿山治理的建设运营，实现以工业化为动力、以农业化为基础、以新型城镇化为载体、以信息化为手段的“四化”高度融合，推动区域可持续发展。

2. 多种模式变“废”为“宝”

废弃矿山的生态修复方式多种多样，可以将矿山废弃的机械、建筑、道路、矿床以及矿产品堆放场等建设成矿山公园，将矿山废弃的水域建成矿山人工湿地，将矿山废弃的平地建设成居住用地和工业用地，将矿山废弃的洼地、盆地建设成养鱼场、垂钓园，将矿山废弃的坡地建设成林业和畜牧业基地。

（1）“旅游+矿山”，构建综合型旅游景区

矿山与旅游结合，主要以露天矿坑生态修复为依托，通过保护和展示采矿、地质遗迹，进行生态景观修复与提升，开发休闲体验旅游项目，打造矿山公园，

塑造城市新旅游品牌。矿山旅游业发展已久，但多为矿山关停后通过生态修复治理发展而成的，较成功的案例有英国伊甸园，利用采掘陶土遗留下的巨坑，围绕植物文化打造而成，主要项目包括潮湿热带馆、温暖气候馆、凉爽气候馆三大种植馆，各馆内种植了来自全球的数万种植物，发展生态观光、休闲体验、科普教育旅游，从开业至今游客量过千万。在我国，湖北黄石国家矿山公园、江苏盱眙象山国家矿山公园也是利用露天矿坑打造的矿业文化，集科普体验、观光游览、极限运动、休闲度假于一体的矿山公园的建成取得了很好的效果。

图 9-50 为矿坑生态修复情况。

图 9-50 矿坑生态修复情况

"矿山+旅游"的发展，必须有文化作支撑，但是仅仅靠矿山文化不具备支撑区域旅游发展的重任，因此，系统思考矿山公园打造，必须与区域文化结合，打造以区域文化展示、体验为核心的旅游区，同时盘活周边资源，配套建设主题公园、乡村旅游、康养运动、休闲度假等旅游项目，构建综合型旅游景区。

（2）“矿山+园区”，集约土地推动产业发展

很多地势平坦、土壤肥沃、水源充足的矿山不具备依山造景、打造矿山公园的条件，但是适合生态农业开发，以及创造种植、科研、展示、采摘等多个产业和不同产业环节并存的综合利用现代农业生产格局；同时与林业有机结合，形成多树种、多层次、多色彩、多功能的经济林木和生态农业景观效果，并有效带动周边观光、采摘农业发展。其中，唐山迁安利用矿山废料台建设的集旅游观光、百果采摘、农产品加工销售为一体的综合性农业产业化示范园，取得了良好的经济效益和生态效益。

还有很多矿山，通过土地整理，并配备道路、给水、供暖、用电、通信等基础设施，完善区域配套可以打造各类现代化产业园区，推动土地集约利用，实现产业发展。

（3）打造矿山小镇，打造新动力源

在我国，很多废弃矿山本身已经形成了工厂区以及生活配套、商业配套完整的生产、生活功能组织，但是随着资源枯竭、环境污染的压力增大，这些工矿小镇，往往由于生态环境质量较差、产业层级低端，产业附加值变小，产业链变短；地形复杂、空间松散、用地割裂，基础设施和公共服务设施配套不足，使大量工厂区、生活区被废弃。在建设用地需求不断增加，在人均耕地少、高质量耕地少、可开发后备资源不足的基本国情尚未改变的情况下，这些废弃的工矿区域面临着重塑和价值提升的问题。

例如，将生态修复、挖掘矿山文化和现代城市特色、文脉有机结合，充分利用废旧矿山用地和工业厂房，进行景观再造和功能重塑，注入新兴产业，使旧建筑焕发新活力。在工业生产和生活居住功能的基础上，融入更多城市功能，优化空间布局结构，发展大文化、大健康、大旅游、特色产业和商贸物流复合产业集群，不仅能够打造生态修复示范，同时还能够带动产业转型升级，最终形成主题小镇（图 9-51）。

图 9-51 矿山修复后的小镇

矿山生态环境恢复治理需要不断创新理念，通过 EOD 模式发展，走一条治理、恢复与综合利用、生态环境保护相结合，经济利益与社会利益、环境效益相结合的新路径。废弃矿山也是一种资源、具有一种潜力，不能对其只做简单地处理修复，而是宜绿则绿、宜耕则耕、宜景则景、宜建则建，走生态恢复、景观再造、综合开发、循环利用的生态恢复治理与综合利用之路，实现矿山修复的“生命、生产、生活、生态”四生融合发展，推进生态文明示范区的建设。

（二）抚顺市资源型城市可持续发展示范区实践

1. 发展思路

抚顺是一个因煤而兴的资源型城市，开采历史已有百年，为国家经济建设做出过巨大贡献，是“因矿而兴”的典型城市。近年来，随着煤炭资源逐步枯竭，抚顺在保障国家能源安全方面的责任日益变小，矿山地质灾害治理问题日益突出，土地综合整治、历史遗留矿山生态修复任务艰巨、工作量大、周期长、资金投入大。生态环境治理滞后已经成为制约和阻碍大冶市社会经济高质量发展、产业生态化转型的关键因素，探索资源型城市转型的任务日趋紧迫。

在生态文明建设新时代背景下，抚顺提出以全市域范围为着眼点，将抚顺矿山地质灾害影响区和城东新区三期总计 64.9 km^2（其中抚顺矿山地质灾害影响区 57.8 km^2、城东新区三期 7.1 km^2）土地作为抚顺探索城市转型的重要载体，建设抚顺资源型城市可持续发展示范区。

抚顺矿山现状与分布如图 9-52 所示。

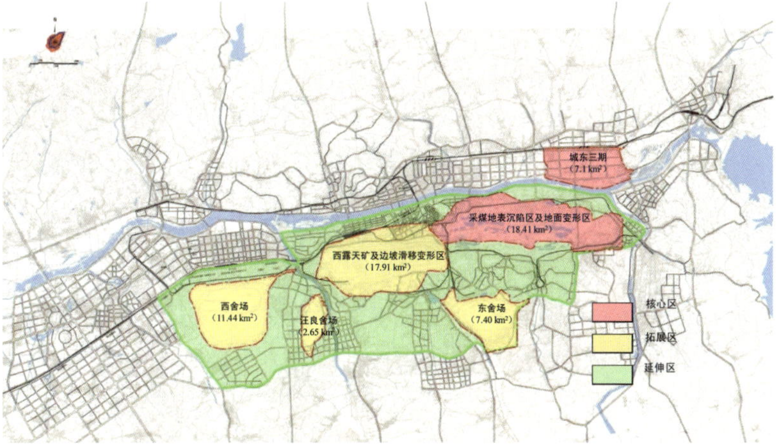

图 9-52　抚顺矿山现状与分布

泛华集团提出以生态文明建设理念为牵引、以 EOD 模式为抓手，运用“生态+产业”的方式，使生态环境资源化、产业经济绿色化，推动生态治理与产业发展有效融合，系统解决区域突出的生态保护修复和环境治理问题。通过城东新区三期及矿山地质灾害影响区的整体联动开发、一体化建设，在城市建设、产业转型、生态修复、城乡统筹、民生改善等方面形成示范，在金融体系设计、政策保障体系设计、接续产业促进机制、民生改善机制等方面实现创新和突破。加快解决抚顺资源枯竭型城市的问题，增强经济社会发展的可持续性，以“生态+产业”共同驱动，推动抚顺社会、经济、环境进入全面、协调、可持续的科学发展轨道，打造全国资源枯竭型城市绿色转型发展“样板单位”。

2. 生态特征

抚顺矿山灾害治理具有特殊性、集中性与代表性。抚顺煤炭开采后会留下露天矿、井工矿、矿坑，也有开采造成的地面沉降、地面塌陷问题，以及采煤废弃物排放场，同时伴有矿震、边坡滑移、泥石流、地裂缝及地表水、空气污染等问题，其矿山地质灾害要素全、机理复杂、影响范围广、波及面大、灾情特征突出，矿山灾害的妥善治理具有示范意义。

矿山地质灾害影响区已成为制约抚顺城市建设与发展的瓶颈因素。抚顺的矿山地质灾害集中于城市建成区内，城区受地质灾害影响及扰动的国土面积高达 57.8 km^2，相当于城市建成区面积的 42.5%，灾害影响区的治理与建设，直接影响城市的品质、形象提升和建设用地使用。在当前抚顺城市转型升级的关键时期，矿山地质灾害影响区已成为制约抚顺城市功能布局和结构调整的重要因素。

抚顺矿山空间利用布局情况如图 9-53 所示。

图 9-53 抚顺矿山空间利用布局情况

3. 发展重点

泛华集团提出通过整体联动开发、一体化建设，建设资源转型示范区。抚顺资源转型示范区建设要基于全新的城市土地价值观，从城市发展的角度，充分挖掘规划区的文化、生态和景观价值，将废弃矿区整体保护、局部开发利用，转换功能、激发活力、提升价值，通过生态治理与修复，重塑抚顺生态本底，引导新业态的发展，打造“山-海-园-城”的空间主题，形成“一城两园五区”的功能结构。

“一城”是指智慧生态城，“两园”是指榆林生态湿地公园和文化创意园，“五区”包含中央商务区、商贸物流区、华山生态区、生态居住区以及生态恢复保育区。

图 9-54 为抚顺重点项目分布。

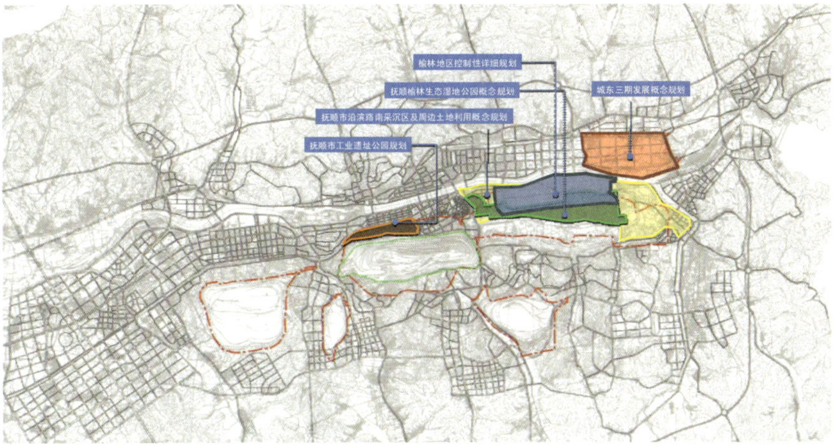

图 9-54 抚顺重点项目分布

（1）智慧生态城

智慧生态城是以智慧、低碳技术为核心，以总部商务办公、商业文化娱乐、科研教育、休闲健康、居住功能为载体，功能复合的现代化智慧生态新区。以生产性服务业为主，打造智慧生态城——高端服务业的集聚地。培育现代商业、高端服务、健康服务和科技研发四大主导产业，促进发展服务外包、创意设计、金融、总部经济四大机会型产业。

（2）榆林生态湿地公园

榆林生态湿地公园以纵横密布的水系、植被茂密的山体资源为生态基底，以本地历史人文资源为文化特色，同时具备生态保护、科普教育、游览休闲等多种生态服务功能，是一座主题明确、功能综合的城市湿地公园。榆林生态湿地公园是灾害治理的试点，是争取国家资源型城市转型发展相关战略和政策的重要承载地。

（3）文化创意园

文化创意园延续抚顺工业文明，以工业遗产为主题，成为中国工业遗产旅游高地的休闲及文化创意集聚区。以工业遗产旅游为核心，大力发展文化创意、休闲娱乐、特色商品展示交易、艺术设计、商务会展等产业。建设包括工业遗产博览馆、矿工主题餐厅、工业历史遗迹展示、煤精琥珀文化城、会展中心等重大项目。

（4）中央商务区

中央商务区将打造成为抚顺商贸、科教、金融、商业、人居和行政服务的中心。重点建设站前和裕民两个商业圈，全力抓好区域内工业企业“退二进三”，拓展中央商务区空间，增强辐射力和吸引力，塑造中央商务区崭新的形象。

（5）商贸物流区

商贸物流区是以专业市场及批发市场集群为主、亲水型、生态型、集约度高、辐射力强的大市场聚集区。此区域发展重点是将城市开发与城市建设及城市可持续发展的问题有机结合起来，更加注重生态效益，创造特色景观，优化空间布局与结构，塑造有浑河沿岸新形象的商贸城。

（6）华山生态区

华山生态区将成为新抚区的行政中心，是重点发展居住、商业、文化、教育等多种功能的现代型休闲城区，对区内的用地进行结构性调整、优化，完善服务配套，提升居住环境，打造适宜人居住的现代型休闲城区。

（7）生态居住区

生态居住区以石化新城配套建设为主导，以商业商贸服务和居住为主，以仓储物流、公共服务和商住用地为辅，集公园、生态恢复区和休闲绿地为一体的新型示范区。联合榆林生态湿地公园，发展养殖业和生态农业，打造现代都市农业。

（8）生态恢复保育区

生态恢复保育区以亚洲最大的露天矿坑为依托，基于矿坑周边地质条件进行综合治理与开发利用，通过参观“十里煤海”、体验当一天矿工的生活，增加科技手段和文化创意功能，形成集观光游览、科普教育、参与体验、娱乐购物于一体的国家工业旅游示范点——国家地质公园。

4. 建设成效

通过生态牵引发展理念创新、治理机制创新、建设模式创新，推动传统矿山开采方式、治理方式转变，结合城市建设进程明确限采计划、逐步降低涉煤产业比重；探索城东新区三期及矿山地质灾害影响区整体联动开发、一体化建设，以发展的理念和市场化的机制解决治理问题和转型问题，强调矿山地质灾害治理与城市功能调整相结合，矿山地质灾害影响区居民的搬迁改造与新区建设相结合，老工业区搬迁改造与培育新兴产业、创新机制体制相结合；突出市场在资源配置中的决定性作用和政府的指导作用，通过对示范区内城市空间进行价值创造以及未来价值挖掘与有效利用，完成矿山地质灾害影响区居民脱险安置和劳动者转移就业，并在城市建设、产业转型、生态修复、城乡统筹、民生改善等多方面形成示范，引导形成资源开发与经济社会发展、生态环境保护相协调的格局；用新思路、新机制、新方式走出资源型城市可持续发展的新路。

抚顺依托矿山修复、生态治理、植被修复等措施，重塑区域发展的生态本底，为生态产业化发展奠定基础。同时，通过泛华集团“EOD+产业育城”模式，实现将生态环境治理与绿色产业发展有机融合，探索生态产品价值转换方式与途径，推进“生命、生产、生活、生态”融合发展，给区域生态修复、一二三产业融合发展、绿色循环经济构建、城市营商环境改善等方面带来综合效益，树立以 EOD 模式助力资源型城市绿色转型发展的“抚顺样板”，带动树立乡村振兴高质量发展创新示范，进入生态文明战略下的高质量发展新阶段。

六、绿色建筑案例：装配式住宅实践

绿色建筑是城市绿色发展的必然选择，也是实现“双碳”目标的重要发力点之一。装配式建筑生产方式环保、高效，符合绿色建筑发展趋势。泛华集团在省会城市打造的装配式住宅精品项目，是推进建筑产业现代化、绿色化发展的重要实践。

武汉名流世家装配式住宅项目作为武汉市建筑产业化试点工程，自建设之初便受到了社会各界的广泛瞩目。2018 年，该项目荣膺 2017—2018 年度“广厦奖”，成为湖北省首个获此殊荣的装配式项目，并再度进入公众视野。

“广厦奖”是经国务院批准设立的国家级奖项，由中国房地产业协会、住房和城乡建设部住宅产业化促进中心具体组织实施。按照评选规定，“广厦奖”获奖项目必须以建设资源节约型、环境友好型的社会主义和谐社会和生态文明为宗旨，做到规划设计水平高、环境质量好、工程质量优，在推进住宅产业化、“四节一环保”和解决广大群众住房问题方面起示范、带动作用的项目。

（一）项目概况

武汉名流世家装配式住宅项目（图 9-55）位于百步亭中心生活区，兴业路与百步亭路黄金中轴处，是湖北首个装配式建筑项目，近百米的 34 层住宅楼预制率达到 78%，创下国内最高的装配整体式剪力墙结构纪录，并取得二星级绿色建筑设计标识，真正做到了绿色、节能、环保、低碳，成为建筑产业现代化的示范项目。新华社、《人民日报》等多家中央级媒体多次参与报道。

图 9-55 武汉名流世家项目实景

受武汉名流公馆置业有限公司的委托，2013 年 12 月—2014 年 9 月，泛华集团承接了该项目 K2 地块的规划设计工作，从专业视角、系统思维、技术创新等方面高标准高质量地完成了规划设计任务，并在设计施工验收依据、装配体系设计、生产流程、结构连接技术、理论依据及实验研究、现场施工安装等方面总结出了整套的经验，得到了各方的认可。

（二）技术创新

武汉名流世家装配式住宅项目质量和安全相对于传统结构有很大改善，技术体系核心特点是结构连接技术采用竖向和水平两种连接方式，竖向连接方式采用预留孔插入式浆锚连接方式，水平连接方式采用钢筋插销方式和叠合楼板、梁节点现浇方式。该技术体系以构件标准化设计，将大量的湿作业施工转移到工厂内，运用现代化管理手段进行标准化生产，并将保温、装饰整合到预制构件生产环节中完成，原材料和施工水电消耗大幅度下降，劳动强度降低。在设计过程中，重视方案向施工图的转化及各专业之间的协调统一，实现了住宅建设“四节一环保”的要求。

（三）项目亮点

①湖北省第一个由民营企业开发、设计、施工的装配式建筑项目；
②湖北省第一个装配式建筑试点项目；
③湖北省第一个具有民族自主知识产权的项目；
④湖北省第一高装配式建筑项目；
⑤湖北省预制率、装配率最高的装配式建筑项目；
⑥湖北省第一个全商业精装住宅楼项目；
⑦湖北省第一个取得二星级绿色建筑设计标识的装配式项目；
⑧湖北省第一个促进行业转型与产业结构调整的装配式项目。

（四）主要特点

全面提升住宅综合品质。采用住宅产业化方式，部品生产实现工厂式流水施工预制，分项工程由少数固定的娴熟工人操作实施。实现了更高效的生产和更佳的质量控制，全面提升了住宅的品质。基本克服了传统施工常见的渗漏、开裂、空鼓、房间尺寸偏差等质量通病，实现了主体结构精度偏差由厘米级向毫米级的转变，住宅室内空间舒适度、整体安全等级更高，防火性和耐久性更强。

①外墙：外墙部品通过应用住宅产业化中先进的技术将外墙装饰、保温、防水功能，门窗功能，管线功能融合在一起，使墙体在满足承重功能的基础之上得到了更大的附加值，功能的优越性也得到了空前的提高。

②内承重墙：改变了传统现浇结构构件立式浇筑混凝土的特点，采用在工厂内卧式浇筑混凝土的方式，使产品浇筑质量得到有效控制。

③内填充墙：内墙构件的加工将承重墙的施工与填充墙砌筑的施工融合在一起，克服了传统做法（挂网抹灰）在填充墙与内承重墙连接处容易开裂的质量通病，使成本得到控制。

④钢筋绑扎：采用定型钢模具，使钢筋绑扎质量、钢筋间距、混凝土保护层得到有效控制。

⑤模板及功能：定型楼梯模具有效节约了现场的楼梯模板，并赋予楼梯泄水、防滑、护栏等功能。

⑥构件平整度有效控制：采用工具式模具使构件平整度由传统的±5 mm 控制到±1 mm，从而使构件精度得到提高。

较大幅度地提高劳动生产效率。采用住宅产业化方式，建筑工人由以“露天作业”为主向以“工厂制作”为主的产业工人转变。建造过程中建造工人减少了50%左右，建设周期缩短了 50%以上，不仅减少了人工成本，而且大大缩短了生产、安装周期，效率提升，打破了传统建造方式受工程作业面和气候的影响，在工厂里可以成批次的重复制造，实现四季“全天候”生产。

①应用叠合板构件减少了模板的搭拆工序、装饰处理工序、水电安装工程中相关工序的工程量，节约了工期。

②应用外墙、内墙、隔墙、楼梯、阳台构件减少了二次结构砌筑工程中相关工序的工程量（包括填充墙、隔墙的砌筑抹灰），以及外保温工程、装饰工程中的楼梯面层工序（包括防滑条后抹、滴水线制作、护栏安装等）的工程量。

③住宅产业化将传统施工方式现场中的关键工序转移到工厂内完成，从而节省了现场中部分工序的时间，进而缩短了总工期。

有利于环境保护，实现文明施工。采用住宅产业化方式，以新型工业化方式制造住宅部品，节煤省地，可减少二氧化碳、二氧化硫和二氧化氮等有害物质的排放；而在施工现场则大大减少了建筑垃圾的产生、建筑污水的排放、建筑噪声的干扰、有害气体及粉尘对周围环境的影响，现场施工更加文明，体现了绿色施工的理念。

减低建造成本，经济效益明显。采用住宅产业化方式，工程从“正负零”（基础承台梁、基础底板）以上基本实现全预制，预制率达 90%以上。施工现场模板用量减少 85%以上，文明施工措施费减少 50%以上，钢材节约 2%，混凝土节约 7%，人工费节约 50%，节水 40%以上，节电 35%以上，耗材节约 60%，经济效益十分明显。

七、人居环境案例

（一）永州湘江流域垃圾综合治理实践

近年来，环保领域监管趋严信号明显，环保领域政策密集出台。2020 年史上最严《中华人民共和国固体废物污染环境防治法》落地施行，“垃圾分类”“限塑令”全面推行，医疗废物、城镇水治理“补短板”提上日程，“洋垃圾”进口全面禁止。2020 年 12 月 30 日，酝酿已久的《环境信息依法披露制度改革方案》获得通过，强制环境信息披露时代已至。

以被业内称为将重构固体废物产业链的史上最严《中华人民共和国固体废物污染环境防治法》为例，其影响力将在“十四五”期间持续发酵。该法律增加医疗废物、污泥、垃圾分类、建筑垃圾、一次性塑料制品等监管内容，首次提出国家推行生活垃圾分类制度，实现生活垃圾分类制度有效覆盖。环境监管方面更是趋严，在原有污染者负责的基础上提出产生者付费原则，强化工业固体废物产生者的责任，大幅度提高固体废物违法行为的罚款额度。

“十三五”收官之年，环保行业拿出了相对满意的答卷，也留下了很多挑战。这些挑战渗透于环保产业的各个细分领域：大气治理走向更为复杂的局面；城市水体治理如何防止反复，提质增效，在财政压力日益增大的情况下找到支付来源；固体废物处理如何与垃圾分类和资源循环相协调；企业技术如何突破升级瓶颈，低碳高效如何与环保达标相吻合，环境治理的系统性与管理的条块化分割的冲突如何化解等。“十四五”期间，在顶层设计和具体实践上，更多课题有待政企双方努力摸索。

泛华集团多年深耕市政环卫系统领域，在城市生活垃圾处理、运营、技术等方面积累了诸多经验，通过利用现有设施发展协同处置业务，提高项目经济性和增加产品附加值，提高运营水平。泛华集团认为，垃圾填埋场改造提升项目是城市民生工程，加快推进老旧垃圾填埋场的封场整治工作，采用新的处理工艺，实现生活垃圾渗滤液的有效处理和资源化利用，对完善城镇生活垃圾无害化处理监管体系，实现垃圾减量化、无害化处理，持续改善城乡生态环境有可观的经济价值和社会效益。

针对简易垃圾填埋场环境整治的处理，泛华集团提出，简易垃圾填埋场的治理方法主要有原位封场、异位转场及综合利用 3 种。

简易垃圾综合利用流程如图 9-56 所示。

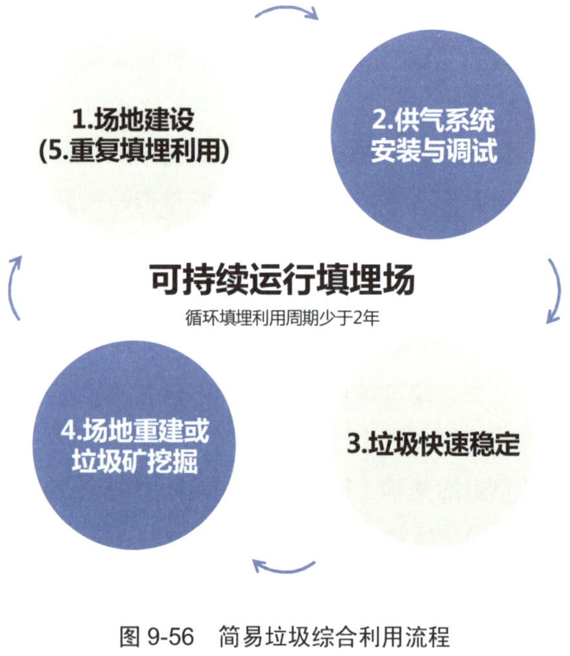

图 9-56 简易垃圾综合利用流程

简易垃圾填埋场的生态封场工程应包括坝体工程、堆体整形与处理、封场覆盖、雨污分流、垂直防渗工程、渗滤液收集处理、填埋气体收集处理和土壤修复等内容。

坝体工程：为使垃圾填埋体与外界有效隔离，防止垃圾堆体滑塌，保证垃圾堆体的稳定性，宜在填埋库区下游处设置垃圾坝。坝体结构宜选择浆砌块石或者黏土坝结构形式。

堆体整形与处理：垃圾堆体顶面坡度不应小于 5%；当边坡坡度大于 10%时宜采用台阶式收坡，台阶间边坡坡度不宜大于 1∶3，台阶宽度不宜小于 2 m，高差不宜大于 5 m。

封场覆盖：填埋场封场必须建立完整的封场覆盖系统（图 9-57）。从垃圾堆体表面至顶表面结构层顺序应为：排气层、防渗层、排水层、植被层。

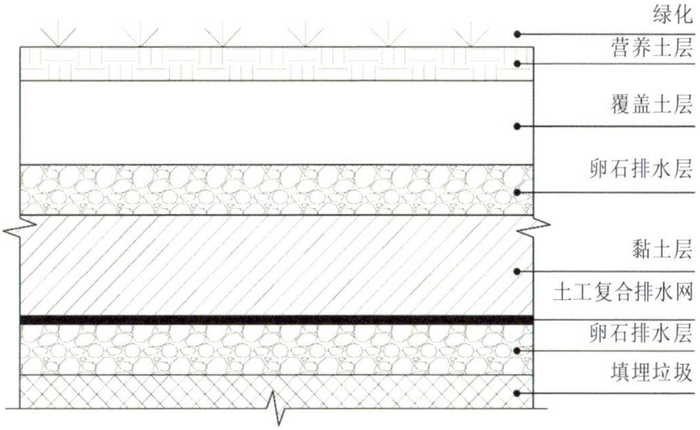

图 9-57　封场覆盖

雨污分流：雨污分流利用场地坡度采取有组织排水方式进行排水；垃圾填埋库区的场地排水采取封场台阶排水沟、截洪沟方式进行场地排水。

垂直防渗：是对于库区地下有不透水层的垃圾场而言的，在这种垃圾场的区域四周建垂直防渗幕墙，幕墙渗入至不透水层，使库区内的地下水与库区外的地下水隔离开，防止场外地下水受到污染。

渗滤液收集处理：简易垃圾填埋场规模相对较小，且年限久远，新建渗滤液处理系统工程投资规模较大，性价比较低。工艺选择建议结合填埋场实际情况以及县市经济条件，建议运至新建垃圾渗滤液处理站集中处理，或采用集成式渗滤液处理系统，实现资源循环利用。

填埋气体导排：填埋气体导排应在进行填埋作业时，同步设置填埋气体导气石笼和中间层导排盲沟。导气石笼应穿出覆盖层（高出场地 1 m 以上），并采取机械导出气体火炬法集中处理。

（1）项目基本情况

以永州市湘江流域存量垃圾场综合治理亚洲开发银行贷款项目——永州市存量垃圾填埋场治理工程为例，该工程含 2 个项目的封场，即上岭桥存量垃圾填埋场封场（面积约为 95 733.7 m^2）和诸葛庙存量垃圾填埋场封场（面积约为 53 878 m^2）。

（2）项目技术路线

技术路线：采取原位封场，通过垂直防渗系统，使填埋场成为一个相对完整、独立的水文地质单元，以防止污染物从库区向外迁移扩散。同时，利用生物或化学方式，加速填埋物的降解、稳定，恢复垃圾填埋场原有的地形、地貌，改良受污染的土壤，营造有利于植物生长的生态环境。

主体工程主要包括垃圾堆体整治、封场覆盖与防渗系统、填埋气体导排与处理系统、绿化与植被恢复及渗滤液导排与处理系统、雨洪水导排系统等内容。

图 9-58 为技术路线。

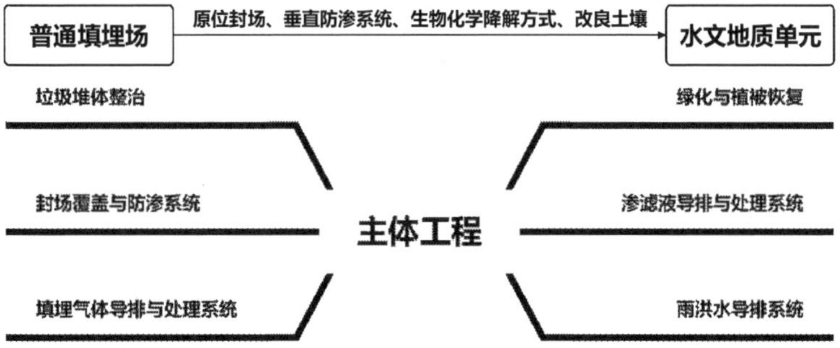

图 9-58　技术路线

（3）泛华集团创新实践

项目在实施推进过程中，其生态环境保护目标明晰，坚持绿色发展引领，以生态环境高水平保护促进经济高质量发展；坚持以改善生态环境质量为核心，推动生态环境源头治理、系统治理、整体治理。泛华集团创新推动城市固体废物处理技术进步，聚焦减量化、资源化、无害化，更好地实现城市固体废物处理和再利用，深入探索固体废物治理与综合利用方式，夯实区域发展生态基底的同时，深挖固体废物综合利用的经济价值，践行 EOD 模式，助力区域绿色高质量发展。

（二）惠城区 PPP 模式整区推进农村生活污水处理实践

近年来，惠州市惠城区委、区政府高度重视生态文明建设工作。根据惠州市委、市政府关于开展“美丽乡村 ·清水治污”行动的决定以及惠州市《“美丽乡村 ·清水治污”活动实施方案》的要求，惠城区提出用 3 年时间（2016—2018 年）实现全区农村生活污水处理全覆盖的总体目标，提前 2 年完成市委、市政府布置的“100 户以上的自然村生活污水处理设施建设任务”。

图 9-59 为周公堂村 50 t 污水处理站实景效果。

图 9-59 周公堂村 50 t 污水处理站实景效果

泛华集团在惠州市惠城区采用“设计—建设—融资—经营—移交”（DBFOT）模式对惠城区农村生活污水处理设施进行建设。2016 年被广东省住房和城乡建设厅评选为粤东西北地区新一轮生活污水处理 15 个 PPP 模式整县推进村镇生活污水处理设施示范县（区）之一。

（1）项目设计思路

泛华集团在惠城区整区推进农村生活污水处理措施的设计思路如下：

一是以单户、联户或小规模聚居区为单位采用小型净化槽或四格净化池进行就地污水处理。

二是针对村庄人口数量较多、居住较为集中、污水排放量较大、城市管网不能覆盖的情况，可通过较大范围的管网进行收集，输送至指定地点，采用一体化处理设备进行污水处理。

三是对于散养户可根据养殖户粪便产生量，建设户用或集中式密闭的贮粪池，户用贮粪池考虑采用与户用旱厕一体化或贮粪池与旱厕相通的方式，实现人畜粪便统一贮运。

四是针对生活污水收集系统不完整甚至未设置生活污水收集系统的村庄进行管网铺设改造，完善生活污水管网系统，做到雨污分流。

五是针对农村地区经济基础薄弱、从业人员技术水平和管理水平较低的现状，采用可编程控制系统（PLC），简化水处理设备电控部分的复杂运行操作，PLC 通过人机界面可实现与操作人员进行的人机对话，使操作更简便。

图 9-60～图 9-64 分别为生活污水收集池和收集处理、生活污水处理智慧化控制、生活污水排水处理及其流程。

图 9-60 生活污水收集池

图 9-61　生活污水收集处理

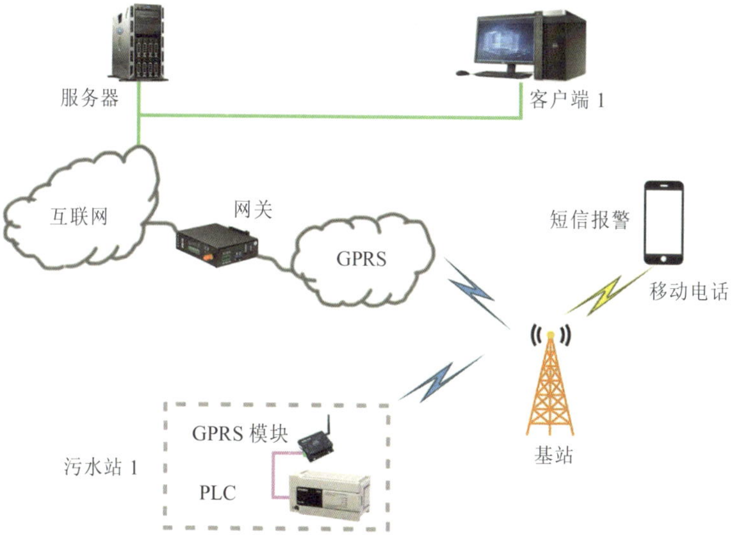

图 9-62　生活污水处理智慧化控制

注：GPRS 为通用无线分组业务。

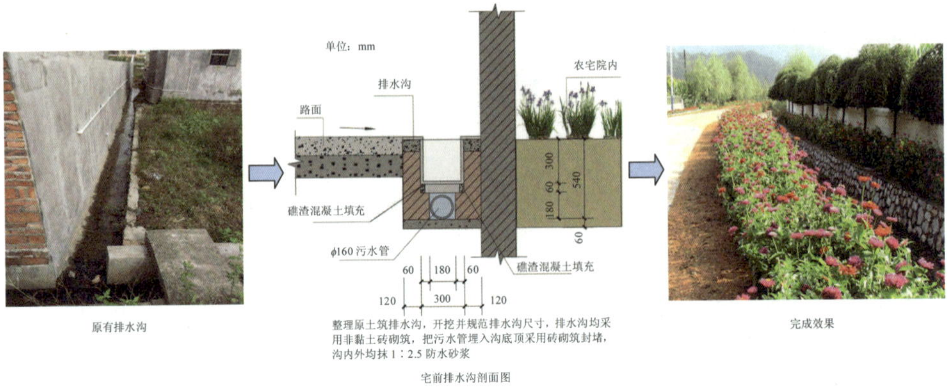

图 9-63　生活污水排水处理

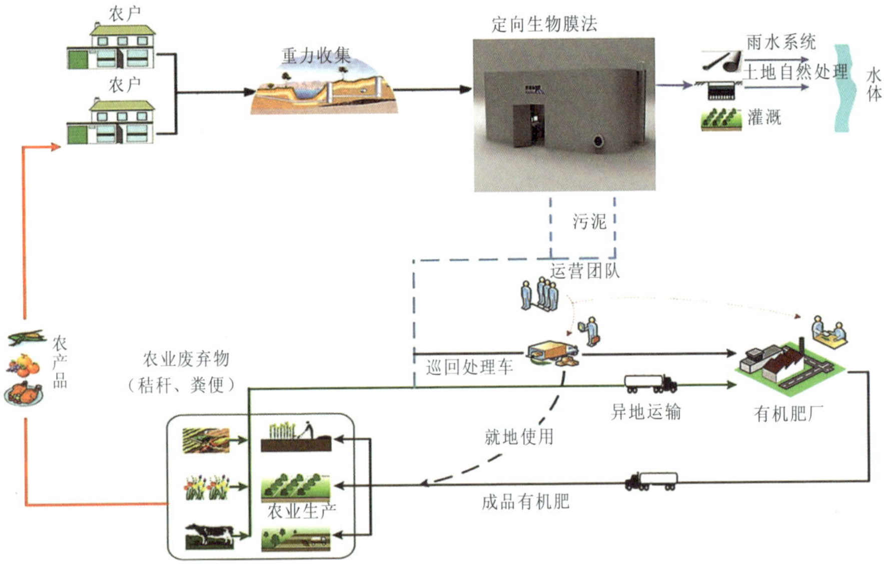

图 9-64　生活污水处理流程

（2）项目综合效益

惠城区整区推进农村生活污水处理（站点）工程，构建生活污水处理循环系统，每年减排化学需氧量约 2 t、氨氮的量约 0.6 t，显著控制了水中污染物的排放量，同时，部分处理后的污水通过输送到菜地、田地进行灌溉等方式实现了自然消纳，提高了居民生活环境质量，落实了“美丽乡村·清水治污”行动，具有显著的生态效益和社会效益，同时也具有一定的经济效益。

（3）项目创新突破

该项目建设采用 PPP 模式，引入社会投资主体，不但缓解了政府的财政压力，还通过引入竞争机制，加快了制度创新、改革的脚步，提高了污水处理的运营效率。该项目从设计到经营，深入贯彻习近平生态文明思想，践行“绿水青山就是金山银山”的理念，坚持 EOD 模式为引领，将农村生活污水治理作为推进生态文明建设和乡村振兴的基础工程，进一步改善了农村人居环境。

参考文献

[1] 杨天举. 智慧生态城市研究与实践：生态文明视角下新模式、新方法、新路径[M]. 北京：中共中央党校出版社，2018.

[2] 国研经济研究院课题组，中信国安城市课题组.EOD. 生态引领发展模式研究：以中信国安实践为例[M]. 北京：中信出版社，2018.

[3] 齐骥. 深度解码中国城市发展创新模式[M]. 北京：中共中央党校出版社，2017.

[4] 中国城市发展创新模式研究课题组，泛华建设集团有限公司. 系统思维提升城市价值：揭秘中国城市发展创新模式[M]. 北京：中国城市出版社，2011.

[5] 比尔·盖茨. 气候经济与人类未来：比尔·盖茨给世界的解决方案[M]. 陈召强译. 北京：中信出版社，2021.

[6] 中华人民共和国生态环境部. 生态环保金融支持项目储备入库指南（试行）[S]. 环办科财〔2022〕6 号.

[7] 逯元堂，赵云皓，辛璐，等. 生态环境导向的开发（EOD）模式实施要义与实践探析[J]. 环境保护，2021，49（14）.

[8] 辛璐，赵云皓，卢静，等. 生态导向开发（EOD）模式内涵特征初探[A]. 2020 中国环境科学学会科学技术年会论文集（第一卷）[C]. 北京：《中国学术期刊（光盘版）》电子杂志社有限公司，2020：193-196.

[9] 何龙娥. 生态文明建设是经济高质量发展的应有之义[J]. 特区经济，2021（2）：152-154.

[10] 刘立国，赵小光. 论生态文明与区域经济发展可持续进行[J]. 资源节约与保护，2013（9）：79.

[11] 沙占华，赵颖霞. 生态文明建设的经济性困境及其破解之道[J]. 理论导刊，2016（10）：84-94.

[12] 高世楫，俞敏. 中国提出“双碳”目标的历史背景、重大意义和变革路径[J]. 新经济导刊，

2021（2）.

[13] 张云飞，李娜. 习近平生态文明思想的系统方法论要求——坚持全方位全地域全过程开展生态文明建设[J]. 中国人民大学学报，2022（1）：1-10.

[14] 沈辉，李宁. 生态产品的内涵阐释及其价值实现[J]. 改革，2021（9）：145-155.

[15] 中华人民共和国生态环境部. “绿水青山就是金山银山”实践模式与典型案例[EB/OL].（2021-07-13）. https: baijiahao.baidu.com/s?id=1705170966538432994&wfr=spider&for=pc.

[16] 谢花林，刘志飞，徐步朝.“六链融合”协同推进生态产品价值实现[J]. 中国土地，2021（11）：32-35.

[17] 沈世山. 有效拓展生态产品价值实现路径[N]. 学习时报，2021-11-10（7）.

[18] 奉椿千，刘慧心. 国土空间生态保护修复项目融资方式分析及推动资金解决的政策建议[EB/OL].（2021-09-14）. https://www.sohu.com/a/489826590_480400.

[19] 陈小辉. 双碳目标下的绿色金融发展报告（2021）[J]. 陆家嘴杂志，2022（1）.

[20] 陈雨露. 绿色金融与绿色发展[N]. 金融时报，2020-08-21.

[21] 钱立华. 中国绿色金融的演进与发展[J]. 中国银行业杂志，2018（3）.

[22] 中国技术经济学会. 气候投融资项目分类指南[EB/OL].（2021-09-16）. http://www.cste.org.cn/site/content/768.html.

[23] 安国俊，陈泽南，梅德文.“双碳”目标下气候投融资最优路径探讨[J]. 南方金融，2022（2）：3-17.

[24] 中华人民共和国生态环境部. 关于促进应对气候变化投融资的指导意见[EB/OL].（2020-10-21）. https://www.mee.gov.cn/xxgk2018/xxgk/xxgk03/202010/t20201026_804792.html.

[25] 中华人民共和国生态环境部. 中国应对气候变化的政策与行动 2020 年度报告[R/OL].（2021-07-13）. https://www.mee.gov.cn/ywgz/ydqhbh/syqhbh/202107/t20210713_846491.shtml

[26] 黎峥. 中国地方绿色金融实践进展及发展建议[J]. 金融博览，2020（10）：16-17.

[27] 亢舒.“新城建”释放城市发展潜能[N]. 经济日报，2021-11-16（6）.

[28] 武彩霞，高存红，杨薇. 基于 EOD 理念的矿山修复模式应用——以某矿山生态修复项目为例[J]. 中国工程咨询，2022（1）.

[29] 董战峰.“双碳”目标下绿色产业发展迎来战略机遇[N]. 经济参考报，2021-04-30.

[30] 石琳. 推进生态产业化和产业生态化做好协同发展大文章[J]. 产业创新研究，2021（9）：53-55.

[31] 龙海波. 新型城镇化要注意生态文明建设[N]. 经济日报，2013-09-27.

[32] 王文娟. EOD（Ecology-Oriented Development）模式，它是什么？[EB/OL].（2019-11-08）. https://mp.weixin. qq.com/s/llhRWnOTC_be8hELUjR6AQ.

[33] 贾博，祁星荣，刘晓斌，朱政，边志伟.EOD 底层逻辑是什么？ [EB/OL]. （2022-03-12）. http：//news. sohu.com/ a/529234081_121123903.

[34] 刘苏. 新城建勾勒城市发展智慧蓝图[EB/OL].（2021-05-11）. http：//www.chinajsb. cn/html/202105/11/ 19934.html.

[35] 叶浩文，李丛笑. 绿色建造引领城乡建设转型升级[EB/OL].（2021-11-14）. http://www. chinajsb.cn/html/202111/14/24066.html.

[36] 多省市筹划“新城建”谱写 2022 智慧城市新华章[EB/OL]. （2022-07-06）. https：//www. zhihuichengshi.cn/.